SENTENÇA, COISA JULGADA E RECURSOS CÍVEIS CODIFICADOS

— de acordo com as Leis 13.105/2015 e 13.256/2016 —

Conselho Editorial

André Luís Callegari
Carlos Alberto Molinaro
César Landa Arroyo
Daniel Francisco Mitidiero
Darci Guimarães Ribeiro
Draiton Gonzaga de Souza
Elaine Harzheim Macedo
Eugênio Facchini Neto
Giovani Agostini Saavedra
Ingo Wolfgang Sarlet
José Antonio Montilla Martos
Jose Luiz Bolzan de Morais
José Maria Porras Ramirez
José Maria Rosa Tesheiner
Leandro Paulsen
Lenio Luiz Streck
Miguel Àngel Presno Linera
Paulo Antônio Caliendo Velloso da Silveira
Paulo Mota Pinto

Dados Internacionais de Catalogação na Publicação (CIP)

T693s   Torres, Artur.
      Sentença, coisa julgada e recursos cíveis codificados : de acordo
com as leis 13.105/2015 e 13.256/2016 / Artur Torres. – Porto Alegre : Livraria do Advogado, 2017.
      203 p. ; 23 cm.
      Inclui bibliografia.
      ISBN 978-85-69538-69-1

      1. Processo civil - Brasil. 2. Sentença (Processo civil). 3. Coisa jul-
gada. 4. Recursos (Direito). I. Título.

CDU 347.95(81)

CDD 347.8108

Índice para catálogo sistemático:
1. Decisão judicial : Brasil   347.95(81)
2. Processo civil : Brasil   347.91/.95(81)

(Bibliotecária responsável: Sabrina Leal Araujo – CRB 10/1507)

Artur Torres

SENTENÇA, COISA JULGADA E RECURSOS CÍVEIS CODIFICADOS

— de acordo com as Leis 13.105/2015 e 13.256/2016 —

Porto Alegre, 2017

© Artur Torres, 2017

Capa, projeto gráfico e diagramação
Livraria do Advogado Editora

Revisão
Rosane Marques Borba

Direitos desta edição reservados por
Livraria do Advogado Editora Ltda.
Rua Riachuelo, 1300
90010-273 Porto Alegre RS
Fone: 0800-51-7522
editora@livrariadoadvogado.com.br
www.doadvogado.com.br

Impresso no Brasil /Printed in Brazil

À família Bierhals Torres, meu porto seguro.

Prefácio

O surgimento de um novo Código de Processo Civil, mais do que alterar a rotina dos operadores do direito, produz o revigorante milagre de revelar novos talentos para produzir uma adequada adaptação da nova lei processual à realidade social. É necessário, portanto, um olhar para o futuro sem os pré-juízos que nos prendem ao passado.

Ganhei o privilégio de poder trabalhar em conjunto com o Professor Artur Torres quando fui distinguido, por ele, para orientá-lo no Pós-Doutorado da Universidade do Vale do Rio dos Sinos – UNISINOS. Esta obra é fruto da intensa pesquisa do autor nestes dois (2) anos que nos uniu para discutir relevantes questões processuais, inclusive através de intervenções nos Seminários do Doutorado e Mestrado que tenho o privilégio de ministrar naquela instituição.

O Professor Artur Torres, que também exerce a advocacia diariamente, é um daqueles talentos brotados a partir do novo CPC. Poucas são as pessoas que, como ele, conseguem aliar com tanta maestria, sólidos conhecimentos teóricos com a fina habilidade prática que o mister de advogado se nos impõe. Isto fica muito claro ao longo de todo o livro, porquanto o autor parte, necessariamente, da concreta codificação processual para, através da renomada doutrina nacional e estrangeira, apontar soluções criativas e extremamente uteis para todos os operadores do direito, sejam eles, alunos, advogados, promotores de justiça, magistrados e Desembargadores.

As várias soluções neste livro apontadas, não traduzem unicamente as preocupações da doutrina, mas, acima de tudo, representam o esforço continuo do autor que ao longo dos anos se dispôs a viajar incessantemente à congressos, seminários, jornadas e encontros na busca de um profícuo diálogo com aqueles que efetivamente enfrentam as agruras e as deficiências do sistema judicial e são os únicos capazes de apresentarem soluções concretamente factíveis e doutrinariamente inimagináveis. O resultado destes esforços dispendidos pelo Professor Artur Torres pode ser aqui encontrado, especialmente no capítulo sete (7) que trata dos temas recursais polêmicos.

A obra está muito bem dividida. Foi dedicado todo o capítulo segundo para tratar do complicado e complexo tema relacionado a sentença, merecendo destaque o controvertido instituto da fundamentação contido no extenso art. 489, com seus diversos incisos e parágrafos, onde o autor trabalha, também, a motivação e a justificação, para, ao final, demonstrar o seu real papel em um sistema de precedentes vinculantes. Ao analisar percucientemente a importância da motivação da sentença, o autor conclui que o novo CPC, na linha do modelo constitucional *"exige mais do que mera motivação: exige a motivação da motivação"*.

Não foi descuidado pelo Professor Artur Torres a análise do art. 332 do CPC que permite ao juiz indeferir liminarmente o pedido do autor, aplicando, como bem retrata o autor, a *"tese jurídica preponderante, sendo o seu posicionamento particular sobre o tema irrelevante"*.

Com base na robusta doutrina de Calamandrei, o autor explorou a natureza jurídica da decisão que julga antecipadamente e de forma parcial o mérito da causa. Para o autor, esta decisão possui, *"no mínimo, 'alma' de sentença"*.

O clássico e sagrado instituto da *res iudicata* foi trabalhado em toda sua extensão no capítulo terceiro, onde se pode descobrir seu aspecto formal ou material com seus respectivos limites subjetivos e objetivos, além, é claro, de sua função positiva e negativa, muito bem tratadas na obra, com exemplos elucidativos.

Também não foi menosprezado pelo autor o estudo da novidade contida no § 1º do art. 503 do CPC, que possibilitou a incidência da coisa julgada material à resolução de questão prejudicial, decidida expressa e incidentalmente no processo que cumprisse certos requisitos legais trazidos pelo próprio artigo. Bem como o tormentoso tema relacionado a eficácia preclusiva da coisa julgada, contida no art. 508 do CPC, que traduz, no estudo da causa de pedir, a adoção da teoria da individualização. E, para finalizar o estudo da coisa julgada, o autor dedica seus esforços na investigação dos limites da *res iudicata* sobre as decisões interlocutórias, concluindo que as mesmas estão *"despidas de pressuposto indispensável (mínimo, por assim dizer) à incidência da coisa julgada"*. Para chegar a esta conclusão o mesmo se debruça sobre o árduo tema da cognição no processo civil.

O cerne da presente obra reside, indiscutivelmente, no profundo estudo do sistema recursal contido no novo CPC. Tema que o Professor Artur Torres tem como seu predileto, razão pela qual o mesmo dedica todos os demais capítulos, do quatro ao sétimo. Eis a razão do pormenorizado estudo de todas as impugnações às decisões judiciais cíveis.

O leitor encontrará nesta obra, seguramente, um detalhado estudo dos diversos princípios que informam o sistema recursal brasileiro e sua incidência legal, com exemplos ilustrativos.

Foi perscrutado o complexo e amplo conteúdo do juízo de admissibilidade e de mérito dos recursos e seus reais reflexos nos infinitos episódios que costumam atormentar a vida de todos aqueles que se submetem ao pálio do processo para realizarem seus interesses. Nesse diapasão é que foi cuidadosamente pensada toda reflexão do autor sobre os diversos requisitos intrínsecos e extrínsecos contidos quando da análise do juízo de admissibilidade dos recursos.

Os vários efeitos dos recursos também não foram negligenciados pelo autor que dedicou um item próprio para identificar a autêntica extensão dos mesmos no novo CPC.

A contagem de prazos para a correta interposição de um recurso, foi bem apreendida na obra que vasculhou as inúmeras alterações havidas no novo CPC. A forma didática apresentada pelo autor, inclusive com demonstração em calendário próprio, revela sua vocação para o magistério e apresenta seu verdadeiro desiderato: simplificar a contagem dos prazos recursais.

O relevante tópico da tramitação dos recursos perante os tribunais, ganhou um capítulo próprio, o quinto. Aqui foi explorado, com profundidade, os extensos poderes do relator, contido no art. 932 do novo CPC, com todas as imbricações legais que o tema comporta, sem descuidar, contudo, da inovação trazida com a técnica de complementação de julgamento do art. 942, que modificou profundamente o *modus operandi* dos julgamentos não unânimes nos tribunais. E merece destaque, outrossim, a relevante e inovadora matéria dos honorários em sede recursal.

O mais extenso dos capítulos, o sexto, ficou reservado para o estudo individualizado de todas as espécies de recursos previstas no art. 994 do CPC. Antes, porém, o autor comentou cada um dos artigos que compõem as disposições gerais sobre os recursos.

Em realidade, o que o Professor Artur Torres escreveu através deste livro foi um comentário acurado de cada um dos artigos, com seus inúmeros incisos e parágrafos, que integram as diversas espécies de recursos no sistema processual brasileiro, detendo-se, pela importância prática do assunto, nos Recursos Especial e Extraordinário.

Uma vez que a sistemática recursal foi primorosamente desvendada pelo autor, surge, por inspiração, própria daqueles que realmente dominam profundamente um assunto, a necessidade de abordar relevantes e embaraçosas questões polêmicas, tais como as atinentes as "*Decisões interlocutórias apeláveis e sentenças agraváveis*".

E, para colmatar o brilhante livro, o autor aporta as inúmeras súmulas do STF e do STJ acerca das questões recursais, bem como os enunciados nascidos da *Escola Nacional de Formação e Aprimoramento de Magistrados (ENFAM)* e do *Fórum Permanente de Processualistas Civis*, sobre sentença, coisa julgada e recursos.

Certa vez BALTASAR GRACIÁN disse: *"A verdade é perigosa, mas um homem de bem não pode deixar de dizê-la"*. Por isso o Professor Artur Torres disse várias verdades sobre os temas aqui tratados, sem nenhum receio, pelo simples fato de ser ele um homem de bem.

Darci Guimarães Ribeiro

Advogado
Pós-Doutor em Direito Processual Constitucional pela
Università degli Studi di Firenze
Doutor em Direito pela *Universitat de Barcelona.*
Professor Titular de Direito Processual Civil da UNISINOS e PUC/RS.
Professor do Programa de Pós-Graduação em Direito da UNISINOS
Membro da International *Association of Procedural Law*
Membro do Instituto Ibero-americano de Direito Processual Civil

Sumário

1. **Considerações preliminares**..15
   1.1. Os desafios de um novo Código e uma reflexão inaugural...........15
   1.2. Da estrutura da Lei 13.105: o CPC/2015.........................18

2. **Da Sentença**...24
   2.1. Dos pronunciamentos judiciais.................................24
   2.1.1. Despacho...25
   2.1.2. Decisão interlocutória.....................................25
   2.1.3. Sentença..26
   2.1.4. Decisão monocrática..26
   2.1.5. Acórdão...27
   2.2. A sentença propriamente dita: considerações específicas........28
   2.2.1. Sentenças terminativas e Sentenças definitivas.............29
   2.2.2. Estrutura do ato...30
   2.2.2.1. Relatório..30
   2.2.2.2. Fundamentação..30
   2.2.2.3. Dispositivo..31
   2.2.3. Da motivação propriamente dita.............................31
   2.2.3.1. Direito fundamental à motivação.........................31
   2.2.3.2. O artigo 489, § 1º, do CPC/2015.........................33
   2.2.3.3. Da justificação..38
   2.2.3.4. O papel da fundamentação em um sistema de precedentes vinculantes...40
   2.2.4. Outras considerações.......................................41
   2.2.4.1. A improcedência "liminar" do pedido (art. 332, CPC/2015).........41
   2.2.4.2. O art. 356: decisão interlocutória ou sentença?...........45

3. **Coisa Julgada**...48
   3.1. Início de conversa..48
   3.2. Conceito..49
   3.3. Dos requisitos indispensáveis à incidência da coisa julgada material...............51
   3.4. Funções / efeitos...53
   3.5. Limites subjetivos...56
   3.6. Limites objetivos..57
   3.7. Outras considerações...59

3.7.1. A questão prejudicial decidida incidentalmente: o art. 503 do CPC/2015. .59

3.7.2. Eficácia preclusiva da coisa julgada...60

3.7.3. As decisões interlocutórias são alcançáveis pelo manto da coisa julgada?. .61

4. O sistema pátrio de impugnação às decisões judiciais cíveis............................66

4.1. Início de conversa...66

4.2. Recurso **versus** Sucedâneo recursal..68

4.3. Recursos de jurisdição ordinária e recursos de jurisdição extraordinária..........69

4.4. Princípios recursais...70

4.4.1. Princípio da taxatividade..70

4.4.2. Princípio da unirrecorribilidade...70

4.4.3. Princípio da voluntariedade..71

4.4.4. Princípio da *no reformatio in pejus*......................................72

4.4.5. Princípio da motivação atual...73

4.4.6. Princípio do duplo grau de jurisdição..................................74

4.4.7. Princípio da fungibilidade...74

4.5. Juízo de admissibilidade e juízo meritório recursal................................75

4.5.1. Requisitos/pressupostos de admissibilidade recursal: considerações iniciais...75

4.5.2. Requisitos/pressupostos de admissibilidade (gerais) intrínsecos............76

4.5.2.1. Cabimento...76

4.5.2.2. Legitimidade...77

4.5.2.3. Interesse...78

4.5.2.4. Inexistência de fato impeditivo do direito de recorrer..............80

4.5.2.5. Motivação atual..81

4.5.3. Requisitos/pressupostos de admissibilidade (gerais) extrínsecos............81

4.5.3.1. Preparo..81

4.5.3.2. Tempestividade..82

4.5.3.3. Regularidade Formal...83

4.5.4. O mérito recursal..83

4.6. Efeitos dos Recursos...85

4.6.1. Efeito obstativo...85

4.6.2. Efeito devolutivo..86

4.6.3. Efeito suspensivo...86

4.6.4. Efeito translativo..87

4.6.5. Efeito substitutivo...88

4.7. Recurso adesivo..88

4.8. Dos prazos recursais...90

4.8.1. Dos prazos propriamente ditos...90

4.8.2. Do termo inicial e do cômputo do prazo................................90

4.8.3. Outras considerações pertinentes.......................................92

5. Da tramitação dos recursos nos Tribunais...94

5.1. O art. 942 e a técnica de (re)julgamento albergada pelo CPC/2015..................97

5.2. Outras considerações pertinentes..99

5.2.1. Honorários em sede recursal: possibilidades e limitações....................99

5.2.2. Sustentação oral..102

6. Recursos Cíveis em espécie: comentários ao CPC/2015......................................105

6.1. Apelação..114

6.2. Agravo de Instrumento...123

6.3. Agravo Interno...129

6.4. Embargos de declaração..133

6.5. Dos recursos para os tribunais superiores...139

    6.5.1. Recurso ordinário..141

    6.5.2. Recurso especial e recurso extraordinário....................................144

        6.5.2.1. Disposições gerais..145

        6.5.2.2. Da técnica processual dos Recursos Repetitivos.....................157

6.6. Agravo em Recurso Especial e Agravo em Recurso Extraordinário...............165

6.7. Embargos de Divergência...167

7. Temas recursais polêmicos: reflexões...171

7.1. Decisões interlocutórias apeláveis e sentenças agraváveis?......................171

7.2. A inadmissão do agravo de instrumento gera a preclusão da faculdade de impugnar decisão interlocutória (já atacada) em sede de apelação?..............174

7.3. Então, obscuridade, contradição, omissão e erro material não são hipóteses de cabimento recursal?...176

7.4. Sustentação e agravo interno..178

8. Súmulas do STF e do STJ acerca de questões recursais............................181

8.1. Supremo Tribunal Federal (STF)..181

8.2. Superior Tribunal de Justiça (STJ):...185

9. Enunciados pertinentes...188

9.1. Escola Nacional de Formação e Aprimoramento de Magistrados (ENFAM).....188

    9.1.1. Recursos..188

9.2. Fórum permanente de processualistas civis..188

    9.2.1. Sentença..188

    9.2.2. Coisa julgada...189

    9.2.3. Recursos..190

Referências bibliográficas...196

1. Considerações preliminares

1.1. Os desafios de um novo Código e uma reflexão inaugural

O Novo Código de Processo Civil (Lei 13.105/2015), denominado, doravante, CPC/2015, revogou, à quase integralidade, dentre outros, o conteúdo da Lei 5.869/1973, diploma legislativo que serviu de base ao processo civil brasileiro por mais de quarenta anos.[1]

O Código Buzaid (hoje revogado), sem prejuízo da lição supra, faça-se justiça, revolucionou o trato do tema processual no Brasil, revelando-se fiel, pois, à doutrina europeia responsável por atribuir caráter científico ao fenômeno. Rompeu-se, ao tempo de sua entrada em vigor, com toda uma tradição jurídico-lusitana, herança de nossa colonização. A exposição de motivos do diploma em epígrafe, bem compreendida, desnudou a devoção de Alfredo Buzaid (mentor do CPC/73) às lições oriundas da denominada Escola Processual Clássica Italiana, a qual pertenceu Enrico Tullio Liebman (o "Mestre"), a quem Buzaid, inclusive, dedicou o próprio Código.[2]

O tempo passou, e o processo civil, enquanto fenômeno cultural que é, reclamou atualização. Já no início dos anos noventa do século passado, identificados pontuais interesses de uma sociedade que se reinventava (jurídica, política, econômica, social, religiosamente, etc.), prosperou o retalhamento do sistema buzaidiano.

Nessa quadra, a permanente necessidade de atualizar-se o sistema processual pátrio (pensado, sublinhe-se, para atender contexto social diverso do atual), visando a torná-lo minimamente eficaz face ao cenário social que se punha já no entardecer do século XX, início do XXI, o CPC/73, diante de um sem número de alterações legislativas (mais de

---

[1] Vide, no concernente às revogações, o conteúdo do Livro Complementar das disposições finais e transitórias.

[2] BUZAID, Alfredo. *Grandes Processualistas*. São Paulo: Saraiva, 1982.

sessenta), acabou por transformar-se, com destaque para os derradeiros anos de sua vigência, numa verdadeira colcha de retalhos.

O CPC atual passou por muitas revisões (mais de sessenta leis o modificaram), tão substanciais algumas delas que terminaram por acarretar grande perda sistemática, o principal atributo que um código deve ter. Nas quatro décadas de vigência do CPC atual, o país e o mundo passaram por inúmeras transformações. Muitos paradigmas inspiradores desse diploma legal foram revistos ou superados em razão de mudanças nos planos normativo, científico, tecnológico e social. Entre 1973 e 2013, houve edição da Lei do divórcio (1977), de uma nova Constituição Federal (1988), o Código de Defesa do Consumidor (1990), o Estatuto da Criança e do Adolescente (1990), as Leis Orgânicas do Ministério Público e da Defensoria Pública (1993 e 1994), um novo Código Civil (2002), e o Estatuto do Idoso (2003), exemplos de diplomas normativos que alteraram substancialmente o arcabouço jurídico brasileiro no período. Pelo fato de muitas das normas e a própria sistematização do CPC de 1973 não se afinar mais à realidade jurídica tão diferente dos dias atuais, afigura-se necessária a construção de um Código de Processo Civil adequado a esse novo panorama.

Sugeriu-se, face às razões acima expostas, a confecção de um novo texto base para o processo civil brasileiro, pautado em premissas consideravelmente distintas das que orientaram a construção do sistema pretérito.

Não houve, considerados os institutos processuais propriamente ditos, o "reinvento da roda". Muito do que se viveu por força do CPC/73, ainda que com nomenclatura atualizada, encontra assento no texto de 2015. Grosso modo, boa parte dos institutos previstos pelo Código Buzaid mantiveram-se intocados; uma minoria, de outra sorte, foram lapidados.

Novidades? Sim, algumas, e de alcance outrora inimagináveis entre nós.

O prólogo do outrora Projeto (hoje lei) reputava indispensável, o quanto antes, adequar o processo civil pátrio à realidade social contemporânea.

a) o novo CPC deve conferir ao Ministério Público tratamento adequado ao seu atual perfil constitucional, muito distinto daquele que vigia em 1973. É preciso rever a necessidade de sua intervenção em qualquer ação de estado, exigência de um tempo em que se proibia o divórcio; b) o CPC de 1973 não contém ainda disposições sobre a Defensoria Pública, o que deve ser considerado omissão inaceitável, notadamente tendo em vista o papel institucional por ela alcançado com a Constituição Federal de 1988; c) no Brasil praticamente não existia a arbitragem em 1973. Atualmente, o Brasil é o quarto país do mundo em número de arbitragens realizadas na Câmara de Comércio Internacional. O CPC de 1973 pressupôs a realidade da arbitragem daquela época. É preciso construir um código afinado à nova realidade, para se prever, por exemplo, o procedimento da carta arbitral e instituir a possibilidade de alegação autônoma de convenção de arbitragem; d) de haver previsão legal de um modelo adequado para disciplina processual da desconsideração da personalidade jurídica, instituto consagrado no CDC e no Código Civil e amplamente utilizado na prática forense, que também não foi objeto de previsão, ainda, no CPC atual; e) as sensíveis transformações da ciência jurídica nos últimos anos, com o reconhecimento da força normativa dos princípios jurídicos e do papel criativo e também normativo da função jurisdicional, que se confirma pelas recentes decisões do Supremo Tribunal Federal e demais tribunais superiores, exigem nova reflexão sobre o CPC atual; f) afigura-se necessário criar uma disciplina jurídica minuciosa para a interpretação, aplicação e estabilização dos precedentes judiciais, estabelecendo regras que auxiliem na identificação, na interpretação e na superação de um precedente; g) o processo em autos eletrônicos é uma realidade inevitável, podendo-se afirmar que o Brasil é dos países mais avançados do mundo nesse tipo de tecnologia e que, em poucos anos, a documentação de toda tramitação processual no Brasil será eletrônica, devendo o CPC bem disciplinar essa realidade; h) no plano social, as mudanças importantes que refletiram no acesso à justiça e na concessão da sua gratuidade, no progresso econômico, na incorporação ao mercado de grande massa de consumidores e na necessidade de resolução de demandas com multiplicidade de partes repercutam diretamente no exercício da função jurisdicional e ocasionaram aumento exponencial do número de processos em tramitação, realidade cujos problemas o CPC atual, ainda, não resolve completamente.

A seriedade com que fora tratado o *modelo constitucional do processo civil pátrio* (tanto é que o conteúdo de cada um dos direitos fundamentais com aplicação *no* e *em razão* do processo se fazem sentir em diversas passagens); o protagonismo da vontade das partes por meio do desenvolvimento dos denominados *negócios jurídicos processuais*; o inovador sistema de *tutela provisória*; a (re)sistematização do sistema de impugnação às decisões interlocutórias; a previsão de um Incidente de Resolução de Demandas Repetitivas, preocupado, em última análise, com os reflexos forenses da massificação das relações sociais, bem como, o reconhecimento de um sistema de "precedentes à brasileira", serviram, à evidência, à conformação de um "outro" cenário processual.

Se, outrora, afirmamos que, "considerados os acontecimentos jurisprudenciais e a postura doutrinária mais recente" não era possível afirmar o nascimento de um "novo processo civil" entre nós, revisão acerca desse posicionamento, humildemente, é tarefa que se impõe.

De nossa parte, atualmente, não há mais dúvida: vivemos um novo tempo! Um novo processo civil!

Em outras palavras, o CPC/2015, bem compreendido, acena tentativa de reestruturação sistêmica que, para além do acima exposto, visa a, de um lado, desburocratizar o trâmite das ações judiciais, dando ao fenômeno processual maior eficiência (prática); de outro, afeiçoá-lo aos ditames constitucionais (operacionalizando o modelo constitucional do processo civil brasileiro[3]) e torná-lo capaz de ofertar ao jurisdicionado aplicação simétrica do direito, evitando-se, em última análise, atuação jurisdicional "esquizofrênica".

---

[3] Acerca do tema *modelo constitucional do processo civil brasileiro,* vide TORRES, Artur. *Fundamentos de um direito processual civil contemporâneo* (parte I). Porto Alegre: Arana, 2016.

Seja como for, a Lei 13.105/2015, vale sublinhar, fora, antes mesmo de produzir efeitos mundanos, reformada.

No dia 15 de dezembro de 2015, o Projeto de Lei 168, originário da Câmara dos Deputados, fora votado e aprovado pelo Senado Federal e, dentre outras providências, cedendo a forte pressão dos tribunais superiores, acabou por, dentre outros, "alterar" a disciplina aplicável ao "julgamento do recurso extraordinário e do recurso especial" prevista pela redação legal originária, que aguardava o transcorrer da *vacatio legis*.

Aprovada em ambas as casas do Congresso Nacional, a alteração fora sancionada (Lei 13.256/2016; publicada no DOU em 05/02/2016) pela, então, presidente da república, Sra. Dilma Rousseff, freando algumas das alterações previstas pelo texto sancionado em 16/03/2015, e revigorando, ao menos no que diz com o juízo de admissibilidade dos recursos de jurisdição extraordinária, ditames já albergados pelo sistema revogado.

O CPC/2015 passou a produzir efeitos em 18/03/2016.

1.2. Da estrutura da Lei 13.105: o CPC/2015

O CPC/2015 conta com a estrutura, a saber:

PARTE GERAL

LIVRO I – DAS NORMAS PROCESSUAIS CIVIS
TÍTULO ÚNICO – DAS NORMAS FUNDAMENTAIS E DA APLICAÇÃO DAS NORMAS PROCESSUAIS
    CAPÍTULO I – DAS NORMAS FUNDAMENTAIS DO PROCESSO CIVIL
    CAPÍTULO II – DA APLICAÇÃO DAS NORMAS PROCESSUAIS

LIVRO II – DA FUNÇÃO JURISDICIONAL
    TÍTULO I – DA JURISDIÇÃO E DA AÇÃO
TÍTULO II – DOS LIMITES DA JURISDIÇÃO NACIONAL E DA COOPERAÇÃO INTERNACIONAL
    CAPÍTULO I – DOS LIMITES DA JURISDIÇÃO NACIONAL
    CAPÍTULO II – DA COOPERAÇÃO INTERNACIONAL
        SEÇÃO I – DISPOSIÇÕES GERAIS
        SEÇÃO II – DO AUXÍLIO DIRETO
        SEÇÃO III – DA CARTA ROGATÓRIA
        SEÇÃO IV – DISPOSIÇÕES COMUNS ÀS SEÇÕES ANTERIORES
TÍTULO III – COMPETÊNCIA INTERNA
    CAPÍTULO I – DA COMPETÊNCIA
        SEÇÃO I – DISPOSIÇÕES GERAIS
        SEÇÃO II – DA MODIFICAÇÃO DA COMPETÊNCIA
        SEÇÃO III – DA INCOMPETÊNCIA
    CAPÍTULO II – DA COOPERAÇÃO NACIONAL

LIVRO III – DOS SUJEITOS DO PROCESSO
    TÍTULO I – DAS PARTES E DOS PROCURADORES
        CAPÍTULO I – DA CAPACIDADE PROCESSUAL
        CAPÍTULO II – DOS DEVERES DAS PARTES E DE SEUS PROCURADORES
            SEÇÃO I – DOS DEVERES
            SEÇÃO II – DA RESPONSABILIDADE DAS PARTES POR DANO PROCESSUAL

SEÇÃO III – DAS DESPESAS, DOS HONORÁRIOS ADVOCATÍCIOS E DAS MULTAS
SEÇÃO IV – DA GRATUIADADE DA JUSTIÇA
CAPÍTULO III – DOS PROCURADORES
CAPÍTULO IV – DA SUCESSÃO DAS PARTES E DOS PROCURADORES
TÍTULO II – DO LITISCONSÓRCIO
TÍTULO III – INTERVENÇÃO DE TERCEIROS
CAPÍTULO I – DA ASSISTÊNCIA
SEÇÃO I – DISPOSIÇÕES COMUNS
SEÇÃO II – DA ASSISTÊNCIA SIMPLES
SEÇÃO III – DA ASSISTÊNCIA LITISCONSORCIAL
CAPÍTULO II – DA DENUNCIAÇÃO DA LIDE
CAPÍTULO III – DO CHAMAMENTO AO PROCESSO
CAPÍTULO IV – DO INCIDENTE DE DESCONSIDERAÇÃO DA PERSONALIDADE JURÍDICA
CAPÍTULO V – DO AMICUS CURIAE
TÍTULO IV – DO JUIZ E DOS AUXILIARES DA JUSTIÇA
CAPÍTULO I – DOS PODERES, DOS DEVERES E DA RESPONSABILIDADE DO JUIZ
CAPÍTULO II – DOS IMPEDIMENTOS E DA SUSPEIÇÃO
CAPÍTULO III – DOS AUXILIARES DA JUSTIÇA
SEÇÃO I – DO ESCRIVÃO, DO CHEFE DE SECRETARIA E DO OFICIAL DE JUSTIÇA
SEÇÃO II – DO PERITO
SEÇÃO III – DO DEPOSITÁRIO E DO ADMINISTRADOR
SEÇÃO IV – DO INTÉRPRETE E DO TRADUTOR
SEÇÃO V – DOS CONCILIADORES E MEDIADORES JUDICIAIS
TÍTULO V – DO MINISTÉRIO PÚBLICO
TÍTULO VI – DA ADVOCACIA PÚBLICA
TÍTULO VII – DA DEFENSORIA PÚBLICA

LIVRO IV – DOS ATOS PROCESSUAIS
TÍTULO I – DA FORMA, DO TEMPO E DO LUGAR DOS ATOS PROCESSUAIS
CAPÍTULO I – DA FORMA DOS ATOS PROCESSUAIS
SEÇÃO I – DOS ATOS EM GERAL
SEÇÃO II – DA PRÁTICA ELETRÔNICA DO ATOS PROCESSUAIS
SEÇÃO III – DOS ATOS DAS PARTES
SEÇÃO IV – DOS PRONUNCIAMENTOS DO JUIZ
SEÇÃO V – DOS ATOS DO ESCRIVÃO OU DO CHEFE DE SECRETARIA
CAPÍTULO II – DO TEMPO E DO LUGAR DOS ATOS PROCESSUAIS
SEÇÃO I – DO TEMPO
SEÇÃO II – DO LUGAR
CAPÍTULO III – DOS PRAZOS
SEÇÃO I – DISPOSIÇÕES GERAIS
SEÇÃO II – DA VERIFICAÇÃO DOS PRAZOS E DAS PENALIDADES
TÍTULO II – DA COMUNICAÇÃO DOS ATOS PROCESSUAIS
CAPÍTULO I – DISPOSIÇÕES GERAIS
CAPÍTULO II – DA CITAÇÃO
CAPÍTULO III – DAS CARTAS
CAPÍTULO IV – DAS INTIMAÇÕES
TÍTULO III – DAS NULIDADES
TÍTULO IV – DA DISTRIBUIÇÃO E DO REGISTRO
TÍTULO V – DO VALOR DA CAUSA

LIVRO V – DA TUTELA PROVISÓRIA
TÍTULO I – DISPOSIÇÕES GERAIS
TÍTULO II – DA TUTELA DE URGÊNCIA
CAPÍTULO I – DISPOSIÇÕES GERAIS

CAPÍTULO II – DOS PROCEDIMENTOS DA TUTELA ANTECIPADA REQUERIDA EM CARÁTER ANTECEDENTE
CAPÍTULO III – DO PROCEDIMENTO DA TUTELA CAUTELAR REQUERIDA EM CARÁTER ANTECEDENTE
TÍTULO III – DA TUTELA DA EVIDÊNCIA

LIVRO VI – DA FORMAÇÃO, DA SUSPENSÃO E DA EXTINÇÃO DO PROCESSO
TÍTULO I – DA FORMAÇÃO DO PROCESSO
TÍTULO II – DA SUSPENSÃO DO PROCESSO
TÍTULO III – DA EXTINÇÃO DO PROCESSO

PARTE ESPECIAL

LIVRO I – DO PROCESSO DE CONHECIMENTO E DO CUMPRIMENTO DE SENTENÇA
TÍTULO I – DO PROCEDIMENTO COMUM
CAPÍTULO I – DISPOSIÇÕES GERAIS
CAPÍTULO II – DA PETIÇÃO INICIAL
SEÇÃO I – DOS REQUISITOS DA PETIÇÃO INICIAL
SEÇÃO II – DO PEDIDO
SEÇÃO III – DO INDEFERIMENTO DA PETIÇÃO INICIAL
CAPÍTULO III – DA IMPROCEDÊNCIA LIMINAR DO PEDIDO
CAPÍTULO IV – DA CONVERSÃO DA AÇÃO INDIVIDUAL EM AÇÃO COLETIVA
CAPÍTULO V – DA AUDIÊNCIA DE CONCILIAÇÃO OU DE MEDIAÇÃO
CAPÍTULO VI – DA CONTESTAÇÃO
CAPÍTULO VII – DA RECONVENÇÃO
CAPÍTULO VIII – DA REVELIA
CAPÍTULO IX – DAS PROVIDÊNCIAS PRELIMINARES E DO SANEAMENTO
SEÇÃO I – DA NÃO INCIDÊNCIA DOS EFEITOS DA REVELIA
SEÇÃO II – DO FATO IMPEDITIVO, MODIFICATIVO OU EXTINTIVO DO DIREITO DO AUTOR
SEÇÃO III – DAS ALEGAÇÕES DO RÉU
CAPÍTULO X – DO JULGAMENTO CONFORME O ESTADO DO PROCESSO
SEÇÃO I – DA EXTINÇÃO DO PROCESSO
SEÇÃO II – DO JULGAMENTO ANTECIPADO DO MÉRITO
SEÇÃO III – DO JULGAMENTO ANTECIPADO PARCIAL DO MÉRITO
SEÇÃO IV – DO SANEAMENTO E DA ORGANIZAÇÃO DO PROCESSO
CAPÍTULO XI – DA AUDIÊNCIA DE INSTRUÇÃO E JULGAMENTO
CAPÍTULO XII – DAS PROVAS
SEÇÃO I – DISPOSIÇÕES GERAIS
SEÇÃO II – DA PRODUÇÃO ANTECIPADA DA PROVA
SEÇÃO III – DA ATA NOTARIAL
SEÇÃO IV – DO DEPOIMENTO PESSOAL
SEÇÃO V – DA CONFISSÃO
SEÇÃO VI – DA EXIBIÇÃO DE DOCUMENTO OU COISA
SEÇÃO VII – DA PROVA DOCUMENTAL
SUBSEÇÃO I – DA FORÇA PROBANTE DOS DOCUMENTOS
SUBSEÇÃO II – DA ARGUIÇÃO DE FALSIDADE
SUBSEÇÃO III – DA PRODUÇÃO DA PROVA DOCUMENTAL
SEÇÃO VIII – DOS DOCUMENTOS ELETRÔNICOS
SEÇÃO IX – DA PROVA TESTEMUNHAL
SUBSEÇÃO I – DA ADMISSIBILIDADE E DO VALOR DA PROVA TESTEMUNHAL
SUBSEÇÃO II – DA PRODUÇÃO DA PROVA TESTEMUNHAL
SEÇÃO X – DA PROVA PERICIAL
SEÇÃO XI – DA INSPEÇÃO JUDICIAL
CAPÍTULO XIII – DA SENTENÇA E DA COISA JULGADA
SEÇÃO I – DISPOSIÇÕES GERAIS
SEÇÃO II – DOS ELEMENTOS E DOS EFEITOS DA SENTENÇA

SEÇÃO III – DA REMESSA NECESSÁRIA
SEÇÃO IV – DO JULGAMENTO DAS AÇÕES RELATIVAS ÀS PRESTAÇÕES DE FAZER, DE NÃO FAZER E DE ENTREGAR COISA
SEÇÃO V – DA COISA JULGADA
CAPÍTULO XIV – DA LIQUIDAÇÃO DA SENTENÇA
TÍTULO II – DO CUMPRIMENTO DA SENTENÇA
CAPÍTULO I – DISPOSIÇÕES GERAIS
CAPÍTULO II – DO CUMPRIMENTO PROVISÓRIO DA SENTENÇA QUE RECONHECE A EXIBILIDADE DE OBRIGAÇÃO DE PAGAR QUANTIA CERTA
CAPÍTULO III – DO CUMPRIMENTO DEFINITIVO DA SENTENÇA QUE RECONHECE A EXIBILIDADE DE OBRIGAÇÃO DE PAGAR QUANTIA CERTA
CAPÍTULO IV – DO CUMPRIMENTO DE SENTENÇA QUE RECONHEÇA A EXIGIBILIDADE DE OBRIGAÇÃO DE PRESTAR ALIMENTOS
CAPÍTULO V – DO CUMPRIMENTO DE SENTENÇA QUE RECONHECE A EXIBILIDADE DE OBRIGAÇÃO DE PAGAR QUANTIA CERTA PELA FAZENDA PÚBLICA
CAPÍTULO VI – DO CUMPRIMENTO DE SENTENÇA QUE RECONHEÇA A EXIGIBILIDADE DE OBRIGAÇÃO DE FAZER, DE NÃO FAZER OU DE ENTREGAR COISA
SEÇÃO I – DO CUMPRIMENTO DE SENTENÇA QUE RECONHEÇA A EXIGIBILIDADE DE OBRIGAÇÃO DE FAZER OU DE NÃO FAZER
SEÇÃO II – DO CUMPRIMENTO DE SENTENÇA QUE RECONHEÇA A EXIGIBILIDADE DE OBRIGAÇÃO DE ENTREGAR COISA
TÍTULO III – DOS PROCEDIMENTOS ESPECIAIS
CAPÍTULO I – DA AÇÃO DE CONSIGNAÇÃO EM PAGAMENTO
CAPÍTULO II – DA AÇÃO DE EXIGIR CONTAS
CAPÍTULO II – DAS AÇÃO POSSESSÓRIAS
SEÇÃO I – DISPOSIÇÕES GERAIS
SEÇÃO II – DA MANUTENÇÃO E DA REINTEGRAÇÃO DE POSSE
SEÇÃO III – DO INTERDITO PROIBITÓRIO
CAPÍTULO IV – DA AÇÃO DE DIVISÃO E DA DEMARCAÇÃO DE TERRAS PARTICULARES
SEÇÃO I – DISPOSIÇÕES GERAIS
SEÇÃO II – DA DEMARCAÇÃO
SEÇÃO III – DA DIVISÃO
CAPÍTULO V – DA AÇÃO DE DISSOLUÇÃO PARCIAL DE SOCIEDADE
CAPÍTULO VI – DO INVENTÁRIO E DA PARTILHA
SEÇÃO I – DISPOSIÇÕES GERAIS
SEÇÃO II – DA LEGITIMIDADE PARA REQUERER O INVENTÁRIO
SEÇÃO III – DO INVENTARIANTE E DAS PRIMEIRAS DECLARAÇÕES
SEÇÃO IV – DAS CITAÇÕES E DAS IMPUGNAÇÕES
SEÇÃO V – DA AVALIAÇÃO E DO CÁLCULO DO IMPOSTO
SEÇÃO VI – DAS COLAÇÕES
SEÇÃO VII – DO PAGAMENTO DAS DÍVIDAS
SEÇÃO VIII – DA PARTILHA
SEÇÃO IX – DO ARROLAMENTO
SEÇÃO X – DISPOSIÇÕES COMUNS A TODAS AS SEÇÕES
CAPÍTULO VII – DOS EMBARGOS DE TERCEIRO
CAPÍTULO VIII – DA OPOSIÇÃO
CAPÍTULO IX – DA HABILITAÇÃO
CAPÍTULO X – DAS AÇÕES DE FAMÍLIA
CAPÍTULO XI – DA AÇÃO MONITÓRIA
CAPÍTULO XII – DA HOMOLOGAÇÃO DO PENHOR LEGAL
CAPÍTULO XIII – DA REGULAÇÃO DE AVARIA GROSSA
CAPÍTULO XIV – DA RESTAURAÇÃO DE AUTOS
CAPÍTULO XV – DOS PROCEDIMENTOS DE JURISDIÇÃO VOLUNTÁRIA
SEÇÃO I – DISPOSIÇÕES COMUNS

SEÇÃO II – DA NOTIFICAÇÃO E DA INTERPELAÇÃO
SEÇÃO III – DA ALIENAÇÃO JUDICIAL
SEÇÃO IV – DO DIVÓRCIO E DA SEPARAÇÃO CONSENSUAIS, DA EXTINÇÃO CONSENSUAL DE UNIÃO ESTÁVEL E DA ALTERAÇÃO DO REGIME DE BENS DO MATRIMÔNIO
SEÇÃO V – DOS TESTAMENTOS E DOS CODICILOS
SEÇÃO VI – DA HERANÇA JACENTE
SEÇÃO VII – DOS BENS DOS AUSENTES
SEÇÃO VIII – DAS COISAS VAGAS
SEÇÃO IX – DA INTERDIÇÃO
SEÇÃO X – DISPOSIÇÕES COMUNS À TUTELA E À CURATELA
SEÇÃO XI – DA ORGANIZAÇÃO E DA FISCALIZAÇÃO DAS FUNDAÇÕES
SEÇÃO XII – DA RATIFICAÇÃO DOS PROTESTOS MARÍTIMOS E DOS PROCESSOS TESTEMUNHÁVEIS FORMADOS A BORDO

LIVRO II – DO PROCESSO DE EXECUÇÃO
TÍTULO I – DA EXECUÇÃO EM GERAL
CAPÍTULO I – DISPOSIÇÕES GERAIS
CAPÍTULO II – DAS PARTES
CAPÍTULO III – DA COMPETÊNCIA
CAPÍTULO IV – DOS REQUISITOS NECESSÁRIOS PARA REALIZAR QUALQUER EXECUÇÃO
SEÇÃO I – DO TÍTULO EXECUTIVO
SEÇÃO II – DA EXIGIBILIDADE DA OBRIGAÇÃO
CAPÍTULO V – DA RESPONSABILIDADE PATRIMONIAL
TÍTULO II – DAS DIVERSAS ESPÉCIES DE EXECUÇÃO
CAPÍTULO I – DISPOSIÇÕES GERAIS
CAPÍTULO II – DA EXECUÇÃO PARA A ENTREGA DE COISA
SEÇÃO I – DA ENTREGA DE COISA CERTA
SEÇÃO II – DA ENTREGA DE COISA INCERTA
CAPÍTULO III – DA EXECUÇÃO DAS OBRIGAÇÕES DE FAZER OU DE NÃO FAZER
SEÇÃO I – DISPOSIÇÕES COMUNS
SEÇÃO II – DA OBRIGAÇÃO DE FAZER
SEÇÃO III – DA OBRIGAÇÃO DE NÃO FAZER
CAPÍTULO IV – DA EXECUÇÃO POR QUANTIA CERTA
SEÇÃO I – DISPOSIÇÕES GERAIS
SEÇÃO II – DA CITAÇÃO DO DEVEDOR E DO ARRESTO
SEÇÃO III – DA PENHORA, DO DEPÓSITO E DA AVALIAÇÃO
SUBSEÇÃO I – DO OBJETO DA PENHORA
SUBSEÇÃO II – DA DOCUMENTAÇÃO DA PENHORA, DO SEU REGISTRO E DO DEPÓSITO
SUBSEÇÃO III – DO LUGAR DE REALIZAÇÃO DA PENHORA
SUBSEÇÃO IV – DAS MODIFICAÇÕES DA PENHORA
SUBSEÇÃO V – DA PENHORA DE DINHEIRO EM DEPÓSITO OU EM APLICAÇÃO FINANCEIRA
SUBSEÇÃO VI – DA PENHORA DE CRÉDITOS
SUBSEÇÃO VII – DA PENHORA DAS QUOTAS OU DAS AÇÕES DE SOCIEDADES PERSONIFICADAS
SUBSEÇÃO VIII – DA PENHORA DE EMPRESA, DE OUTROS ESTABELECIMENTOS E DE SEMOVENTES
SUBSEÇÃO IX – DA PENHORA DE PERCENTUAL DE FATURAMENTO DE EMPRESA
SUBSEÇÃO X – DA PENHORA DOS FRUTOS E RENDIMENTOS DE COISA MÓVEL OU IMÓVEL
SUBSEÇÃO XI – DA AVALIAÇÃO
SEÇÃO IV – DA EXPROPRIAÇÃO DE BENS
SUBSEÇÃO I – DA ADJUDICAÇÃO
SUBSEÇÃO II – DA ALIENAÇÃO
SEÇÃO V – DA SATISFAÇÃO DO CRÉDITO
CAPÍTULO V – DA EXECUÇÃO CONTRA A FAZENDA PÚBLICA

CAPÍTULO VI – DA EXECUÇÃO DE ALIMENTOS
TÍTULO III – DOS EMBARGOS À EXECUÇÃO
TÍTULO IV – DA SUSPENSÃO E DA EXTINÇÃO DO PROCESSO DE EXECUÇÃO
  CAPÍTULO I – DA SUSPENSÃO DO PROCESSO DE EXECUÇÃO
  CAPÍTULO II – DA EXTINÇÃO DO PROCESSO DE EXECUÇÃO

LIVRO III – DOS PROCESSOS NOS TRIBUNAIS E DOS MEIOS DE IMPUGNAÇÃO DAS DECISÕES JUDICIAIS
TÍTULO I – DA ORDEM DOS PROCESSOS E DOS PROCESSOS DE COMPETÊNCIA ORIGINÁRIA DOS TRIBUNAIS
  CAPÍTULO I – DISPOSIÇÕES GERAIS
  CAPÍTULO II – DA ORDEM DOS PROCESSOS NO TRIBUNAL
  CAPÍTULO III – DO INCIDENTE DE ASSUNÇÃO DE COMPETÊNCIA
  CAPÍTULO IV – DO INCIDENTE DE ARGUIÇÃO DE INCONSTITUCIONALIDADE
  CAPÍTULO V – DO CONFLITO DE COMPETÊNCIA
  CAPÍTULO VI – DA HOMOLOGAÇÃO DE DECISÃO ESTRANGEIRA E DA CONCESSÃO DO EXEQUATUR À CARTA ROGATÓRIA
  CAPÍTULO VII – DA AÇÃO RESCISÓRIA
  CAPÍTULO VIII – DO INCIDENTE DE RESOLUÇÃO DE DEMANDAS REPETITIVAS
  CAPÍTULO IX – DA RECLAMAÇÃO
TÍTULO II – DOS RECURSOS
  CAPÍTULO I – DISPOSIÇÕES GERAIS
  CAPÍTULO II – DA APELAÇÃO
  CAPÍTULO III – DO AGRAVO DE INSTRUMENTO
  CAPÍTULO IV – DO AGRAVO INTERNO
  CAPÍTULO V – DOS EMBARGOS DE DECLARAÇÃO
  CAPÍTULO VI – DOS RECURSOS PARA O SUPREMO TRIBUNAL FEDERAL E PARA O SUPERIOR TRIBUNAL DE JUSTIÇA
    SEÇÃO I – DO RECURSO ORDINÁRIO
    SEÇÃO II – DO RECURSO EXTRAORDINÁRIO E DO RECURSO ESPECIAL
      SUBSEÇÃO I – DISPOSIÇÕES GERAIS
      SUBSEÇÃO II – DO JULGAMENTO DOS RECURSOS EXTRAORDINÁRIO E ESPECIAL REPETITIVOS
    SEÇÃO III – DO AGRAVO EM RECURSO ESPECIAL E EM RECURSO EXTRAORDINÁRIO
    SEÇÃO IV – DOS EMBARGOS DE DIVERGÊNCIA

LIVRO COMPLEMENTAR – DISPOSIÇÕES FINAIS E TRANSITÓRIAS

Ao presente estudo importa, sobretudo, a matéria contida no Capítulo XIII (Da Sentença e da Coisa Julgada), do Título I (Do Procedimento Comum), do Livro I (Do Processo de Conhecimento e do Cumprimento de Sentença), bem como, aquela regulada pelo Título II (Dos Recursos), do Livro III (Dos Processos nos Tribunais e dos meios de impugnação das decisões judiciais), todos da Parte Especial do Código de Processo Civil de 2015.

2. Da Sentença

2.1. Dos pronunciamentos judiciais

Art. 203. Os pronunciamentos do juiz consistirão em sentenças, decisões interlocutórias e despachos.

§ 1º Ressalvadas as disposições expressas dos procedimentos especiais, sentença é o pronunciamento por meio do qual o juiz, com fundamento nos arts. 485 e 487, põe fim à fase cognitiva do procedimento comum, bem como extingue a execução.

§ 2º Decisão interlocutória é todo pronunciamento judicial de natureza decisória que não se enquadre no § 1º.

§ 3º São despachos todos os demais pronunciamentos do juiz praticados no processo, de ofício ou a requerimento da parte.

§ 4º Os atos meramente ordinatórios, como a juntada e a vista obrigatória, independem de despacho, devendo ser praticados de ofício pelo servidor e revistos pelo juiz quando necessário.[4]

O processo judicial, de um ponto de vista intrínseco, nada mais é do que um *procedimento em contraditório*[5] que se inicia, como regra, por interesse da parte, e se desenvolve por impulso oficial (art. 2º, CPC/2015).

O caminho a ser percorrido, exemplificativamente, da etapa postulatória à decisória, na fase cognitiva do procedimento comum, intercala *manifestações das partes* e *pronunciamentos judiciais* até que se alcance o momento adequado para a dicção do direito aplicável ao caso concreto.

O impulso oficial, pois, dá-se a partir da prolação de pronunciamentos de natureza diversa. O Código, ao referir-se às manifestações judiciais pertinentes ao campo do "juízo singular", classifica-as nas espécies, a saber: despacho, decisões interlocutórias e sentenças. A decisões monocráticas e os acórdãos, bem compreendida a afirmativa, dizem com o cenário do "juízo colegiado", que a eles não se limitam.

---

[4] Art. 203 da CPC/2015.

[5] FAZZALARI, Elio. *Instituições de Direito Processual Civil. passim.*

2.1.1. Despacho

Chega-se ao conceito de *despacho* por exclusão. Consoante expresso apontamento legal, em não se tratando o pronunciamento judicial de *sentença* ou *decisão interlocutória,* será ele um *despacho.*

Diz-se, com certa tranquilidade, que, praticado, de ofício ou a requerimento, o *despacho* não possui carga decisória (ao menos significativa), prestando-se, como regra, tão somente a impulsionar o andamento processual. Por tal razão (inexistência de carga decisória), inclusive, o CPC/2015 é enfático ao asseverar, em seu artigo 1.001, que dos despachos não cabe recurso.

Poder-se-ia, exemplificativamente, imaginar o seguinte pronunciamento judicial: "digam as partes se têm interesse na produção de outras provas". Perceba-se que, claramente, o julgador apenas consulta os contendores acerca de seus interesses *instrutórios*, nada decidindo.

O critério da (in)existência de carga decisória é suficiente para apartar os *despachos* dos demais pronunciamentos judiciais (relacionados ao juízo singular).

2.1.2. Decisão interlocutória

No campo dos pronunciamentos judiciais dotados de carga decisória (reitere-se: relacionados ao juízo singular), há de se discernir *decisões interlocutórias* e *sentenças.* Tal distinção revela-se de considerável importância prática, por exemplo, para a averiguação do recurso hábil a impugnar o julgado.

Diz-se, historicamente, que as *interlocutórias*, do ponto de vista da profundidade da cognição, revelam, como regra, cognição *sumária* (em contraponto à noção de cognição exauriente) e que, também como regra, não pretendem "dar por prestada à jurisdição", senão, apenas, resolver questão incidente.

Seja como for, também ao conceito de *decisão interlocutória,* na linha do Código, chega-se por exclusão. Não ao conceito de despacho, mas, ao de sentença.

Possuindo o pronunciamento judicial carga decisória, e não se enquadrando no conceito de sentença (abaixo examinado), estar-se-á diante de uma decisão interlocutória. Tal descoberta, no cenário processual vigente, alerte-se, embora indispensável, não se mostra suficiente à compreensão imediata do recurso cabível, que, doravante, dependerá da análise de outros critérios (e, não só, da natureza jurídica do pronunciamento judicial que se pretende impugnar).

Aos temas da *profundidade da cognição* contida nas decisões interlocutórias, bem como, de sua *finalidade* (resolver questão incidente) retomaremos oportunamente, ocasião em que enfrentaremos algumas questões que emergiram face à entrada em vigor do CPC/2015.

2.1.3. Sentença

Em linhas gerais, tomando por base o teor do § 1º do art. 203, poder-se-ia afirmar que, para além da constatação da existência de carga decisória, o enquadramento de certo pronunciamento judicial como *sentença* depende de pelo menos dois outros requisitos: a) análise do conteúdo do pronunciamento (que deve estar de acordo com o previsto pelos artigos 485 ou 487); b) finalidade do ato (pôr fim à fase cognitiva do procedimento comum ou extinguir a execução).

O texto legal, em mais esta oportunidade, não deu conta, nem de longe, de desvendar a complexidade que subjaz o enfrentamento da matéria. Assim sendo, diligenciaremos, abaixo, em examiná-lo com mais vagar, respeitando, à evidência, os limites do presente trabalho.

Revela-se suficiente, para o momento, compreender que, grosso modo, sentença (em sentido estrito) é o pronunciamento judicial, inerente ao campo do juízo singular, mediante o qual o Poder Judiciário pretende (com ou sem enfrentamento meritório) dar por prestada à jurisdição a que foi provocado.

Tudo quanto mais, oportunamente, figurará como objeto de item próprio.

2.1.4. Decisão monocrática

A compreensão da matéria passa, inexoravelmente, pelo discernimento dos campos do "juízo singular" e do "juízo colegiado".

Comecemos assim: a competência para processar e julgar determinado pleito judicial pertence, por vezes, a um único julgador, por vezes, a um grupo de julgadores. Diz-se, no primeiro caso, tratar-se de juízo singular; no segundo, de juízo colegiado.

No derradeiro caso, nomeia-se, dentre os integrantes do órgão colegiado, um relator, incumbindo-lhe, grosso modo, capitanear a condução do processo. A legislação processual pátria atribui ao relator determinadas tarefas, boa parte delas prescritas pelo teor do art. 932 do CPC/2015.[6]

---

[6] Art. 932. Incumbe ao relator: I – dirigir e ordenar o processo no tribunal, inclusive em relação à produção de prova, bem como, quando for o caso, homologar autocomposição das partes; II – apre-

No bojo das aludidas atribuições, encontram-se hipóteses em que o relator, nada obstante a competência para processar e julgar determinado pleito (recursal ou não) pertença ao órgão colegiado, deva, sozinho (ou seja, monocraticamente), enfrentar a questão *sub judice*.

Denomina-se *decisão monocrática* o pronunciamento praticado nesse cenário.

2.1.5. Acórdão

O pronunciamento judicial proferido por órgão colegiado (de maneira colegiada), dotado de carga decisória, independentemente da tentativa de pôr fim ao processo ou à fase dele, denomina-se *acórdão*. É o que se extrai, pois, do teor do art. 204 do CPC/2015.

Consoante expressa previsão legal, "todo acórdão conterá ementa" (art. 943, § 1º).

Trata-se, em última análise, de pronunciamento judicial que retrata o posicionamento alcançado pelo órgão colegiado, que deve registrar, sendo o caso, inclusive, o teor do voto vencido, nos termos do § 3º do art. 941 do CPC/2015.

Cumpre salientar, por fim, que tanto os acórdãos, como os pronunciamentos monocráticos (ambos vinculados ao cenário do juízo colegiado), presentes os requisitos autorizativos e, considerada a função do pronunciamento *in concreto* (de dar por prestada a jurisdição), não só podem como devem ser considerados "sentença em sentido largo". Revela-se, tal lição, indispensável à compreensão de alguns dos temas porvir.

---

ciar o pedido de tutela provisória nos recursos e nos processos de competência originária do tribunal; III – não conhecer de recurso inadmissível, prejudicado ou que não tenha impugnado especificamente os fundamentos da decisão recorrida; IV – negar provimento a recurso que for contrário a: a) súmula do Supremo Tribunal Federal, do Superior Tribunal de Justiça ou do próprio tribunal; b) acórdão proferido pelo Supremo Tribunal Federal ou pelo Superior Tribunal de Justiça em julgamento de recursos repetitivos; c) entendimento firmado em incidente de resolução de demandas repetitivas ou de assunção de competência; V – depois de facultada a apresentação de contrarrazões, dar provimento ao recurso se a decisão recorrida for contrária a: a) súmula do Supremo Tribunal Federal, do Superior Tribunal de Justiça ou do próprio tribunal; b) acórdão proferido pelo Supremo Tribunal Federal ou pelo Superior Tribunal de Justiça em julgamento de recursos repetitivos; c) entendimento firmado em incidente de resolução de demandas repetitivas ou de assunção de competência; VI – decidir o incidente de desconsideração da personalidade jurídica, quando este for instaurado originariamente perante o tribunal; VII – determinar a intimação do Ministério Público, quando for o caso; VIII – exercer outras atribuições estabelecidas no regimento interno do tribunal. Parágrafo único. Antes de considerar inadmissível o recurso, o relator concederá o prazo de 5 (cinco) dias ao recorrente para que seja sanado vício ou complementada a documentação exigível.

2.2. A sentença propriamente dita: considerações específicas

Já se afirmou, outrora, revelar-se o ato sentencial *atividade silogística* realizada pelo julgador, a quem incumbe, por definição, responder à provocação das partes.[7]

Segundo tal linha de raciocínio, o julgador fixa, pois, uma *premissa menor* (geralmente vinculada à dimensão fática da causa – extraindo-a do contexto probatório que guarnece os autos) e, examinando o ordenamento jurídico como um todo (e não apenas a lei), uma *premissa maior*. O juízo acerca da incidência, ou não, de determinado ditame que possa conduzir à consequência jurídica desejada pelos postulantes, desnuda, em última análise, a razão de ser da *sentença* (e até mesmo da própria prestação jurisdicional).

Há quem sustente, contudo, que:

Uma sentença é um ato de decisão e não de escolha. É um ato de poder, em nome do Estado. Dworkin diz que a sentença é um ato de responsabilidade política. Por isso mesmo, a sentença não é uma mera opção por uma ou mais teses. Nesse sentido, Heinrich Rombach deixa claro que a análise autêntica do fenômeno da decisão exige um desprendimento com relação às representações e modelos habituais do fenômeno. Afirma que tanto o decisionismo irracional quanto o racionalismo – e as correspondentes teorias da decisão que se formam a partir deles – acabam por entulhar o problema na medida em que tornam indiferentes o fenômeno da decisão e o fenômeno da escolha. Segundo o autor, decidir é diferente de escolher. E essa diferença não se apresenta em um nível valorativo (ou seja, não se trata de afirmar que a decisão é melhor ou pior que a escolha), mas, sim, estrutural. "Respostas de escolha são parciais; respostas de decisão são respostas totais, nas quais entra em jogo a existência inteira". (...) No caso da decisão jurídica (sentença), é possível adaptar a fórmula proposta por Rombach para dizer que ela pressupõe um comprometimento por parte do judicante com a moralidade da comunidade política. Isso significa, em termos dworkinianos, que a decisão é um ato de responsabilidade política. É por isso que a jurisdição, em um quadro como esse, não efetua um ato de escolha entre diversas possibilidades interpretativas quando oferece solução para um caso concreto. Ela efetua "a" interpretação, uma vez que decide – e não escolhe – quais os critérios de ajuste e substância (moralidade) estão subjacentes ao caso analisado. Portanto, há uma diferença entre o decidir, que é um ato de responsabilidade política, e o escolher, que é um ato de razão prática. O primeiro é um ato estatal; o segundo, da esfera do cotidiano, de agir estratégico.[8]

Seja como for, o pronunciamento (do julgador singular) que externa tal reflexão, *com o objetivo primeiro de fulminar dúvida acerca do litígio a que foi chamado a resolver* (*dizendo o direito aplicável ao caso concreto*), pondo fim *à etapa cognitiva do feito*, denomina-se *sentença*, nada obstante esse mesmo

---

[7] CARNELUTTI, Francesco. *Direito e Processo. Direito Processual Civil*. Campinas: Péritas, 2001. *passim*.

[8] STRECK, Lenio Luiz. Art. 489. In: NUNES, Dierle; CUNHA, Leonardo (orgs.). *Comentários ao Código de Processo Civil*. São Paulo: Saraiva, 2016. p. 681/682.

pronunciamento possa, excepcionalmente, limitar-se a extinguir a relação processual sem, em última análise, enfrentar o mérito da causa.

A Lei 13.105/2015, adequando a conhecida lição (doutrinária) de que *sentença é o ato do juiz que, pautado em juízo de certeza (leia-se, cognição exauriente), pretende pôr fim ao processo* (oriunda de ocasião em que não se cogitava acerca de um *processo sincrético*, com regra), elegeu enquanto critérios à sua identificação, *cumulativamente*, (a) *o conteúdo do pronunciamento propriamente dito*, bem como, (b) *a intenção do órgão prolator em dar por prestada a jurisdição cognitiva in concreto*.

Segundo expressa disposição legal, em relação ao primeiro critério, é salutar observar que o pronunciamento (judicial) deverá, necessariamente, refletir o teor dos arts. 485 ou 487 do CPC/2015 (o que, por si só, não o faz uma sentença); no que tange ao segundo, tratar-se de *pronunciamento* mediante o qual o julgador vise a extinguir "à fase cognitiva do processo de conhecimento", com ou sem enfrentamento meritório.

É sentença, segundo o CPC/2015, também, o pronunciamento judicial que fulmina a execução, extinguindo-a.

2.2.1. Sentenças terminativas e Sentenças definitivas

O diploma processual vigente, tal e qual exigia o sistema revogado, impõe a classificação das sentenças em *terminativas* e *definitivas*, mostrando-se relevante a mesma para fins de identificação da possibilidade, ou não, de reenfrentamento de ação "idêntica" (art. 486, CPC/2015).

Diz-se que uma sentença é *terminativa* quando prolatada com base em quaisquer dos fundamentos aventados pelos incisos do artigo 485 do CPC/2015. Segundo o Código, o pronunciamento jurisdicional extingue o "processo", nesses casos, sem resolver o mérito da causa. As sentenças *terminativas*, não meritórias por definição, encontram-se despidas de elemento essencial à incidência da *coisa julgada material*, de tal sorte que, em regra, não encerram, em definitivo, o conflito de interesse posto à apreciação judiciária, facultando-se ao interessado submetê-lo, observadas as exigências legais, novamente ao juízo competente.

Denomina-se *definitiva*, por sua vez, a sentença prolatada com fulcro em um dos incisos do artigo 487. Aduz o Código, nesses casos, haver *resolução meritória*.

É *definitiva*, portanto, a sentença que: (I) acolhe ou rejeita o pedido formulado na ação ou na reconvenção; (II) reconhece, de ofício ou a requerimento, decadência ou prescrição; (III) homologa (a) o reconhecimento da procedência do pedido formulado na ação ou na reconvenção,

(b) a transação ou (c) a renúncia à pretensão formulada na ação ou na reconvenção.

As sentenças *definitivas* são, por definição, meritórias. Tais sentenças, uma vez transitadas em julgado, regulam, na esmagadora maioria dos casos, o conflito decidido para a eternidade.

2.2.2. Estrutura do ato

Tamanha é a importância do pronunciamento judicial sob comento que o legislador optou por estabelecer estrutura a ser respeitada ao tempo de sua prolação.

Impõe-se, por oportuno, um destaque: embora o ato sentencial deva ser, por determinação legal, apresentado em capítulos (o relatório, a fundamentação e o decisório), a decisão judicial haverá de ser interpretada como um todo, conjugando-se a integralidade de seus elementos, em atenção ao princípio da boa-fé.

São elementos *essenciais* do ato sentencial, segundo o Código, (a) o *relatório*, (b) a *fundamentação* e (c) o *dispositivo*. Vejamos.

2.2.2.1. Relatório

Trata-se de capítulo da sentença destinado ao relato, pelo juiz, dos principais *fatos processuais* havidos.

É a partir de sua adequada formulação que o julgador demonstra, aos litigantes, que conhece, minuciosamente, os passos dados ao longo da relação processual, objeto de seu enfrentamento.

2.2.2.2. Fundamentação

Cumpre ao magistrado, grosso modo, esmiuçar, nos autos, a razão de seu convencimento.

Consoante sabido aos quatro cantos, vige, entre nós, o sistema da *persuasão racional*, vale dizer, do *livre convencimento motivado*. Nessa linha, o magistrado deve, visando a legitimar a resposta jurisdicional dada ao caso concreto, desenvolvendo raciocínio lógico, de maneira analítica, explicitar aos contendores (e à sociedade em geral) *o porquê* julga "assim ou assado".

Dada a importância do aspecto em tela (*para que se verifique a lisura da jurisdição prestada*) é a própria Constituição Federal de 1988 que, para os casos de violação ao aludido preceito, atribui pena de *nulidade* do pronunciamento judicial.

O tema, ora anunciado, será enfrentado, com a profundidade que se exige, considerada sua complexidade, em item próprio.

2.2.2.3. Dispositivo

A sentença, por fim, contará com o denominado capítulo *dispositivo*.

Preparado o terreno pelas anotações judiciais anteriores (o *relatório* e a *fundamentação*), alcança-se o momento em que o magistrado aporá, nos autos, sua decisão: a decisão acerca da *norma jurídica* a ser respeitada no caso apreciado.

É nele, em última análise, que o julgador (des)acolhe as postulações formuladas pelos contendores, apresentando, objetivamente, o comando judiciário a ser observado *in concreto*.

2.2.3. Da motivação propriamente dita

2.2.3.1. Direito fundamental à motivação

O conceito de *motivação*, por óbvio, esgarça em muito os lindes do estudo jurídico, disso não se podendo olvidar. Para os fins a que nos propomos, no entanto, é possível afirmar que a atividade motivacional exigida pela Constituição possa ser compreendida, em suma, como a exigência de que o Estado-Juiz justifique o porquê adota, caso a caso, esta ou aquela postura de julgamento, explicitando, sempre de forma límpida, o raciocínio lógico desenvolvido e a racionalidade das decisões proferidas.[9] [10] [11]

> O estágio de desenvolvimento civilizatório e político atual, de controle maior do poder pela sociedade civil, não mais tolera o exercício arbitrário da jurisdição nem admite a possibilidade de ser o processo julgado por critérios arbitrários e irracionais.[12]

Deriva da previsão contida no artigo 93, inciso IX, da CF/88 que *todas* as decisões proferidas pelo Poder Judiciário serão motivadas.[13] A

---

[9] Art. 93 (...) IX todos os julgamentos dos órgãos do Poder Judiciário serão públicos, e fundamentadas todas as decisões, sob pena de nulidade, podendo a lei limitar a presença, em determinados atos, às próprias partes e a seus advogados, ou somente a estes, em casos nos quais a preservação do direito à intimidade do interessado no sigilo não prejudique o interesse público à informação;

[10] A respeito, com grande proveito, vide: TARUFFO, Michele. *La Motivazione della Sentenza Civile*. Padova: Cedam, 1975.

[11] "O princípio da motivação expressa a necessidade de toda e qualquer decisão judicial ser explicada, fundamentada, justificada pelo magistrado que a prolatou". BUENO, Cássio Scarpinella. *Curso Sistematizado de Direito Processual Civil*. p. 135.

[12] ALVARO DE OLIVEIRA, Carlos Alberto. MITIDIERO, Daniel. *Curso de Processo Civil*. p. 47.

[13] Apontando o acolhimento da exigência em constituições alheias, refere Sérgio Gilberto Porto que: "Muitos países outorgaram-lhe status constitucional. Na Constituição portuguesa, de 1976, o art. 205 estabelece que 'as decisões dos tribunais que não sejam de mero expediente são fundamentadas

profundidade da exigência deve ser bem compreendida, pena de laborarmos diuturnamente com meros arremedos de motivação.

Vigora entre nós o sistema da persuasão racional do julgador; o dever de motivar atua, numa de suas perspectivas, como verdadeira "peça desta engrenagem". Tem-se, destarte, que o dever de motivar se destina, numa de suas vertentes, a *limitar o arbítrio do julgador*.[14] [15]

Não há dúvida, atualmente, que o dever de *motivar* se coadune com um sem número de outras situações jurídicas. Bom exemplo da dita multifuncionalidade da motivação judicial pode ser vislumbrada na função *instrumentalizadora* do direito de recorrer, pois, que não parece lógico, nem possível, salvo quando se recorre face à própria inexistência de fundamentação, insurgir-se contra julgado que não revele os motivos em que se pauta.[16]

> (...) se come è indubitabile, i giudici fanno espesso cattivo uso del loro "libero convincimiento" il rimedio non sta ovviamente nella sua eliminazione, bensì próprio nella construzionee nell'attivazione di controlli razionali e procedimentali che possano assicurare um "buon uso" della discrizionalità nelle scelte relative all'impiego e alla valutazione delle prove.[17]

Seja como for, vale salientar que a exigência motivacional se afirma no clamor social pelo controle da atividade judiciária, no especial sentido de dela exigir esclarecimentos acerca das condutas admitidas no convívio entre os homens. Em tempos em que a cada dia emergem propositalmente disposições eivadas de *conceitos indeterminados*, o dito *poder controlador* ganha, à evidência, notório destaque.[18] [19]

---

na forma prevista na lei'. Na Espanha, de 1978, seu art. 120 dispõe que '(...) 3. Las sentencias serán siempre motivadas y se pronunciarán en audiencia pública'. Semelhante é o regramento belga (Constituição de 1994, art. 149: 'tout jugement est motivé. Il est prononcé en audience plublique', italiano (Constituição de 1947, art. 111, 'tutti i provvedimenti giurisdizionali devono essere motivate') e holandês (Constituição de 1983, art. 121: 'except in cases laid down by Act parliament, trial shall be held in public and judgements shall specify the grouds on which they are based. Judgements shall be pronouced in public'. PORTO, Sérgio Gilberto. USTÁRROZ, Daniel. *Lições de Direitos Fundamentais no Processo Civil*. p. 66/67.

[14] Neste sentido: STF, HC 68202/DF, 1ª Turma, Rel. Min. Celso de Mello, j. 06.11.1990.

[15] "(...) o princípio assegura não só a transparência da atividade judiciária mas também viabiliza que se exercite o adequado controle de todas e quaisquer decisões judiciais (...) o que se impõe é *controlar* as escolhas feitas pelo magistrado concreto à luz da sua motivação, da explicação das razões pelas quais ele escolheu o prevalecimento de um princípio e não o de outro; porque ele preencheu determinado conceito vago de um modo e não de outro e assim por diante". BUENO, Cássio Scarpinella. *Curso Sistematizado de Direito Processual Civil*. p. 135/136.

[16] Neste sentido: PORTO, Sérgio Gilberto. USTÁRROZ, Daniel. *Lições de Direitos Fundamentais no Processo Civil*. p. 70/71.

[17] TARUFFO, Micheli. *La Prova dei Fatti Giuridici: nozione generali*. Giuffrè, 1992. p. 411.

[18] A respeito das *cláusulas gerais* e *conceitos indeterminados*, vide: MARTINS-COSTA, Judith. *A boa fé no direito privado*. São Paulo: RT, 2000.

[19] Segundo Marinoni, afirma-se "na generalidade dos sistemas de *civil* law, que a fundamentação é imprescindível para outorgar às partes garantia de imparcialidade do juiz. Argumenta-se, ainda, que a fundamentação, além de servir às partes, importa a todos os jurisdicionados, interessados na

Motivar, na perspectiva do modelo constitucional do processo civil pátrio, representa ir além da mera enunciação formal dos ditames que devem regular o caso concreto. Trata-se, pois, da exigência que obriga o julgador a esmiuçar (atento ao princípio da concretude) *como, quando,* e *por que* optou por emanar esta ou aquela decisão.

Alvaro de Oliveira e Mitidiero asseveram que, a rigor, não há falar em decisão motivada senão quando estiverem presentes e claros:

> (a) enunciação das escolhas desenvolvidas pelo órgão judicial para: (a1) individualização das normas aplicáveis; (a2) acertamento das alegações de fato; (a3) qualificação jurídica do suporte fático; (a4) consequências jurídicas decorrentes da qualificação jurídica do fato; (b) o contexto dos nexos de implicação e coerência entre tais enunciados (que corresponde ao modelo estrutural de motivação); (c) a justificação dos enunciados com base em critérios que evidenciam ter a escolha do juízo sido racionalmente correta.[20]

A partir de um jogo de palavras, não raro compreendido por todos, afigura-se possível afirmar que, na linha do modelo constitucional, se exige mais do que mera motivação: exige-se a *motivação da motivação.*

Decisório insuficientemente ou não motivado (e, aqui, revela-se indispensável a observância do regramento trazido pelo CPC/2015) representa, por força de disposição constitucional, ato jurídico nulo.

2.2.3.2. O artigo 489, § 1º, do CPC/2015

O texto sob comento, bem compreendida a afirmativa, serviu à operacionalização do denominado *direito fundamental à motivação,* acima examinado.

Não que se desconhecessem no cenário pátrio, em momento anterior à vigência do CPC/2015, as reais exigências constitucionais em relação ao tema. Longe disso! A profundidade da motivação *garantida/exigida* pelo *modelo constitucional do processo civil brasileiro* revelava-se preterida no dia a dia forense não por ignorância, mas por razões outras (que, dado o desiderato do presente estudo, não merecem aprofundamento).

O CPC/2015, em flagrante combate a certas práticas judiciárias, optou por, detalhadamente, "desenhar" o quê, *in concreto,* se exige para

---

legitimidade das decisões judiciais, especialmente daquelas que têm maior repercussão perante a sociedade. A fundamentação, neste sentido, presta-se para o juiz demonstrar a sua imparcialidade, bem como para conferir legitimação ao exercício do poder jurisdicional. Tudo isso revela surpreendente ingenuidade. Raciocinando-se sempre em torno de questões de direito, há de se perguntar: será que a fundamentação, por si só, outorga alguma garantia às partes? A fundamentação, em tal perspectiva, pode dar legitimação ao exercício do poder jurisdicional? Ou melhor, num sistema em que as questões de direito podem ser decididas sem qualquer respeito ao passado, há propósito em entender que a fundamentação é capaz de garantir a imparcialidade do juiz e conferir legitimação à jurisdição?" MARINONI, Luiz Guilherme. *Precedentes Obrigatórios.* p. 174.

[20] ALVARO DE OLIVEIRA, Carlos Alberto; MITIDIERO, Daniel. *Curso de Processo Civil.* p. 47.

considerar fundamentado uma decisão judicial, independentemente de sua natureza.[21]

Os incisos do § 1º do art. 489, dentre outras passagens, denunciam, à evidência, o compromisso do Código com a qualidade material da prestação jurisdicional. Atento, reitere-se, ao cotidiano forense, o legislador apontou parâmetros a serem observados em relação ao capítulo da sentença sob comento, impondo ao julgador certas "obrigações decisórias".[22] Vejamos:

Prescreve o texto:

Art. 489 (...)§ 1º Não se considera fundamentada qualquer decisão judicial, seja ela interlocutória, sentença ou acórdão, que:

I – se limitar à indicação, à reprodução ou à paráfrase de ato normativo, sem explicar sua relação com a causa ou a questão decidida;

II – empregar conceitos jurídicos indeterminados, sem explicar o motivo concreto de sua incidência no caso;

III – invocar motivos que se prestariam a justificar qualquer outra decisão;

IV – não enfrentar todos os argumentos deduzidos no processo capazes de, em tese, infirmar a conclusão adotada pelo julgador;

V – se limitar a invocar precedente ou enunciado de súmula, sem identificar seus fundamentos determinantes nem demonstrar que o caso sob julgamento se ajusta àqueles fundamentos;

VI – deixar de seguir enunciado de súmula, jurisprudência ou precedente invocado pela parte, sem demonstrar a existência de distinção no caso em julgamento ou a superação do entendimento.

Fundamentar, *in concreto*, exige do julgador a promoção de um "diálogo" entre as peculiaridades do caso concreto e tudo aquilo que nele possa se fazer sentir (a incidência de certo dispositivo de lei, atribuição de conteúdo a um conceito indeterminado etc.). Os incisos I e II do artigo sob comento, bem compreendidos, visam a promover a externalização da aludia exigência.

No primeiro, a exigência é de que o raciocínio acerca da razão pela qual determinado "ato normativo" deva incidir em concreto apareça de maneira límpida; no segundo, de que se atribua "conteúdo concreto" à indeterminação abstratizada.

Dizer, por exemplo, que o pedido procede face à incidência do art. "x" da Lei "y", é, para fins motivacionais, pouco mais do que nada.

---

[21] "Não se considera fundamentada qualquer decisão judicial, seja ela interlocutória, sentença ou acórdão, que: (...)" Art. 489, § 1º, do CPC/2015.

[22] "Essas disposições foram inseridas pelo legislador como forma de obstar a prolação de sentenças demasiadamente concisas, que muitas vezes ignoram os argumentos apresentados pelas partes e até mesmo o entendimento jurisprudencial predominante sobre a questão em litígio." DONIZETTI, Elpídio. *Curso Didático de Direito Processual Civil*. 19ª ed. São Paulo: Atlas, 2016. p. 622.

Indispensável, pois, que o julgador, em espécie de cotejo com as circunstâncias que iluminam o caso concreto, esmiúce as razões de tal incidência.

De outro giro, possui idêntica eficácia motivacional (nula), a afirmativa, pura e simples, de que, exemplificativamente, agiu o réu de *má-fé*. Exige o Código, doravante, que o julgador explique, pormenorizadamente (e, claro, *in concreto*), no que consiste a má-fé por ele verificada.

Visando a evitar a ideia de *fundamentação genérica*, o teor do inciso III, por sua vez, dá suporte à eleição da norma (no sentido de produto da interpretação), a saber: considera-se não motivado o pronunciamento judicial que, face à generalidade das razões em que se funda, se prestaria a justificar qualquer outro resultado.

Colhe-se, nessa senda, bom exemplo, de anotação realizada por Leonardo Carneiro da Cunha. Aduz o autor:

Imagine-se, por exemplo, que determinada sentença contivesse a seguinte fundamentação: 'os elementos contidos nos autos denotam que o autor tem razão. As alegações estão respaldadas pelas provas produzidas nos autos. A pretensão encontra apoio no ordenamento jurídico, não havendo óbice ao acolhimento do pedido formulado pela parte autora. A defesa do réu não tem o condão de impedir o acolhimento do pedido. Não há qualquer fato impeditivo, modificativo ou extintivo do direito da parte autora. Tudo, enfim, está a respaldar a pretensão formulada na petição inicial. Isto posto, e por tudo mais que dos autos consta, julgo procedente o pedido, tal como formulado na petição inicial.[23]

Não é raro, outrossim, encontrar manifestações dessa ordem em sede de julgamento de embargos de declaração, em que se limita o julgador a afirmar que:

No caso, ao que entendo, não se fazendo presentes quaisquer dos pressupostos processuais alinhados no art. 1.022, incs. I, II e III, do novo Código de Processo Civil, não há como acolher os embargos declaratórios.

Não verifico, no acórdão embargado, omissão, obscuridade, contradição ou erro material. Em verdade, o que requer a parte recorrente é o rejulgamento da lide – incabível, em se tratando de embargos de declaração.

Os motivos do convencimento do Relator se encontram devidamente esposados no decisum, indicando o recurso mera contrariedade do litigante ante o julgamento do recurso, além da intenção de ser reavaliada a controvérsia, o que não se revela possível no âmbito dos embargos.

Sendo assim, a decisão resta clara e não comporta a interposição de embargos de declaração.[24]

O inciso sob comento torna-se consideravelmente palpável, segundo sustentamos, à luz de um cotejo com o *princípio da motivação atual*, de

---

[23] CUNHA, Leonardo Carneiro da. In: WAMBIER, Teresa Arruda *et al. Breves Comentários ao Novo Código de Processo Civil*. São Paulo: RT, 2015. p. 1234.

[24] Embargos de Declaração nº 70069072882, Décima Quinta Câmara Cível, Tribunal de Justiça do RS, Relator: Otávio Augusto de Freitas Barcellos, Julgado em 13/07/2016.

largo aproveitamento no cenário recursal. Não se pode, pois, impugnar um julgado de maneira abstrata, ou seja, sem atacar, cirurgicamente, as razões *in concreto*, pena de inadmissibilidade do recurso; em relação ao pronunciamento judicial, independentemente de sua natureza, não pode o julgador motivá-lo "em abstrato", trazendo discurso e apontando razões que ignoram o dever de individualizar a motivação.

O inciso IV do § 1º do art. 489, por sua vez, tornou-se uma das mais comentadas inovações legislativas, sendo, inclusive, sob o singelo argumento de inviabilização da atividade judiciária (que teria de destinar muito tempo a cada fundamentação), objeto de inúmeras críticas.

Seja como for (e não há, aqui, espaço para rebater argumentos dessa monta), o teor do aludido inciso encontra-se em total consonância com a operacionalização do *direito fundamental ao contraditório*, que, ao fim e ao cabo, representa o direito da parte de influir eficazmente na construção da resposta aplicável ao caso concreto.[25]

Consoante sabido aos quatro cantos, é compromisso do Código evitar, tal e qual ocorria num passado nem tão distante, a prolação de *decisões surpresas*. A ideia, numa de suas vertentes (a que interessa para o momento), consiste em "dar vida" a um diálogo entre as versões e fundamentos suscitados nos autos pelas partes e a decisão propriamente dita.

Possuindo os interessados o direito de influenciar o julgador a julgar de acordo com seus interesses, mostra-se indispensável que, em não obtendo êxito, o juiz aponte nos autos (em sede de motivação, é claro) as razões pelas quais deixou de acolher este ou aquele "argumento" aduzido pelo interessado, capaz, ao menos em tese, de infirmar o resultado alcançado *in concreto*.

É tarefa do julgador (que possui, rememore-se, poderes para delimitar as questões jurídicas que interessam à causa – art. 357, IV, CPC/2015 – *saneamento prospectivo do feito*), rebater todo e qualquer argumento suscitado pelo "derrotado", no afã de demonstrar o porquê não se convenceu da corretude em acolher cada um deles.

Imagine-se, pois, o ajuizamento de uma demanda revisional de alimentos, em que o autor, pormenorizadamente, aponte e prove (de maneira documental), haver alterações tanto em suas *necessidades*, quanto nas *possibilidades* do demandado. Para rejeitar o pleito, seja no que diz com o enfrentamento final (feito oportunamente), seja no concernente à negativa de majoração de alimentos em sede provisória, o julgador

---

[25] TORRES, Artur. *Fundamentos de um direito processual civil contemporâneo* (parte I). Porto Alegre: Arana, 2016. p. 62/64.

haverá de enfrentar cada uma das considerações trazidas pelo demandante.

Ainda hoje é comum, na guisa do exemplo acima referido, encontrar, no que diz com os alimentos provisórios, apontamentos judiciais que se limitam a afirmar que, "ausentes maiores elementos de convicção em sede de cognição sumária (...), bem como ausente o contraditório e a ampla defesa, por ora, indefiro a tutela pleiteada".[26] Trata-se de pronunciamento que, à evidência, não só pode, como deve ser enquadrado na hipótese de *omissão motivacional*, uma vez que nega, embora em caráter provisório, o pleito antecipatório, despido de enfrentamento, *in concreto*, da alegações suscitadas pelo autor.

Por fim, os incisos V e VI, que devem ser compreendidos a partir do sistema de *técnicas vinculativas* adotados pelo CPC/2015 (propositalmente optamos por não utilizar a nomenclatura *precedentes*), impõem o dever de *cotejo*, entre o decisório *in concreto* e a fundamentação que serviu de base à consolidação de determinada tese jurídica vinculante.

Pretende-se, com o primeiro (o inciso V), controlar (e evitar) a aplicação inadequada de teses que tenham derivado de pronunciamento prolatado mediante utilização de técnica de vinculatividade (vide art. 927). Sua aplicação apenas se legitima a partir de um cotejo entre as razões, os fundamentos que subjazem o caso *paradigma* e as peculiaridades do caso concreto. Fora daí, ter-se-ia, como é notório, ótima ferramenta para burlar o dever motivacional assegurado constitucionalmente.

Cumpre salientar, por oportuno, que não cabe confundir o dever de *cotejo* em epígrafe, com a (des)necessidade de que, no julgamento do caso concreto, o julgador venha a reenfrentar toda a temática objeto de análise ao tempo do julgamento do caso paradigma. Nesse sentido, pois, o teor do Enunciado n. 19 da ENFAM:

> A decisão que aplica a tese jurídica firmada em julgamento de casos repetitivos não precisa enfrentar os fundamentos já analisados na decisão paradigma, sendo suficiente, para fins de atendimento das exigências constantes no art. 489, § 1º, do CPC/2015, a correlação fática e jurídica entre o caso concreto e aquele apreciado no incidente de solução concentrada.

Consoante o inciso VI, em idêntica violação motivacional, incorre o julgado que deixar de seguir enunciado de súmula, jurisprudência ou precedente invocado pela parte, sem demonstrar a existência de distinção no caso em julgamento ou a superação do entendimento. A reflexão exigida, bem compreendida, mostra-se diametralmente oposta àquela oriunda da interpretação do inciso V, acima comentado.

---

[26] Fica prejudicado o apontamento da fonte por se tratar de processo que tramita em segredo de justiça.

Consoante contestado enunciado aprovado pela ENFAM, o "art. 489 do CPC/2015 não se aplica ao sistema de juizados especiais".[27]

Já no apagar das luzes, vale dizer que o teor do § 1º do art. 489 impõe, doravante, o discernimento entre categorias de omissão autorizativas do manejo dos *embargos de declaração*.

Para além da hipótese tradicional (*omissão relativa a falta de enfrentamento expresso de pedido formulado*), o ordenamento jurídico pátrio, "em alto e bom tom", incorporou a figura da *omissão motivacional*.

Violada a norma extraível do teor dos incisos do parágrafo sob comento, presente estará, por expressa previsão legal, hipótese de cabimento de embargos de declaração.[28]

2.2.3.3. Da justificação

Art. 489. (...) § 2º No caso de colisão entre normas, o juiz deve justificar o objeto e os critérios gerais da ponderação efetuada, enunciando as razões que autorizam a interferência na norma afastada e as premissas fáticas que fundamentam a conclusão.

A aplicação concreta do direito, não raro, submete o julgador a uma "encruzilhada", quer dizer, sua manifestação (o ato de decidir propriamente dito) reflete, bem compreendida a expressão, o produto de uma "escolha" dentre algumas possibilidades.

Não se está aqui, vale dizer, a acolher esta ou aquela concepção acerca do que verdadeiramente represente o ato de decidir (ato silogístico; escolha; decisão etc.), mas, tão somente, a informar que, por vezes, de fato, depara-se o julgador, que não pode se negar a prestar jurisdição, com certas antinomias sistêmicas, tendo de optar, *in concreto*, pela prevalência de um valor juridicamente preservado em face de outro, da mesma forma promovido.

Há casos, mais facilmente resolvidos, em que o conflito se dá, por um sem número de razões (que, para o momento, não merecem ser esmiuçadas), entre normas hierarquicamente situadas em planos distintos. Não episodicamente, contudo, o quadro se agrava, uma vez que a antinomia constatada ocorre entre normas hierarquicamente insertas em idêntico plano, como, por exemplo, quando existente entre direitos fundamentais.

Seja como for, consoante dito alhures, o julgador não pode se eximir de decidir e, assim sendo, haverá de "escolher", sempre, é verdade, de maneira *fundamentada*.

---

[27] Enunciado n. 47, ENFAM.

[28] Art. 1.022. Cabem embargos de declaração contra qualquer decisão judicial para: (...) II – suprir omissão de ponto ou questão sobre o qual devia se pronunciar o juiz de ofício ou a requerimento; (...) Parágrafo único. Considera-se omissa a decisão que: (...) II – incorra em qualquer das condutas descritas no art. 489, § 1º.

Nos casos fáceis, ou difíceis, o CPC/2015, com todas as letras, impõe ao juiz a tarefa de esmiuçar o "objeto e os critérios gerais da ponderação efetuada", visando a *justificar* a "escolha" feita, ou seja, o porquê decidiu pela preponderância de uma norma em detrimento, casuístico, de outra.

O objetivo, aqui, não é, registre-se, debater quais são as espécies de *postulados* admitidos pela doutrina (jurídica, filosófica etc.),[29] muito menos enfrentar cada uma das inúmeras teorias hermenêuticas que, hoje, parecem ter "dominado" o cenário jurídico (tema que, ao fim e ao cabo, revela, também, forte carga filosófica),[30] mas, apenas, demonstrar que, em todo e qualquer pronunciamento judicial em que tal "escolha" se impuser, haverá o órgão julgador de, pormenorizadamente, esclarecer, expressamente, as razões da opção eleita.

Um debate (de cunho processual – embora formal) tem inquietado os doutos: a *justificação* (imposta pelo teor do art. 489, § 2º) deve, sendo o caso, ser apresentada em capítulo autônomo do julgado (ter-se-ia, assim, o relatório, a fundamentação, a justificação e o decisório), ou deve, em se tratando materialmente de motivação, ser apresentada no capítulo destinado a tal tarefa, sem o acréscimo de capítulo próprio?

Segundo pensamos, pois, a compreensão da teoria das nulidades adotada pelo CPC/2015 resolve, com tranquilidade, tal quimera.

Consoante sabido aos quatro cantos, todo ato processual é um ato finalístico (ou, ao menos deve ser!); preceitua o art. 188 do CPC/2015 que os atos e os termos processuais, salvo expresso apontamento legal, independem de forma determinada, "considerando-se válidos os que, realizados de outro modo, lhe preencham a finalidade essencial".[31]

O sistema das nulidades processuais, disciplinado pelos artigos 276/283, encontra-se fundado nos pilares, a saber: (a) princípio antitorpeza (art. 276), (b) da finalidade (art. 277), (c) do prejuízo (arts. 282 e 283) e (d) do melhor aproveitamento dos atos processuais (art. 283, par. único).

Assim sendo, é intuitivo que, na verdade, a imposição legal se dá no sentido de que, sendo o caso, a *justificação* não pode faltar. A forma como será apresentada, contudo, revela-se irrelevante.

Pode o julgador, portanto, optar por realizá-la em capítulo próprio ou no capítulo destinado à motivação do decisório como um todo, uma

---

[29] Por todos, na doutrina pátria, vide ÁVILA, Humberto. *Teoria dos Princípios – da definição à aplicação dos princípios jurídicos.* 10ª ed. São Paulo: Malheiros, 2009.

[30] Vide, com grande proveito, GUASTINI, Ricardo. *Dalle fonti alle norme.* Torino: G. Giappichelli Editore, 1992.

[31] Princípio da instrumentalidade das formas. Os atos (promovidos pelas partes) e os termos (pelos serventuários da justiça em geral) não dependem de forma determinada para sua prática, excetuados os casos expressos em lei. De toda sorte, havendo previsão acerca do modo como se deva praticar um ato ou um termo, ainda que realizados de maneira diversa, serão os mesmos considerados válidos, uma vez alcançada sua finalidade.

vez que tal escolha não gerará, como regra, qualquer prejuízo às partes, bem como, à finalidade da exigência.

Tudo quanto mais, nada obstante o respeito a opiniões em contrário, pensamos não passar de mera "perfumaria".

2.2.3.4. O papel da fundamentação em um sistema de precedentes vinculantes

Consoante acima referido, a função primeira do capítulo motivacional do julgado é a de esmiuçar *"como, quando, e por que"* optou o julgador por emanar esta ou aquela decisão *in concreto*. Nesse contexto, bem compreendida a afirmativa, apenas as partes devem ser tidas por destinatários da anotação processual sob comento.

Diz-se, contudo, que, nos sistemas jurídicos adotantes da "técnica" dos *precedentes obrigatórios*, o capítulo motivacional da sentença cumpre, também, com tarefa diversa.

Sustenta-se, pois, que para além de sua função primeira, dele se extrai, nos limites da *ratio decidendi*, regra geral e abstrata, destinada à sociedade como um todo, acerca das condutas sociais (in)admitidas/(i)legítimas (que não pode ser confundida com a norma concreta, extraível do capítulo dispositivo).

Nesse sentido, entre nós, já se afirmou que:

(...) ao decidir um caso, o magistrado cria (reconstrói), necessariamente, duas normas jurídicas: A primeira, de caráter geral, é fruto da interpretação/compreensão dos fatos envolvidos na causa e da sua conformação ao Direito positivo: Constituição, leis etc. A segunda, de caráter individual, constitui a sua decisão para aquela situação específica que se lhe põe para a análise. (...) A percepção de que o magistrado, ao apreciar a demanda, (re)constrói duas normas jurídicas é fundamental para que se possa entender, em primeiro lugar, a diferença entre o efeito vinculante do precedente – na verdade, da *ratio decidendi* contida num precedente – (...) e o efeito vinculante da coisa julgada erga omnes, presente em determinadas situações. Em segundo lugar, é fundamental também para que se perceba que a ausência de norma jurídica individual e concreta, que conclua o procedimento e resolva a questão principal discutida no processo, é causa de inexistência da decisão judicial, mas a ausência de norma jurídica geral e abstrata que deve ser estabelecida na fundamentação do julgado (*ratio decidendi*) é causa tão-só de nulidade da decisão – que, a rigor, existe, porque há deliberação acerca da questão principal discutida, mas é viciada, por não conter a exposição dos fundamentos com base em que essa solução foi construída. (...) Em terceiro lugar, *é imprescindível perceber que a fundamentação da decisão judicial dá ensejo a dois discursos: o primeiro, para a solução de um determinado caso concreto, direcionado aos sujeitos da relação jurídica discutida; o outro, de ordem institucional, dirigido à sociedade, necessariamente com eficácia erga omnes, para apresentar um modelo de solução para outros casos semelhantes àquele.*[32] (grifos nossos)

---

[32] DIDIER JR., Fredie; BRAGA, Paula Sarno; OLIVEIRA, Rafael. *Curso de direito processual civil:* teoria da prova, direito probatório, ações probatórias, decisão, precedente, coisa julgada, antecipação dos efeitos da tutela. 10ª ed. Salvador: Podivm, 2015, v. 2. p. 443/444.

Segundo tal corrente, consideradas as peculiaridades do ordenamento em que prolatado o pronunciamento judicial, o capítulo motivacional do julgado cumpre, também, com uma segunda função: trazer à baila discurso de ordem institucional, endereçado a toda comunidade jurídica, capaz de retratar parâmetros decisórios gerais.

Tal lição é adotada sem maior resistência nos países cujo direito se desenvolveu mais próximo das linhas gerais atribuídas ao sistema de *common law*, gozando de certa resistência, ainda hoje, nos países, como o nosso, alinhados às ideias do sistema de *civil law*, consoante apontou Luiz Guilherme Marinoni.

> Na concepção tradicional do direito processual civil de *civil law*, a fundamentação é relacionada com a necessidade de o juiz apresentar as razões que lhe permitiram chegar à conclusão, isto é, a decisão. (...) No entanto, como os precedentes não fazem parte da tradição de *civil law*, no sistema jurídico brasileiro não se pensa na fundamentação como material que pode revelar uma ratio decidendi, Exatamente por isso, enquanto a fundamentação no common law, importa diretamente a todos os jurisdicionados, dando-lhes previsibilidade e garantia de sucesso na adoção de determinado comportamento, além de outorgar estabilidade e coerência à ordem jurídica e real possibilidade de a jurisdição tratar casos similares da mesma forma, no *civil law* a fundamentação tem importância bem mais restrita. Ela interessa quase que exclusivamente às partes e, especialmente em termos retóricos, para dar legitimidade ao poder desempenhado pelos juízes.[33]

O fato de ter, ou não, o Brasil adotado um *sistema de precedentes obrigatórios,* ou melhor, de ter albergado/importado o aludido sistema tal e qual se desenvolveu na origem, é matéria que, certamente, demandaria espaço de que não dispomos no momento, escapando, pois, do objeto do presente estudo.

Limitamo-nos, por ora, a noticiar algo incontroverso distante de nós, sem assumir compromisso com quaisquer das correntes doutrinárias que, atualmente, disputam espaço (acerca da escolha feita pelo ordenamento jurídico pátrio – em relação aos "precedentes" – tema espinhosíssimo) *olho por olho, dente por dente.*

2.2.4. Outras considerações

2.2.4.1. A improcedência "liminar" do pedido (art. 332, CPC/2015)

O pronunciamento judicial prolatado com base no art. 332 em nada difere, quanto à finalidade e estrutura, das demais sentenças. O que a torna peculiar, ao fim e ao cabo, é a hipótese em que se autoriza a utilização do instituto denominado *improcedência "liminar" do pedido.*

---

[33] MARINONI, Luiz Guilherme. *Precedentes obrigatórios*. São Paulo: RT, 2010. p. 289.

É possível afirmar que a redação atribuída ao artigo sob comento revela a *evolução* do instituto, outrora denominado *indeferimento prima facie*, inserto na legislação processual pátria por força da Lei 11.277/2006, que culminou com o nascimento do art. 285-A do CPC/73, assim redigido:

Quando a matéria controvertida for unicamente de direito e no juízo já houver sido proferida sentença de total improcedência em outros casos idênticos, poderá ser dispensada a citação e proferida sentença, reproduzindo-se o teor da anteriormente prolatada.

§ 1º Se o autor apelar, é facultado ao juiz decidir, no prazo de 5 (cinco) dias, não manter a sentença e determinar o prosseguimento da ação.

§ 2º Caso seja mantida a sentença, será ordenada a citação do réu para responder ao recurso.

Já em meados da primeira década do século corrente, no afã de entregar uma prestação jurisdicional mais expedita, ganhou vida entre nós, instituto processual que autorizava, respeitados certos pressupostos, a prolação de sentença meritória antes mesmo da perfectibilização do ato citatório, tão caro ao processo civil.

O CPC/2015, enfrentando o tema, valeu-se da redação, a saber:

Art. 332. Nas causas que dispensem a fase instrutória, o juiz, independentemente da citação do réu, julgará liminarmente improcedente o pedido que contrariar:

I – enunciado de súmula do Supremo Tribunal Federal ou do Superior Tribunal de Justiça;

II – acórdão proferido pelo Supremo Tribunal Federal ou pelo Superior Tribunal de Justiça em julgamento de recursos repetitivos;

III – entendimento firmado em incidente de resolução de demandas repetitivas ou de assunção de competência;

IV – enunciado de súmula de tribunal de justiça sobre direito local.

§ 1º O juiz também poderá julgar liminarmente improcedente o pedido se verificar, desde logo, a ocorrência de decadência ou de prescrição.

§ 2º Não interposta a apelação, o réu será intimado do trânsito em julgado da sentença, nos termos do art. 241.

§ 3º Interposta a apelação, o juiz poderá retratar-se em 5 (cinco) dias.

§ 4º Se houver retratação, o juiz determinará o prosseguimento do processo, com a citação do réu, e, se não houver retratação, determinará a citação do réu para apresentar contrarrazões, no prazo de 15 (quinze) dias.

Diz-se "evolução do instituto", uma vez que, à luz do CPC/73, o julgado tomado por paradigma para a aplicação do mesmo limitava-se, ao menos do ponto de vista do direito legislado, ao enfrentamento, *in concreto*, de demanda assemelhada, pelo juiz "da vara", cujo resultado fosse de improcedência. O ponto de partida, portanto, eram a experiência e a convicção do próprio julgador na origem, e não o entendimento do órgão a que o mesmo se encontrava hierarquicamente subordinado.

Nessa linha, pois, o juiz de primeiro grau, bem compreendida a afirmativa, figurava "como o centro do universo", nada mais importando para além de seu pessoal entendimento sobre o tema.

Não é preciso dizer, pois, que a aplicação do Art. 285-A serviu a um sem número de frustradas experiências. O CPC/2015, por sua vez, inaugura nova era, também, no que diz com o tema em epígrafe.

Consoante amplamente anunciado, o Código vigente possui declarado compromisso com a *unidade de convicção*, capaz, ao menos em tese, de atribuir maior grau de segurança e estabilidade ao sistema jurídico pátrio.

Há, de um lado, quem sustente a adoção, pelo direito pátrio, de um sistema de precedentes tal e qual o desenvolvido nos países de tradição jurídica anglo-saxônica; de outro, quem assegure que a opção pátria se limitou, pois, à eleição de *técnicas de vinculatividade* que, nem de longe, podem ser confundidas com o verdadeiro sistema dos *precedentes*. A compreensão da "evolução do instituto" (*improcedência liminar*), independentemente da tese adotada, e, reitere-se, esse não é espaço adequado para que se defenda essa ou aquela corrente, passa pela ciência da adoção de uma política de vinculação (vertical e horizontal) pelo ordenamento brasileiro.

A admissibilidade da aplicação da *improcedência liminar do pedido* passa, doravante, pela necessidade de o juiz de primeiro grau aplicar ao caso concreto a *tese jurídica preponderante*, sendo o seu posicionamento particular sobre o tema irrelevante. O art. 927 do CPC/2015, pois, inventaria o rol de "técnicas" que, uma vez aplicadas, obrigam o órgão julgador do caso concreto a decidir, no que diz com a matéria de direito, de acordo com o resultado obtido por ocasião da aplicação de uma delas (incisos I a V), ou seja, aplicando a tese vitoriosa.

Migrou-se, portanto, de um sistema em que a aplicação do instituto dependia do posicionamento do próprio juiz competente para, na origem, processar e julgar o caso concreto, a outro que, ao fim e ao cabo, vincula-o ao entendimento alcançado por órgãos jurisdicionais hierarquicamente superiores, mediante utilização de uma das técnicas de vinculatividade previstas pelo Código, no afã de promover a *unidade de convicção*. É o que se extrai do teor dos incisos do art. 332.

Presentes os requisitos autorizativos (leia-se: (*a*) *dispensa de processamento da fase instrutória*; (*b*) *imposição de desacolhimento do pedido formulado em juízo*), o julgador, independentemente da citação do demandado, deverá sentenciar, meritoriamente, o feito.

Duas teses quanto à obrigatoriedade de aplicação do instituto mostram-se palpáveis:

a) Não se trata de mera faculdade, mas, de obrigação imposta ao julgador em homenagem ao direito fundamental à duração razoável o processo;

b) Considerando a dicção do § 1º do art. 332, em especial a referência "também poderá", trata-se, a aplicação do instituto, de mera faculdade atribuída ao julgador, que "poderá" (não sendo obrigatório) aplicá-lo tanto na hipótese prevista no parágrafo, como na apontada no *caput*, tão somente se entender oportuno.

Cremos, contudo, que a obrigatoriedade, ao menos em relação à hipótese prevista no *caput*, seja a melhor eleição!

Digna de nota, pois, revela-se a anotação processual prevista pelo art. 487, parágrafo único, intimamente ligada à hipótese contida no § 1º do art. 332, ambos do CPC/2015.

Extrai-se do Código:

Art. 487 (...) Parágrafo único. Ressalvada a hipótese do § 1º do art. 332, a prescrição e a decadência não serão reconhecidas sem que antes seja dada às partes oportunidade de manifestar-se.

A opção legislativa, aqui, a despeito do teor dos arts. 9º e 10,[34][35] foi o de permitir, bem compreendida a afirmativa, *decisão surpresa*. Indaga-se: qual fundamento legitimaria tal eleição? Nenhum.

Sustentamos, pois, indispensável, apesar da previsão contida no art. 487, parágrafo único, do CPC/2015, em homenagem ao *modelo constitucional do processo civil* pátrio, a intimação do autor, inexistindo considerações em sede inicial acerca da decadência do direito ou da prescrição da ação, antes da prolação da sentença, no afã de permitir-lhe gozar do direito fundamental ao contraditório (faculdade de influir eficazmente na construção da norma jurídica aplicável ao caso concreto).

De toda sorte, o magistrado, ao aplicar o instituto sob comento, prolata sentença meritória, impugnável pelo recurso de apelação (art. 1.009 do CPC/2015).

Impugnado o ato sentencial, o juízo *a quo* poderá, entendendo conveniente, retratar-se no prazo de cinco dias, determinando que se proceda, pois, na citação do demandado; inexistindo retratação, determinará a citação do réu e, ato contínuo, sua intimação para, querendo, apresentar contrarrazões, no prazo da lei; mantendo-se inerte o autor, ou seja, não

---

[34] "Art. 9º Não se proferirá decisão contra uma das partes sem que ela seja previamente ouvida. Parágrafo único. O disposto no *caput* não se aplica: I – à tutela provisória de urgência; II – às hipóteses de tutela da evidência previstas no art. 311, incisos II e III; III – à decisão prevista no art. 701."

[35] "Art. 10. O juiz não pode decidir, em grau algum de jurisdição, com base em fundamento a respeito do qual não se tenha dado às partes oportunidade de se manifestar, ainda que se trate de matéria sobre a qual deva decidir de ofício."

recorrendo, o demandado será notificado tão somente acerca do trânsito em julgado da decisão.

2.2.4.2. O art. 356: decisão interlocutória ou sentença?

O art. 356, sepultando controvérsia doutrinária de outrora, autoriza, expressamente, o *julgamento antecipado parcial de mérito*.

A aplicação do instituto tem espaço, segundo o Código, "quando um ou mais dos pedidos formulados ou parcela deles" "mostrar-se incontroverso" ou "estiver em condições de imediato julgamento". Subjaz a ideia, traduzindo em miúdos, a necessidade de que a demanda, ao menos em parte, se encontre *madura* para julgamento.

Trata-se o *julgamento antecipado parcial do mérito* de técnica processual comprometida, dentre outros, com o direito fundamental à duração razoável do processo.

Embora louvável a intenção do legislador, uma primeira crítica, segundo pensamos, deva recair sob a *nomenclatura utilizada*, uma vez que, se ao menos em parte o feito mostra-se apto para ser julgado, inexiste, na linha do *modelo constitucional do processo civil pátrio*, qualquer espécie de antecipação (nada será julgado antes do momento adequado), sendo este mesmo o espaço próprio à composição do conflito de interesses, ainda que parcialmente. Não se pode perder de vista, jamais, que o instituto sob comento representa hipótese de *julgamento conforme o estado do processo*.

Seja como for, considerado o que importa para o momento, cumpre destacar o teor do § 5º do art. 356, assim redigido: "A decisão proferida com base neste artigo é impugnável por agravo de instrumento".

Causa estranhamento, desde logo, que o legislador, nada obstante tenha apontado as *sentenças*, as *decisões interlocutórias* e os *despachos* como pronunciamentos judiciais típicos inerentes ao campo da jurisdição singular (art. 203), refira-se ao julgado proferido com base no art. 356 como "decisão", uma vez que, consoante sabido aos quatro cantos, a existência de *carga decisória* revela-se critério insuficiente para afastar as sentenças das decisões interlocutórias (ambas são decisões).

Deriva daí, pois, uma dúvida: o pronunciamento judicial proferido com base no art. 356 é *decisão interlocutória* ou *sentença*?

Consideradas premissas pretéritas, e fixando olhares no recurso hábil a impugnar o pronunciamento sob comento (o agravo de instrumento), o intérprete é conduzido, num primeiro momento, a tratá-lo como *decisão interlocutória*.

É que à luz do CPC/73, rememore-se, bastava, para descobrir o recurso cabível, "desvendar" a natureza jurídica da decisão singular que se pretendia impugnar. Em se tratando de *decisão interlocutória*, o cabimento do agravo era certo. A forma de sua tramitação (se instrumental ou retida) é que dependia, por assim dizer, de critério diverso.

Corrobora com tal entendimento, outrossim, o fato de que, como regra, não se admitia, pois, a fragmentação do pronunciamento final (era inaceitável, ao menos à luz do sistema buzaidiano – anterior às modificações inauguradas já no início dos anos noventa do século passado), a noção de *sentença parcial de mérito*).

Parcela da doutrina, por fim, dá-se por satisfeita mediante o apontamento contido no art. 1.015, II, CPC/2015.

Não é, registre-se, o nosso caso.

Parece-nos indispensável ao enfrentamento da indagação, sobretudo, examinar, ainda que brevemente, as características do *ato judicial* em epígrafe.

Primeiro, as hipóteses autorizativas de aplicação do instituto, ao que tudo indica, apontam para a realização, do ponto de vista de sua profundidade, de cognição exauriente, uma vez que o julgamento oriundo da aplicação do instituto (art. 356) deverá, necessariamente, estar calcado em *juízo de certeza*, vale dizer, ou a questão *sub judice* é incontroversa, ou, não sendo, haverá o julgador de entender que se encontra *madura* (pronta) para julgamento.[36]

Segundo, não nos parece viável crer que, uma vez prolatado, o juiz, mediante provocação feita por petição simples nos próprios autos, possa, simplesmente, expurgar o pronunciamento judicial oriundo da aplicação do artigo sob comento do mundo jurídico. Há, consoante denuncia o texto legal, uma forma adequada a combatê-lo: a interposição do agravo de instrumento.

Terceiro, ao que transparece, o legislador, ao admitir o instituto, permitiu ao julgador que, no concernente, julgue em definitivo a questão, dando por prestada a jurisdição.

À espécie de pronunciamento, inclusive, atribuiu-se, outrora, o *nomen iuris* Sentenças Provisionais. Suscitando lição de James Goldshmidt referente ao *Teilurteil* do direito alemão, Piero Calamandrei, ao explicar em quais acepções se pode utilizar o termo *provisional*, esclarece:

> (...) Em segundo lugar, a provisional pode ser concebida, não como provimento provisório cautelar, mas como pronúncia definitiva parcial (Teiluteil do direito alemão) naquela porção do crédito a respeito do qual o juiz já tenha elementos probatórios suficientes para decidir com cognição plena; enquanto sobre o resto do pedido é necessário o cum-

---

[36] Acerca do tema, com grande proveito, WATANABE, Kazuo. *Da cognição no processo civil*. 4ª ed. São Paulo: RT, 2012; PORTO, Sérgio Gilberto. *Cidadania Processual*. Processo constitucional e o novo processo civil. Porto Alegre: Livraria do Advogado, 2016. p. 71/78.

primento de ulteriores atos instrutórios, na espera dos quais a decisão definitiva sobre a parte residual do crédito deva ser necessariamente adiada para um momento posterior do mesmo processo, ou, quem sabe, para um processo diferente. Aqui a sentença denominada provisional faltam as características essenciais do provimento cautelar e sobretudo aquele caráter hipotético que o distingue: a respeito de questão decidida se forma uma verdadeira e própria declaração, idônea a adquirir em si e por si a eficácia de coisa julgada, e independente do resultado sobre outras questões reservadas. Estamos, portanto, diante de uma aplicação do princípio, segundo o qual o juiz, na cognição ordinária, tem o poder de pronunciar-se com eficácia definitiva sobre as questões já em grau de decisão, e de adiar a decisão sobre aquelas a respeito das quais seja ainda necessária a continuação da instrutória.[37]

Ao que tudo indica, gostemos ou não, o pronunciamento judicial prolatado com base no art. 356 possui, como se tem dito por aí, no mínimo, "alma" de sentença!

Parece faltar à doutrina coragem para admitir que, de acordo com o CPC/2015, é possível falar não só em *decisões interlocutórias apeláveis*, mas, também, em *sentenças agraváveis*.

Sentenças agraváveis? E o que há de errado nisso? À evidência, nada, excetuado o acentuado apego ao sistema revogado!

Tanto a apelação, como o agravo de instrumento, consoante abaixo explicado, enquadram-se no grupo dos *recursos de jurisdição ordinária* e se destinam, imediatamente, à operacionalização do duplo grau de jurisdição, isto é, possuem idêntica função.

A eleição do agravo de instrumento como recurso hábil a impugnar o pronunciamento fundado na aplicação do art. 356, em nada altera sua natureza (a natureza do pronunciamento). Trata-se, pois, de política legislativa que considerou a dificuldade de exame imediato das razões recursais, uma vez que os autos do processo (ao menos daqueles que tramitam pela plataforma física) haverão de ser mantidos perante o juízo *a quo*.

Evitou-se, apenas, a criação de algo na linha de uma "apelação de instrumento" para que se mantivesse, ao menos num primeiro olhar, certa identidade com o rol de recursos de outrora (o novo assusta!).

Vindo a prosperar tal tese, é verdade que ajustes, ao regime do agravo de instrumento, far-se-ão necessários. Por exemplo, a admissão de sustentação oral também nesses casos, dentre outros, é medida que se impõe.

O debate, pois, encontra-se inaugurado. Tudo quando mais, espera-se, será objeto de evolução. Avante!

---

[37] CALAMANDREI, Piero. *Introdução ao Estudo Sistemático dos Procedimentos Cautelares*. Carla Roberta Andreasi Bassi (Trad.). Campinas: Servanda, 2000. p. 148/149.

3. Coisa Julgada

3.1. Início de conversa

Nenhum espanto pode causar a afirmativa de que o principal escopo da prestação jurisdicional (atividade estatal, por definição) é, no âmbito da jurisdição contenciosa, o de compor os conflitos sociais (reais ou virtuais) submetidos à apreciação do Estado-juiz.

Realizadas, de parte a parte, as *postulações* pertinentes, saneado e instruído o feito, alcança-se, de acordo com a linha de desenvolvimento natural da tutela cognitiva, a denominada etapa decisória, momento processual destinado a que o Poder competente apresente, preferencialmente, uma solução meritória ao conflito judicializado (vide, arts. 4º e 8º do CPC/2015).[38]

Nessa quadra, e ao seu tempo, pois, o conflito de interesses *sub judice* haverá de, pelo menos no plano jurídico, ser solucionado para a

---

[38] Revela-se ilegítima, estéril e contraproducente a atividade estatal (jurisdicional) que, diante da promessa constitucional e do atual estágio de desenvolvimento do Estado brasileiro (Constitucional e Democrático), despenda forças para, bem compreendida a afirmativa, *nada resolver*. Estamos cientes, tal e qual o legislador de 2015, que a operacionalização dessa proposta (atuação jurisdicional efetivamente comprometida com a composição de conflitos sociais e não, meramente, com extinção de processos) exigirá, ao fim e ao cabo, gritante mudança de paradigma. Não só no que diz com o pensar doutrinário (no plano acadêmico), mas, no que tange à realidade do dia a dia forense. À luz de uma concepção de *devido processo* que se espera para o século XXI e seguintes, não mais há legitimar uma tutela *desumana*, comprometida única e exclusivamente com a falácia da estatística judiciária, uma vez que a verdadeira razão de ser da *jurisdição*, em última análise, vai, nesse cenário, desprezada. Pugna-se, assim, pelo reconhecimento/aceite de uma *dimensão processual da dignidade* (por nós defendida, outrora, em tese doutoral), com o claro objetivo de destacar que a promessa constitucional consiste na prestação de uma jurisdição efetiva, adequada, tempestiva e, acima de tudo, comprometida com a resolução material dos conflitos sociais. É com relação ao derradeiro adjetivo que, bem compreendida, pode-se falar em uma tutela humanizada. Por fim, resta afirmar: a concepção humanística da ação a qual nos reportamos (agora, também, expressamente apontada pelo art. 8º e sentida num sem número de outros apontamentos legais) exige, ressalvadas diminutas hipóteses, a entrega de uma prestação jurisdicional meritória. Tudo quanto mais, embora sirva eventualmente a um ou outro litigante, não serve à conformação da sustentada *dimensão processual da dignidade*, indo de encontro ao conteúdo do direito subjetivo, público e material, que a Constituição Federal legou a cada um de seus jurisdicionados: o direito fundamental à jurisdição *efetiva, adequada, tempestiva* e, sobretudo, *meritória* (humana).

eternidade, expurgando-se, de uma vez por todas, o estado de incerteza social. É para isso, bem compreendida a afirmativa, que a jurisdição contenciosa é prestada.

À *coisa julgada* (instituto processual comprometido, em primeiro plano, com o valor *segurança jurídica*) incumbe exercer o papel de "coveiro" da precariedade.

Prestada à jurisdição, independentemente da resposta meritória alcançada (se de procedência ou improcedência do pleito formulado pelo autor), costuma-se dizer, mediante figura de linguagem, que sua incidência tem o poder de tornar *preto*, o *branco*; *quadrado*, o *redondo*; *justo*, o *injusto*.

Eis o que basta, pois, para um satisfatório *início de conversa*.

3.2. Conceito

Denomina-se coisa julgada, consoante prescreve o artigo 502 do CPC/2015, a autoridade que torna imutável e indiscutível a decisão de mérito não mais sujeita a recurso.

Trata-se, pois, de instituto que remonta os primórdios do fenômeno jurídico e que, com o passar do tempo, se revelou compreendido à luz de distintos enfoques.[39]

Já em período anterior ao antiquíssimo direito romano pautado nas legis actiones, segundo Celso Neves, a regra bis de eadem re ne sit actio constituía vetus proverbium. "Uma lei, anterior às Doze Tábuas, vedou mais de uma intervenção do Estado. O relacionamento de tal regra com a litiscontestatio foi obra dos intérpretes, numa construção a que os textos de GAIO aludem e se ajusta, coerentemente, às características do processo romano daquela época. Tal entendimento perdurou durante todo o período das *legis actiones* até a *Lex Iulia Iudiciaria* de AUGUSTO, já no período do processo formular, subordinando-se, na sua aplicação, a critérios diversos, referidos pela doutrina" (NEVES, Celso. *Contribuição ao estudo da coisa julgada*. p. 118). Remontando a origem do instituto, Humberto Fontelle da Silveira, interpretando escritos de PAULO, afirma que, na antiguidade, a ratio do instituto apontava no sentido de que, "como era preciso apenas uma ação para cada contestação, bastava, também, uma sentença para cada ação; do contrário, as lides se sucederiam indefinidamente, numa perpétua insolubilidade" (SILVEIRA, Humberto Fontenele da. *Da coisa julgada*. p. 79). Em tempos remotos, mostrava-se frequente confundir os conceitos de sentença e de coisa julgada. No direito romano, por exemplo, percebe-se o notável baralhamento constante da definição ofertada por Modestino, para quem *res judicata dicitur, quae finem controversiarum pronuntiatione judicis accipit. Quo vel condemnatione vel absolutione contingit*, entendendo tratar-se a coisa julgada de decisão do juiz que punha termo a demanda.

---

[39] "A expressão coisa julgada – *res iudicata* – foi, no Direito Romano, empregada em dupla acepção: Uma imprópria, para designar a sentença terminativa do feito, e a outra técnica, designando o direito reconhecido e fixado pela sentença (*res de qua agitur*) – sentido este em que a expressão se transmitiu até os nossos dias, e continua sendo usada pela doutrina e pela legislação." SILVEIRA, Humberto Fontenele da. Da coisa julgada. p. 65.

Entre nós, João Monteiro, pautado nas lições de Jorge Americano, conceituou coisa julgada como "o decreto do poder judiciário que põe fim à controvérsia, qual ficou definida na contestação da lide" (MONTEIRO, João. *Processo Civil e comercial*. p. 237).

Modernamente, contudo, a expressão tem sido utilizada em duplo sentido. Fala-se em coisa julgada *formal* e *material*. No primeiro sentido, invoca-se a coisa julgada, única e exclusivamente, para aludir à ocorrência da *preclusão* processual "maior", isto é, para que se tenha presente que, a despeito da inexistência de decisão meritória, dado o trânsito em julgado da decisão final, torna-se o "resultado" da demanda imutável, para os contendores, no âmbito da relação processual em que se formou. A ocorrência da coisa julgada formal, se é que existe, revela-se, bem compreendida a afirmativa, requisito indispensável à incidência da coisa julgada material, uma vez que, ao fim e ao cabo, não passa de sinônimo de *trânsito em julgado*.

Trata-se, segundo sustentamos, na melhor das hipóteses, de *espúria* coisa julgada, vez que, primeiro, alcança inclusive decisões terminativas (não meritórias); segundo, porque, por definição, não tem por objetivo regular, para a eternidade, o conflito social que sirva de base à propositura da demanda promovida, fundamento e consequência nuclear da verdadeira coisa julgada.

Dito isto, importa-nos, então, direcionar olhares à coisa julgada *material*. Atualmente, revela-se amplamente aceita entre nós, a distinção havida entre *eficácia da sentença* e *autoridade de coisa julgada*. Deve-se, tal sistematização, à construção teórica formulada por *Enrico Tullio Liebman* que, em relação à última (*autoridade de coisa julgada*), afirmou não se tratar de "efeito ulterior e diverso da sentença", mas de "*qualidade* dos seus efeitos e a todos os seus efeitos referente, isto é, precisamente a sua imutabilidade", visando a diferenciá-la dos efeitos da sentença propriamente ditos. O artigo 502 do CPC/2015 adota, claramente, tal concepção.[40][41][42]

Importa, aqui, a noção de que os conflitos (reais ou virtuais) submetidos à apreciação judiciária não se podem perpetuar. Devem eles, ao invés, uma vez prestada à jurisdição constitucionalmente prometida, resolverem-se de uma vez por todas, pacificando-se a convivência social.

---

[40] A "autoridade de coisa julgada não é efeito ulterior e diverso da sentença, mas *qualidade* dos seus efeitos e a todos os seus efeitos referente, isto é, precisamente a sua imutabilidade". LIEBMAN, Enrico Tullio. *Eficácia e autoridade da sentença e outros sobre a coisa julgada*. p. 141.

[41] Nesse sentido, por todos: TESHEINER, José. *Eficácia da Sentença e Coisa Julgada no Processo Civil*. São Paulo: RT, 2002. p. 72/73.

[42] Inegavelmente, foi Liebman o responsável pela distinção conceitual entre os efeitos da sentença e a autoridade da coisa julgada, distinção que contribuiu significativamente para a melhor compreensão do instituto. Sua doutrina, pelo menos entre nós, convenceu, passando a dominar o espectro doutrinário pátrio. Cumpre advertir que, antes da impostação das lições arquitetadas pelo mestre peninsular, a res iudicata era tida como mero efeito do julgado.

O "pôr fim" ao conflito de interesses, de *maneira definitiva*, é, bem compreendida, a razão de ser do instituto em sua dimensão *material*.

Pode-se, preliminarmente, portanto, conceber a *coisa julgada material* como a qualidade que, respeitados os requisitos legais, incidirá sobre a decisão (desde que meritória) [43], produzindo os efeitos abaixo anotados, destinados, nomeadamente, a pôr um "ponto final" à controvérsia objeto do enfrentamento judicial.[44] [45]

Segundo o sistema codificado, a decisão que "julgar total ou parcialmente o mérito tem força de lei nos limites da questão principal expressamente decidida", admitindo-se, contudo, igual força à questão prejudicial decidida expressa e incidentalmente, respeitados os pressupostos legais.[46]

3.3. Dos requisitos indispensáveis à incidência da coisa julgada material

Dois, a rigor, revelam-se os *requisitos essenciais* à incidência da coisa julgada material: (a) haver decisão meritória, calcada em cognição exau-

---

[43] A indagação acerca dos limites objetivos do instituto representa objeto de tópico diverso.

[44] Destaque-se, por oportuno, que longo caminho se percorreu em doutrina do direito romano ao contemporâneo para que se pudesse alcançar uma maior racionalidade em relação ao tema, sendo inegáveis as contribuições perfilhadas pela doutrina italiana desenvolvida a partir do século XX. Giuseppe Chiovenda – que enfrentou a matéria num primeiro momento na preleção napolitana de 14 de Dezembro de 1905, tendo lapidado seus apontamentos nos memoráveis *Principii di Diritto Processuale Civile* e *Istituzioni di Diritto Processuale Civile* – lecionou consistir o conceito de coisa julgada na indiscutibilidade da existência da vontade concreta da lei afirmada na sentença. (CHIOVENDA, Giuseppe. *Principii di Diritto Processuale Civile*. 3ª ed. Nápoles. 1923). Ugo Rocco, por sua vez, sustentou tratar-se a *res iudicata* de causa de extinção ou modificação do direito de ação. Para o autor, a coisa julgada possuía dupla função, a saber: (a) extinguia o direito de ação e contradição pertencente às partes, e (b) impedia que tais direitos pudessem reviver (*ne bis in idem*). Segundo ele, "La cosa giudicata è, quindi, La principalé e fisiologica causa di estinzione del diritto de azion civile di cognizione, e la principale e fisiologica causa di liberazioen dall'obbligo delle giurisdizione civile di cognizione dello Stato." (ROCCO, Ugo. *L'a autorità della Cosa Giudicata i i suoi Limiti Soggettivi*. p. 368-369). Já Francesco Carnelutti afirmou ser a coisa julgada ato e efeito de decidir a respeito da lide, e vislumbrou-a como eficácia externa à sentença, utilizando-se das expressões *imperatividade* e *imutabilidade* para estruturar sua tese. (NEVES, Celso. *Contribuição ao estudo da coisa julgada*. p. 380). Emílio Betti, embora tendo obtido maior êxito no estudo dos efeitos subjetivos do instituto, acabou, também, por contribuir com a evolução de uma teoria geral acerca do tema. Asseverou o douto jurista que a coisa julgada propriamente dita correspondia a uma sentença definitiva de mérito e que tinha na coisa julgada formal seu pressuposto necessário, consistente na força vinculante que a declaração jurisdicional contém quando decide, irrevogavelmente, a propósito do fundamento do direito ajuizado, ou pelo menos da ação exercida, acolhendo ou repelindo, no mérito, a demanda proposta. Interpretando a posição do autor, Celso Neves descreve que a coisa julgada, segundo Betti 'Cobre o que se deduziu e o que se poderia deduzir e, sob este aspecto, é errônea a parêmia *tantum iudicatum quantum disputatum*' (NEVES, Celso. *Contribuição ao estudo da coisa julgada*. p. 378).

[45] "A coisa julgada material pode ser configurada como uma qualidade de que se reveste a sentença de cognição exauriente de mérito transitada em julgado, qualidade esta consistente na imutabilidade do conteúdo do comando sentencial." TALAMINI, Eduardo. *Coisa julgada e sua revisão*. São Paulo: RT, 2005. p. 30.

[46] Vide art. 503, § 1º, do CPC/2015.

riente, mediante a qual o Poder Judiciário pretenda dar por prestada a jurisdição, (b) com trânsito em julgado.

Em relação ao *primeiro*, sublinhe-se, antes de mais nada, que o direito processual brasileiro discerne, dentre os atos decisórios do juiz (no âmbito do juízo singular), *decisões interlocutórias* e *sentença*, cabendo a essa o desiderato de (pelo menos tentar) pôr fim ao processo, ou à fase do mesmo, no sentido de dar por prestada a jurisdição.

Já no que diz com o âmbito de enfrentamento colegiado das demandas, possuem assento entre os pronunciamentos judiciais, consoante expresso apontamento legal, as *decisões monocráticas* e os *acórdãos*. Alerte-se: tanto um quanto outro, presentes os requisitos autorizativos e, considerado sua função *in concreto* (de dar por prestada a jurisdição – por exemplo, uma monocrática que julgue um recurso de apelação por força do art. 932; o julgamento colegiado de idêntico recurso), não só podem como devem ser considerados "sentença em sentido largo".

Considerada a função precípua do instituto, vale destacar, desde já, que a *res iudicata* não se faz sentir senão em relação às sentenças em sentido largo (*sentença em sentido estrito* e decisões dos tribunais que, do ponto de vista de sua finalidade, pretendam dar por prestada, em definitivo (meritoriamente), a jurisdição – cognitiva). Quer dizer: as *decisões interlocutórias*, embora adstritas ao regime da preclusão (pelo menos boa parte delas), não recebem o "abraço" da coisa julgada material, nada obstante, por vezes, enfrentem o mérito da causa (o que é, inclusive, muito comum!)[47] ; *segundo*, que as sentenças, de acordo com regime codificado, classificam-se em *terminativas* (hipóteses do art. 485 do CPC/2015[48]) e *definitivas* (hipóteses do art. 487 do CPC/2015[49])[50] Apenas as decisões prolatadas com base no artigo 487 resolvem o feito, segundo o regime

---

[47] Exemplificativamente, toda vez que se enfrenta o tema dos alimentos provisórios em ação de alimentos, o mérito da demanda (causa de pedir + pedido) é, ainda que de maneira provisória, examinado por decisão interlocutória.

[48] "Art. 485. O juiz não resolverá o mérito quando: I – indeferir a petição inicial; II – o processo ficar parado durante mais de 1 (um) ano por negligência das partes; III – por não promover os atos e as diligências que lhe incumbir, o autor abandonar a causa por mais de 30 (trinta) dias; IV – verificar a ausência de pressupostos de constituição e de desenvolvimento válido e regular do processo; V – reconhecer a existência de perempção, de litispendência ou de coisa julgada; VI – verificar ausência de legitimidade ou de interesse processual; VII – acolher a alegação de existência de convenção de arbitragem ou quando o juízo arbitral reconhecer sua competência; VIII – homologar a desistência da ação; IX – em caso de morte da parte, a ação for considerada intransmissível por disposição legal; e X – nos demais casos prescritos neste Código. § 1º Nas hipóteses descritas nos incisos II e III, a parte será intimada pessoalmente para suprir a falta no prazo de 5 (cinco) dias. § 2º No caso do § 1º, quanto ao inciso II, as partes pagarão proporcionalmente as custas, e, quanto ao inciso III, o autor será condenado ao pagamento das despesas e dos honorários de advogado. § 3º O juiz conhecerá de ofício da matéria constante dos incisos IV, V, VI e IX, em qualquer tempo e grau de jurisdição, enquanto não ocorrer o trânsito em julgado. § 4º Oferecida a contestação, o autor não poderá, sem o consentimento do réu, desistir da ação.§ 5º A desistência da ação pode ser apresentada até a sentença. § 6º Oferecida a contestação, a extinção do processo por abandono da causa pelo autor depende de requerimento do réu. § 7º Interposta a apelação em qualquer dos casos de que tratam os incisos deste artigo, o juiz terá 5 (cinco) dias para retratar-se."

codificado, meritoriamente (ainda que, não raro, por ficção legal). Trata-se, pois, das denominadas *sentenças definitivas*. Assim, o *primeiro requisito* à incidência da coisa julgada material apenas vai superado se, e somente se, houver *sentença meritória*, conceito que pressupõe, como regra, a existência de cognição exauriente.

O debate acerca de incidir ou não, por ocasião da entrada em vigor do CPC/2015, coisa julgada (material) em relação às decisões interlocutórias, merecerá enfrentamento em tópico específico, face à complexidade do tema.[51]

No que diz com o *segundo* requisito, observe-se, pois, que a incidência do instituto reclama não mais estar o *julgado, meritório* (o único que o suporta), sujeito a "alterações". Utiliza-se, usualmente, a expressão "trânsito em julgado", no cenário em tela, para designar-se à impossibilidade de que uma decisão venha a ser modificada. Alcança-se o "trânsito", por exemplo, (a) em razão de ter transcorrido *in albis* o prazo para a impugnação do julgado; (b) pelo esgotamento das vias recursais ou, ainda; (c) por força da preclusão lógica.

Em suma: primeiro, apenas é possível aludir à incidência da coisa julgada (material) quando presentes ambos os requisitos. Fora daí, na melhor das hipóteses, haverá *coisa julgada formal*; segundo, a presença dos aludidos requisitos nem sempre conduze à incidência da *res iudicata*.

3.4. Funções / efeitos

Acerca das *funções* ou *efeitos* inerentes ao instituto, debate-se há muito. O tema, inclusive, anota Alexandre Fernandes Gastal, fora objeto

---

[49] "Art. 487. Haverá resolução de mérito quando o juiz: I – acolher ou rejeitar o pedido formulado na ação ou na reconvenção; II – decidir, de ofício ou a requerimento, sobre a ocorrência de decadência ou prescrição; III – homologar: a) o reconhecimento da procedência do pedido formulado na ação ou na reconvenção; b) a transação; c) a renúncia à pretensão formulada na ação ou na reconvenção. Parágrafo único. Ressalvada a hipótese do § 1º do art. 332, a prescrição e a decadência não serão reconhecidas sem que antes seja dada às partes oportunidade de manifestar-se."

[50] Diz-se que uma sentença é *terminativa* quando prolatada com base em quaisquer dos fundamentos aventados pelos incisos do artigo 485 do CPC/2015. Segundo o Código, o pronunciamento jurisdicional extingue o "processo", nesses casos, sem resolver o mérito. As sentenças *terminativas*, não meritórias por definição, encontram-se despidas de elemento essencial à incidência da *coisa julgada material*, de maneira que, respeitados alguns pressupostos, não encerram, em definitivo, o conflito de interesse posto à apreciação judiciária, facultando-se ao interessado submetê-lo novamente ao juízo competente; denomina-se *definitiva*, por sua vez, a sentença prolatada com fulcro em um dos incisos do artigo 487. Aduz o Código, nesses casos, haver *resolução meritória*. É *definitiva*, portanto, a sentença que: (I) acolhe ou rejeita o pedido formulado na ação ou na reconvenção; (II) reconhece, de ofício ou a requerimento, decadência ou prescrição; (III) homologa (a) o reconhecimento da procedência do pedido formulado na ação ou na reconvenção, (b) a transação ou (c) a renúncia à pretensão formulada na ação ou na reconvenção. As sentenças *definitivas* são, por definição, meritórias. As sentenças *definitivas* transitadas em julgado regulam, na esmagadora maioria dos casos, o conflito decidido para a eternidade.

[51] Vide tópico 3.7.3, abaixo.

de controvérsia já ao tempo das denominadas "escolas romanísticas dos Oitocentos" e, superficialmente superado à época, acomodou-se, tornando à baila, recentemente, por força de uma extremada teoria processual da coisa julgada.[52][53][54]

Prepondera, entre nós, apesar de uma ou outra opinião divergente, a *teoria da dupla função*. Reconhecem-se, majoritariamente, pelo menos dois efeitos inerentes à coisa julgada, que não podem, em última análise, ser confundidos com os efeitos da *sentença* propriamente ditos. Fala-se, assim, em um efeito *negativo* e outro *positivo* (da coisa julgada).

A função *positiva* traduz-se, em suma, pela noção de vinculação de juízos meritórios posteriores (que guardem relação com o caso julgado) ao que restou decidido na demanda alcançada pela coisa julgada material. Costuma-se afirmar, para explicar tal efeito, que o *decisium* sobre o qual incidir a *res iudicata* "terá de ser obrigatoriamente seguido por qualquer juiz ao julgar outro processo, entre as partes, cujo resultado dependa logicamente da solução a que se chegou no processo em que já

---

[52] GASTAL, Alexandre Fernandes. "A coisa julgada: sua Natureza e suas Funções". In: OLIVEIRA, Carlos Alberto Alvaro de. *Eficácia e coisa julgada*. Rio de Janeiro: Forense, 2006. p. 196.

[53] O aprofundamento dos estudos pertinentes ao instituto despertaram na doutrina questionamentos acerca da(s) função(ões) exercida(s) pela coisa julgada. Pôs-se o debate, inicialmente, da seguinte forma: *trava-se de uma preclusão de qualquer novo julgamento sobre lide já decidida* ou de *uma imposição, a qualquer futuro juiz que fosse chamado se pronunciar sobre a lide, de modo conforme o julgado?* Algumas correntes floresceram. Houve quem reconhece, no instituto, apenas uma função positiva; quem reconhece função meramente negativa; e, por fim, corrente que optou pelo reconhecimento da *teoria da dupla função*.

[54] O aprofundamento do tema conduz, à evidência, ao seguinte questionamento: a dita função positiva justifica-se como função autônoma, ou pode ser considerada mera consequência da função negativa? O questionamento veio à baila, segundo Pugliese, em 1930, quando Böticcher afirmou que a função negativa, por si só, era capaz de fundamentar os ditos efeitos da coisa julgada, não passando o efeito positivo de mera consequência desta (PUGLIESE, Giovanni. Giudicato Civile. In: *Enciclopédia Del Diritto*. Milano: Editore Giuffrè, v. XVIII. p. 819.). Liebman, ao que tudo indica, foi claro ao afirmar que o que se entende por função positiva da coisa julgada, na verdade, não passa de fruto da eficácia natural da sentença, desconsiderando, nas entrelinhas, a autonomia do dito efeito, afirmando, ainda, que o tema sequer pertence ao espectro de estudo da coisa julgada (LIEBMAN, Enrico Tullio. *Eficácia e autoridade da sentença e outros sobre a coisa julgada*. p. 59-60). Após os estudos de Keller, contudo, o próprio Liebman asseverou ter se tornado sustentável em doutrina que a coisa julgada possua, no mínimo, dupla função (LIEBMAN, Enrico Tullio. *Eficácia e autoridade da sentença e outros sobre a coisa julgada*. p. 55). Sérgio Gilberto Porto, com clareza peculiar, assim relata a ideia kelleriana: "Basicamente, KELLER demonstrou que de duas maneiras distintas se pode fazer uso da coisa julgada: a) para impedir a repetição da mesma demanda e b) para vincular juízo futuro a decisão já proferida. Na primeira hipótese, se está diante da função negativa, e na segunda, frente à função positiva" (PORTO, Sérgio Gilberto. *Coisa julgada civil*. p. 66). Afigura-se inegável a força que tomou a tese explanada por Keller em doutrina, muito embora, ainda hoje, pouco haja de pacífico sobre o tema. Seja como for, o que atualmente parece induvidoso é que, trate-se de efeito autônomo, trate-se de mera consequência do dito efeito negativo, ou, como sugeriu Liebman, até mesmo de eficácia natural do julgado, todo e qualquer juízo futuro estará adstrito a considerar como suporte para suas reflexões o conteúdo da sentença a que se tenha agregado a qualidade de coisa julgada material. Em outras palavras, o beneficiado pela sentença acobertada pelo manto da *res iudicata* poderá valer-se dela para postular em juízo vantagem que lhe foi atribuída pela situação jurídica perpetuada pelo julgado. A dúvida, se é que ainda se justifica, paira não sobre a ocorrência fática do "efeito", mas sobre sua natureza.

houve coisa julgada material",[55] ou seja, o efeito positivo "corresponde à utilização da coisa julgada propriamente em seu conteúdo, tornando-o imperativo para o segundo julgamento".[56]

Um exemplo pode auxiliar na elucidação da lição. Imagine-se que determinado cidadão demande o reconhecimento de paternidade em face do suposto genitor e, após a produção da prova pericial, a sentença venha a reconhecer o vínculo biológico postulado. Pense-se, agora, em demanda distinta, em que o autor, agora necessitado, postula a condenação de seu pai biológico ao pagamento de prestação alimentar mensal. Em face da função *positiva* operada, o conteúdo da sentença prolatada nos autos da ação de investigação de paternidade (julgada procedente) terá, obrigatoriamente, de ser considerada pelo juiz da ação de alimentos, vinculando-o ao "resultado" obtido na decisão pretérita, isto é, o réu (da ação de alimentos) é pai do autor (de ambas as ações) e ponto final.[57]

O efeito *negativo*, por sua vez, encontra-se intimamente ligado ao princípio *ne bis in idem* e, consoante sustenta a doutrina melhor recomendada, consiste em verdadeiro impedimento a que se torne a examinar, no futuro, questão já decidida.[58] [59]

A ideia central é a de que, considerado o escopo maior do instituto, uma vez realizado o acertamento jurisdicional meritório do conflito social objeto da demanda, tocou à coisa julgada (material) a tarefa de tornar imodificável o "resultado" alcançado. Nessa quadra, adquirindo o decisório a qualidade em epígrafe, o ordenamento pátrio não mais permitirá que se reaprecie a causa, dando-se tal impossibilidade, exatamente, por força da função negativa ora em apreço. O efeito negativo, bem compreendido, servirá de tese de defesa, alegável em preliminar de *contestação*, ao demandado citado para se defender em feito *idêntico*.[60]

Ao magistrado incumbido de prestar jurisdição por ocasião da propositura da segunda demanda (idêntica à primeira), ressalvada sua inconsciência ou eventual descuido, não restará possibilidade diversa, nos termos do regime codificado, senão o de decretar a extinção do feito, for-

---

[55] TALAMINI, Eduardo. *Coisa julgada e sua revisão*. p.130

[56] SILVA, Ovídio A. Baptista da. *Curso de Processo Civil*. 5ª ed. São Paulo: RT, 2001, v. I. p.500.

[57] Palmilhando o tema, Fredie Didier Jr., *in verbis*, chega à seguinte conclusão: "O efeito positivo da coisa julgada gera, portanto, a vinculação do julgador de outra causa ao quanto decidido na causa em que a coisa julgada foi produzida. O juiz fica adstrito ao que foi decidido em outro processo. São os casos em que a coisa julgada tem de ser levada em consideração pelos órgãos jurisdicionais." DIDIER JR. Fredie; BRAGA, Paula Sarno; OLIVEIRA, Rafael. *Curso de Direito Processual Civil*. p. 568.

[58] PORTO, Sérgio Gilberto. *Coisa julgada civil*. p. 66.

[59] Didier Jr. tem afirmado que a função negativa "impede que a questão principal já definitivamente decidida seja novamente julgada como questão principal em outro processo." DIDIER JR. Fredie; BRAGA, Paula Sarno; OLIVEIRA, Rafael. *Curso de Direito Processual Civil*. p. 567.

[60] No que tange à identidade das relações processuais, vide artigo 334, § 2º, do CPC/2015.

te no artigo 485, V, do CPC/2015. Não se trata, sublinhe-se, de vedação à prolação de decisão com conteúdo contraditório ao anteriormente proferido, mas, sobretudo, de vedação à reapreciação do mérito da causa, independentemente de seu resultado. Trata-se de ordem imperativa para que os magistrados se abstenham de proferir nova decisão de mérito.[61]

Em suma, é, portanto, possível afirmar que a dita função negativa, consiste, ao fim e ao cabo, na proibição de que qualquer órgão jurisdicional torne a apreciar o mérito de causa já albergada pelo manto da coisa julgada material, ressalvados os casos previstos pelos incisos do art. 505 do CPC/2015.

3.5. Limites subjetivos

O estudo pertinente aos *limites subjetivos* da coisa julgada visa a identificar *quem*, face à causa decidida, encontra-se submetido ao manto da imutabilidade, não mais podendo rediscutir o mérito da questão apreciada.

Deve-se, de pronto, trazer à baila o teor da primeira parte do artigo 506 do CPC/2015, uma vez que demarca a área de influência da autoridade da coisa julgada. Dispõe o texto, *in verbis,* que a sentença "faz coisa julgada às partes as quais é dada, não prejudicando a terceiros".[62] O Código, assim restringe os efeitos subjetivos da *res iudicata*, no âmbito do processo civil individual, às pessoas que compuseram, enquanto partes (processual e materialmente falando[63]), a relação jurídica processual.[64]

---

[61] "Assim, por função negativa da coisa julgada entende-se a virtude que ela tem de impedir outro julgamento a respeito de algo já definitivamente decidido em processo anterior. Trata-se de reflexo do princípio do ne bis in idem, calcado na idéia de consumação da ação. Tendo o Estado sido chamado a prestar jurisdição, com vistas à solução de uma determinada lide, e já havendo prestado, não é possível tolerar que outra vez a mesma lide seja por ele conhecida." GASTAL, Alexandre Fernandes. A coisa julgada: sua Natureza e suas Funções. In: OLIVEIRA, Carlos Alberto Álvaro de. *Eficácia e coisa julgada.* p. 196.

[62] "A redação escolhida lembra em muito aquela existente na codificação revogada, mas é mais precisa em adota a noção de coisa julgada com a *autoridade* da decisão judicial, de forma que os efeitos práticos desta podem atingir terceiros de maneira mais direta ou indireta (reflexa), conforme as peculiaridades do caso concreto. É importante frisar que a verificação da coisa julgada, no plano fático, não implicará necessariamente vinculação entre as partes, nada impedindo que aquele que foi beneficiado com a decisão transitada em julgado venha a renunciar o direitoque lhe foi reconhecido." XAVIER, José Tadeu Neves. In: *Novo Código de Processo Civil anotado.* Porto Alegre: OAB/RS, 2015. p. 384.

[63] Nada obstante a afirmativa de que, segundo o regramento processual posto, a coisa julgada, por regra, produz efeitos apenas entre os contendores, faceta importante do tema, hoje superada, tratou de observar a existência de algumas exceções à regra. Discutiu-se, então, se os sucessores, os substituídos e os adquirentes de coisa litigiosa seriam terceiros atingidos excepcionalmente pelos efeitos da *res iudicata*. Sucinta, porém, reveladora resposta, extrai-se novamente dos escritos de Tesheiner, que ensina: o conceito de parte, "para fins de determinação de coisa julgada", não se limita as que se "confrontaram no processo como autores e réus", estendendo-se tal qualificação para "a) os sucessores das partes a título universal; b) o substituído, no caso de substituição processual; c) em certos

Imagine-se que Rodolfo demandou Camila e, meritoriamente, decidiu-se pelo não acolhimento de suas postulações, a despeito de ter o demandante esgotado os meios recursais. Perceba-se, primeiro, tratar-se a aludida decisão de sentença *definitiva*; segundo, ter havido, em relação à mesma, trânsito em julgado.

Presentes os requisitos para a incidência da coisa julgada material (para tornar imutável o que se decidiu, impedindo que se torne a debater o conflito suscitado – *efeito negativo* – e, vinculando juízos futuros que dependam do resultado alcançado – *efeito positivo*), no afã de responder ao quesito inerente à limitação subjetiva do instituto (quem está sujeito aos efeitos da incidência da coisa julgada?), chegar-se-ia à resposta, a saber: Rodolfo e Camila, partes processuais, estariam vinculados pela coisa julgada.

Pode-se afirmar, em suma, que, excluindo-se o espinhoso campo do processo coletivo,[65] no âmbito do processo civil tradicional, por definição expressa de lei, a coisa julgada, sob o enfoque em tela, não produz efeitos para além das partes envoltas formalmente ao feito.[66] Trata-se, consoante a linguagem processual, do regime *interpartes*.

3.6. Limites objetivos

O estudo concernente aos limites objetivos da coisa julgada, por sua vez, destina-se a identificar *o que*, na complexa estrutura sentencial exigida por nosso ordenamento, restará, ao fim e ao cabo, imodificável por ocasião de sua incidência.

Do ponto de vista doutrinário o tema serviu, e ainda serve, a diversas reflexões. Liebman, inspirador da Escola Paulista de Processo e,

---

casos, o sucessor a título singular, como o adquirente da coisa litigiosa." TESHEINER, José Maria Rosa. *Eficácia da Sentença e a Coisa Julgada no Processo Civil*. p. 81.

[64] "A regra fundamental, pois, é de que a coisa julgada, com as características de imutabilidade e indiscutibilidade a que se refere o art. 467 do CPC, é restrita às partes." TESHEINER, José Maria Rosa. *Eficácia da Sentença e a Coisa Julgada no Processo Civil*. p.81.

[65] Vide, acerca do tema: TORRES, Artur. *A Tutela Coletiva dos Direitos Individuais: considerações acerca do Projeto de Novo Código de Processo Civil*. Porto Alegre: Arana, 2013.

[66] PROCESSUAL CIVIL. AÇÃO ANULATÓRIA. USUCAPIÃO. NULIDADE DA CITAÇÃO. LEGITIMIDADE DO ESPÓLIO DO PROPRIETÁRIO DO BEM USUCAPIENDO. MORTE DE UM DOS RÉUS. SUSPENSÃO. NULIDADE NÃO-DECRETADA. LIMITES SUBJETIVOS DA COISA JULGADA. AUSÊNCIA DE OFENSA AO ART. 471 DO CPC. (...) 4. A coisa julgada deve ser analisada também pela ótica de seu alcance subjetivo, o que vale dizer que a imutabilidade da sentença, contra a qual não caiba mais recurso, não alcança terceiros que não participaram validamente da formação do título, como no caso. Nesse passo, é plenamente cabível o ajuizamento da ação anulatória a que alude o art. 486 do CPC com o escopo de anular processo de usucapião no qual não foi realizada citação válida do proprietário do imóvel, correndo todo o processo à sua revelia. (...) (REsp 725.456/PR, Rel. Ministro LUIS FELIPE SALOMÃO, Quarta Turma, julgado em 05/10/2010, DJe 14/10/2010).

reflexamente, do CPC/73, responsável por estabelecer a distinção entre *eficácia da sentença* e *autoridade de coisa julgada*, afirmou que a limitação em tela cinge-se aos *efeitos da sentença*, tornando-os imutáveis. Barbosa Moreira, de outra banda, opôs-se, em parte, a tais ensinamentos e, a partir de exemplos convincentes, sustentou que o que resta cristalizado pela incidência dos efeitos da coisa julgada é o *conteúdo da sentença*, não os seus efeitos propriamente ditos.[67] Ovídio Araújo Baptista da Silva, enriquecendo o debate, discordou de ambos. Consoante a doutrina do saudoso professor gaúcho, a inalterabilidade alcança, única e exclusivamente, o *efeito declaratório da sentença*.[68]

Mais recentemente, pois, Sérgio Gilberto Porto perpetrou relevante contribuição para o estudo do tema, sustentado que a aludida imutabilidade, bem compreendida, encontra limite na *nova situação jurídica declarada* (ou seja, no estado jurídico novo), anotando que:

> (...) se alguma coisa a todo questionamento escapa e adquire à condição de indiscutível – não podendo ser objeto de controvérsia futura e, juridicamente relevante, nem mesmo objeto de transação –, esse algo é interno à sentença; resultando, pois, nesta medida, a autoridade da coisa julgada circunscrita à norma concreta editada pela decisão, o que é efetivado através da nova situação jurídica declarada, definindo-se a extensão desta como os limites objetivos da coisa julgada.[69]

O tema, a despeito da uníssona compreensão jurisprudencial, encontra-se, ainda hoje, doutrinariamente falando, despido da pacificidade que se espera.

De toda sorte, para bem compreender a eleição codificada, parece-nos indispensável rememorar, ainda que de passagem, o conteúdo do artigo 489 do CPC/2015, do qual se extrai, inevitavelmente, que a sentença deva ser apresentada em capítulos: (a) o relatório, (b) a motivação e (c) o *decisium* propriamente dito.[70] Dito isso, remetemo-nos, agora, ao conteúdo do artigo 504, que prescreve:

> Não fazem coisa julgada: I – os motivos, ainda que importantes para determinar o alcance da parte dispositiva da sentença; II – a verdade dos fatos, estabelecida como fundamento da sentença.

Sem prejuízo do debate doutrinário acima referido, consideradas, contudo, as exclusões realizadas pelo Código, revela-se pacífico o posicionamento jurisprudencial (firmado a partir de interpretação *contrario sensu* do teor do antigo artigo 469 do CPC/73, agora, 504 do CPC/2015)

---

[67] BARBOSA MOREIRA, José Carlos. Eficácia da sentença e autoridade da coisa julgada. *Revista da Ajuris*. Porto Alegre, v. 28, jul-1983.

[68] SILVA, Ovídio Baptista da. *Curso de Processo Civil*. p.471 e ss.

[69] PORTO, Sérgio Gilberto. *Coisa julgada civil*. p. 79.

[70] Para o estudo acerca dos "elementos essenciais e estrutura do ato" sentencial, vide: TORRES, Artur. *Processo de Conhecimento*. Porto Alegre: ARANA, 2013. v. 2. p. 79/81.

ao afirmar que "somente o dispositivo da sentença" é "abarcado pela coisa julgada material",[71] limitando-se, portanto, ao *decisium* (capítulo exigido pelo ordenamento pátrio como *requisito essencial* à estrutura do ato sentencial) o campo de eficácia da coisa julgada no concernente.[72] [73]

3.7. Outras considerações

3.7.1. A questão prejudicial decidida incidentalmente: o art. 503 do CPC/2015

No sistema revogado, o artigo 469 era expresso ao excluir da incidência da coisa julgada material a *questão prejudicial decidida incidentalmente no processo*. Assim, o litigante que pretendesse vê-la vinculada ao selo da imutabilidade deveria, revelando-se o juiz da causa competente em razão da matéria e constituindo-se o enfrentamento da questão indispensável ao julgamento da contenda, promover *ação declaratória incidental*.[74]

---

[71] ADMINISTRATIVO. PROCESSUAL CIVIL. AÇÃO DE RECONHECIMENTO DE CONCUBINATO. EXTENSÃO DA RES JUDICATA À ADMISSÃO DE UNIÃO ESTÁVEL. IMPOSSIBILIDADE. LIMITES OBJETIVOS DA COISA JULGADA. PEDIDO E CAUSA DE PEDIR. SERVIDOR PÚBLICO ESTADUAL FALECIDO. PENSÃO POR MORTE. RATEIO ENTRE VIÚVA E CONCUBINA. IMPOSSIBILIDADE. PRECEDENTES. 1. A coisa julgada contida no dispositivo da decisão judicial transitada em julgado está delimitada pelo pedido e pela causa de pedir apresentadas na petição inicial do processo de conhecimento. 2. Conquanto somente o dispositivo da sentença seja abarcado pela coisa julgada material, é certo que os efeitos da res judicata apenas se abatem sobre as matérias cujos contornos fáticos e jurídicos tenham sido efetivamente examinados e decididos pelo Poder Judiciário de forma definitiva. 3. Na peça vestibular da ação de reconhecimento de concubinato não foi veiculado qualquer pedido no sentido de que restasse declarada a existência de união estável; e também não consta do decisum transitado em julgado nenhum consideração, apreciação de prova ou desenvolvimento de tese jurídica que tivesse por objetivo alicerçar conclusão nesse sentido. 4. No caso de pensão por morte, é possível o rateio igualitário do benefício entre a ex-esposa e a companheira de servidor falecido. 5. O reconhecimento da união estável pressupõe a inexistência de impedimentos para o casamento. 6. A vigência de matrimônio não é empecilho para a caracterização da união estável, desde que esteja evidenciada a separação de fato entre os ex-cônjuges, o que não é a hipótese dos autos. 7. O concubinato não pode ser erigido ao mesmo patamar jurídico da união estável, sendo certo que o reconhecimento dessa última é condição imprescindível à garantia dos direitos previstos na Constituição Federal e na legislação pátria aos companheiros, inclusive para fins previdenciários. 8. Recurso ordinário em mandado de segurança conhecido e provido. (RMS 30.414/PB, Rel. Ministra LAURITA VAZ, Quinta Turma, julgado em 17/04/2012, DJe 24/04/2012).

[72] Dissertando acerca da distinção entre objeto do processo e objeto do debate, aduz Darci Guimarães Ribeiro: "sobre o objeto do processo pesa a força da coisa julgada material, já que esta pressupõe necessariamente a análise obrigatória do mérito. E, portanto, os limites objetivos da coisa julgada material são fixados exclusivamente pelo objeto do processo, pela declaração petitória realizada unicamente pelo autor." RIBEIRO, Darci Guimarães. Objeto do processo e objeto do debate: dicotomia essencial para uma adequada compreensão do novo CPC. In: RIBEIRO, Darci Guimarães; JOBIM, Marco Félix. *Desvendando o Novo CPC*. Porto Alegre: Livraria do Advogado, 2015. p. 39.

[73] Segundo o enunciado de n. 438 do FPPC, é "desnecessário que a resolução expressa da questão prejudicial incidental esteja no dispositivo da decisão para ter aptidão de fazer coisa julgada."

[74] Acerca do tema afirmamos alhures: "A ação declaratória incidental encontra-se disciplinada pelos artigos 5º, 109, 325, 469, III e 470, todos do CPC. Tendo em vista que as questões decididas incidentemente pelo magistrado em cada caso concreto não fazem, segundo expresso texto de lei, coisa

O CPC/2015 não reproduziu a previsão legal de outrora (antigo 469, III, CPC/73), e os parágrafos do artigo 503 do mesmo diploma processual denunciam, a rigor, mudança de postura legislativa.[75]

Consoante o CPC/2015, a *questão prejudicial será abarcada pelo manto da imutabilidade*, se (a) do seu enfrentamento depender necessariamente o julgamento meritório da questão principal; (b) a seu respeito tiver havido contraditório prévio e efetivo e, por fim, (c) o julgador da questão principal possuir competência em razão da matéria e da pessoa para resolvê-la como se questão principal fosse.

Havendo quaisquer restrições probatórias ou limitações cognitivas que dificultem ou impeçam a melhor compreensão da questão incidental ou, sendo o réu revel, a questão prejudicial, ainda que enfrentada *in concreto* e apontada no decisório, não será alcançada pela coisa julgada material.

3.7.2. Eficácia preclusiva da coisa julgada

O artigo 508 do CPC/2015 (a exemplo do 474 do CPC/73) regula o espinhoso tema da *eficácia preclusiva extraprocessual da coisa julgada*.[76] Trata-se de matéria controvertida, que, dada nossa tradição processual, desperta, há muito, inquietude doutrinária.

Aduz o anunciado preceito legal que, transitada "em julgado a decisão de mérito, considerar-se-ão deduzidas e repelidas todas as alegações e as defesas que a parte poderia opor assim ao acolhimento como à rejeição do pedido".[77]

---

julgada (art. 469, III, do CPC), o Código viabiliza ao interessado que, propondo a ação em destaque, obtenha manifestação judicial imutável acerca da questão prejudicial ao julgamento da contenda principal (art. 470 do CPC). Qualquer das partes possui legitimidade para tanto. Trata-se, vale dizer, de ação que tem por pressupostos (a) haver ação principal em curso, (b) existir litigiosidade acerca da questão incidente e, (c) mostrar-se a referida litigiosidade prejudicial ao julgamento da ação principal. Consoante se extrai do teor do artigo 325 do CPC, o autor tem o prazo de 10 (dez) dias para propô-la. Em relação ao réu, embora nada conste, é assente na doutrina e na jurisprudência, para o fim de estabelecer o prazo fatal para o seu agir, a aplicação analógica do artigo 297 do CPC (15 dias). O interessado o fará, respeitados o teor dos artigos 282 e 283 do CPC, distribuindo-a por dependência à ação principal, nos termos do artigo 109 do mesmo diploma legal." TORRES, Artur. *Processo de Conhecimento*. Porto Alegre: Arana, 2013. p. 30-31.

[75] "Art. 503. A decisão que julgar total ou parcialmente o mérito tem força de lei nos limites da questão principal expressamente decidida.§ 1° O disposto no *caput* aplica-se à resolução de questão prejudicial, decidida expressa e incidentemente no processo, se: I – dessa resolução depender o julgamento do mérito; II – a seu respeito tiver havido contraditório prévio e efetivo, não se aplicando no caso de revelia; III – o juízo tiver competência em razão da matéria e da pessoa para resolvê-la como questão principal. § 2° A hipótese do § 1° não se aplica se no processo houver restrições probatórias ou limitações à cognição que impeçam o aprofundamento da análise da questão prejudicial."

[76] DONIZETTI, Elpídio. *Curso Didático de Direito Processual Civil*. 17. ed. São Paulo: Atlas, 2013. p. 633.

[77] "Transitada em julgado a decisão de mérito, considerar-se-ão deduzidas e repelidas todas as alegações e as defesas que a parte poderia opor tanto ao acolhimento quanto à rejeição do pedido." Art. 508 do CPC/2015.

Parece-nos, pois, que, bem compreendido, o teor do artigo 508 encontra-se vinculado ao denominado *efeito negativo da coisa julgada*, mostrando-se, dele, mero corolário.

Consoante afirmado alhures, o destacado efeito tem por fundamento o princípio *ne bis in idem*. O que se pretende com o teor do artigo 508 é, à evidência, destacar a impossibilidade do reenfrentamento de causa idêntica julgada meritoriamente. O legislador, visando a evitar manobras "técnicas" que possibilitem, por vias oblíquas, a rediscussão do conflito, foi enfático ao asseverar que aquilo, e tudo aquilo, que possa servir à proteção das esferas jurídicas de autor e réu, deva ser suscitado, de maneira concentrada, ao seu tempo.

Deixando os contendores de assim proceder, dar-se-ão, por ficção jurídica, no afã de evitar a manutenção do estado de incerteza social, por deduzidas e repelidas todas as alegações pertinentes à causa. Diz-se "por ficção jurídica", uma vez que, a rigor, o Código considera enfrentadas *alegações* que sequer vieram aos autos.

A eficácia preclusiva extraprocessual da coisa julgada, portanto, apenas se fará sentir, como é intuitivo, tratando-se de ações idênticas. Na verdade, a impossibilidade de (re)julgamento da causa deriva do efeito negativo. O artigo 508 apenas cria a ficção de que foram enfrentados, à integralidade, todos os argumentos inerentes ao conflito *sub judice*.

3.7.3. As decisões interlocutórias são alcançáveis pelo manto da coisa julgada?

O debate anunciado pelo título acima tem, cada vez mais, ocupado os doutos.

De um lado, aludindo aos reflexos oriundos da incidência da coisa julgada (material), bem como ao pronunciamento judicial dotado de elementos mínimos à sua incidência, já se afirmou:

> Somente a sentença – e nem todas elas – poderá oferecer este tipo de estabilidade protetora daquilo que o juiz haja declarado como sendo a "lei do caso concreto", de tal modo que isto se torne um preceito imodificável para as futuras relações jurídicas que se estabelecem entre as partes perante as quais a sentença tenha sido proferida.[78]

Nesse cenário (registre-se: anterior à vigência da Lei 13.105/2015), inexistiam, por assim dizer, defensores da incidência do instituto processual sob comento sobre as denominadas *decisões interlocutórias*.

De outro, já sob a vigência do CPC/2015, há quem sustente, pois, que:

---

[78] SILVA, Ovídio A. Baptista da. *Curso de Processo Civil*. p. 456.

A *decisão de mérito apta à coisa julgada pode ser interlocutória*, sentença, decisão unipessoal de relator ou acórdão. *Não por acaso os arts. 502 e 503 falam em "decisão", que é gênero.*

A aptidão de a decisão interlocutória poder versar sobre o mérito é expressamente prevista no CPC: *arts. 354, pár. ún., 356 e 1.015, II.* (grifos nossos)[79]

Idêntica linha de pensamento extrai-se, pois, de alguns dos enunciados do Fórum Permanente de Processualistas Civis, com destaque, exemplificativamente, para os que prescrevem: "Cabe ação rescisória contra decisão interlocutória de mérito" (n. 336) e "Preenchidos os demais pressupostos, a decisão interlocutória e a decisão unipessoal (monocrática) são suscetíveis de fazer coisa julgada". (n. 436).

Trata-se, pois, de tema espinhosíssimo!

Nossa contribuição, no afã de tornar o mais didático possível a ideia, partirá de uma metáfora: imagine-se, pois, o nível do mar e, concomitantemente, a figura de um *iceberg*.

Sabe-se que nesse contexto, fora d'água, é dado ao comandante da embarcação vislumbrar, tão somente, a ponta do conglomerado gélido, ou seja, apenas parte dele. Seu alicerce, embora não se duvide de sua existência, permanece "oculto" a um primeiro olhar, isto é, submerso, e fora do campo de visão humana.

Os requisitos à incidência da coisa julgada comumente extraídos de leitura tópica do Código devem, segundo pensamos, ser considerados, tão somente, como "a ponta do *iceberg*". Não há dúvida, portanto, de que, tanto o trânsito em julgado, como o enfrentamento meritório da questão *sub judice*, encontram-se entre eles.

É preciso considerar, contudo, que "fora do campo de visão" imediato, subjaze a possibilidade de incidência da coisa julgada, outros requisitos. Importa aqui, sobretudo, lançar olhares ao requisito que diz com a *profundidade da cognição* exercida *in concreto*.

É ponto comum na doutrina pátria, ao enfrentar o tema da cognição no processo civil, beber da clássica sistematização promovida por Kazuo Watanabe, que se valeu, pois, da figura de linguagem dos "planos" (*horizontal* e *vertical*), no afã de apartar *o joio do trigo*, ao examinar a matéria.

Numa sistematização mais ampla, a cognição pode ser vista em dois planos distintos: horizontal (extensão, amplitude) e vertical (profundidade). No plano horizontal, (...) a cognição pode ser plena ou limitada (ou parcial) segundo a extensão permitida. No plano

---

[79] DIDIER JR. Fredie. BRAGA, Paula Sarno. OLIVEIRA, Rafael. *Curso de direito processual civil*: teoria da prova, direito probatório, ações probatórias, decisão, precedente, coisa julgada, antecipação dos efeitos da tutela. 10. ed. Salvador: Podivm, 2015, v. 2. p. 526.

vertical, a cognição pode ser classificada segundo o grau de sua profundidade, em exauriente (completa) e sumária (incompleta).[80]

Ao referir-se ao "plano horizontal", tal corrente doutrinária elege a *extensão cognitiva* como critério, classificando-a como *limitada* ou *ilimitada* em relação à amplitude do debate pelas partes e, consequente, cognição do juiz. Segundo a sistematização sob comento, "se a cognição se estabelece sobre todas as questões, ela é horizontalmente *ilimitada*". Havendo restrições, de outro giro, *limitada*.[81]

No "plano vertical", o critério classificatório é distinto: diz com a *profundidade*, e não com a *extensão* do debate ou da cognição propriamente dita. Diz-se, nessa quadra, que o exame cognitivo da causa pode ser mais ou menos *completo*, do que deriva a afirmativa de que um pronunciamento judicial, por vezes, se encontra calcado em *juízo de certeza*, por vezes, de mera *probabilidade*.

Vale registrar, por oportuno, que, segundo tal corrente, exatamente por não se excluírem, o resultado obtido em cada um dos esforços classificatórios obtidos à luz dos distintos planos e seus respectivos critérios, várias "combinações" revelam-se possíveis.[82]

Dentre as hipóteses referidas, cumpre sublinhar, outrossim, que é a primeira (cognição *plena (ou ilimitada) e exauriente*) a que tem o condão de propiciar juízo com índice maior de segurança no que tange à "certeza do direito controvertido", razão pela qual o Estado, a ela, "confere autoridade de coisa julgada".[83]

O requisito da ocorrência de cognição exauriente, essencial à incidência da coisa julgada, encontra-se, na linha da metáfora ora apresen-

---

[80] Acerca do tema, com grande proveito: WATANABE, Kazuo. *Da cognição no processo civil*. 3ª ed. São Paulo: Perfil, 2005. p. 127.

[81] WATANABE, Kazuo. *Da cognição no processo civil*. p. 128.

[82] Consoante o autor, tem-se: a) "(...) procedimento de *cognição plena* e *exauriente*; b) o de *cognição limitada (ou parcial)* e *exauriente*: com limitação quanto à amplitude do debate das partes e consequentemente da cognição do juiz; c) o procedimento, ou fase de procedimento, de *cognição plena e exauriente 'secundum eventum probationis'*: sem limitação à extensão da matéria a ser debatida e conhecida, mas com condicionamento da profundidade da cognição à existência de elementos probatórios suficientes, isso em razão de técnica processual (para conceber procedimento simples e célere, com supressão da fase probatória específica ou procedimento em que as questões prejudiciais são resolvidas, ou não, com eficácia preclusiva, conforme os elementos de convicção), ou por motivo de política legislativa (evitar, quando em jogo interesse coletivo, a formação de coisa julgada material a recobrir juízo de certeza fundado em prova insuficiente e formado mais à base de regras de distribuição do ônus da prova); d) o de *cognição eventual, plena ou limitada e exauriente*: somente haverá cognição se o demandado tomar a iniciativa do contraditório, ou a cognição prevista no esquema abstrato da lei pode ficar prejudicada segundo o comportamento do demandado; e) o de *cognição sumária ou superficial*: em razão de urgência e do perigo de dano irreparável ou de difícil reparação, ou para a antecipação do provimento final, nos casos permitidos em lei, ou ainda em virtude de particular disciplina da lei material, faz-se suficiente a cognição superficial para a concessão da tutela reclamada; f) processo de *cognição rarefeita*, que é o de execução. (...)". WATANABE, Kazuo. *Da cognição no processo civil*. p. 130/131.

[83] WATANABE, Kazuo. *Da cognição no processo civil*. p. 129/130.

tada, submerso (ao menos em relação ao tópico codificado destinado à sua abordagem).

Ontologicamente, relembre-se, é possível discernir as decisões interlocutórias das sentenças, também, a partir da profundidade da cognição que lhes é peculiar. Por definição, estas retratam, havendo enfrentamento meritório, a existência de *cognição exauriente* aquelas, cognição *sumária* (nada obstante, gize-se, não se possa negar a existência de interlocutórias cuja profundidade da cognição se possa afirmar exauriente – à luz do CPC/2015, por exemplo, a decisão que julga o incidente de desconsideração da personalidade jurídica).

É possível, igualmente, distinguir os pronunciamentos, exemplificativamente, a partir dos poderes do órgão julgador em revogá-lo. Uma vez prolatada a sentença, como regra, não há falar em alteração oficiosa (excetuados os casos previstos em lei, em que se admite *retratação*), já as decisões interlocutórias, por sua vez, admitem tal "alteração", mediante provocação do julgador, independentemente do oferecimento de recurso principal.

Ademais, conforme já salientado, enquanto a função da sentença consiste em *dar por prestada a jurisdição* (ainda que parcial), as decisões interlocutórias se prestam ao enfrentamento de questões incidentes, despidas da finalidade acima referida.

Examinando as hipóteses suscitadas pela corrente que sustenta a possibilidade de incidência da coisa julgada em decisões interlocutórias, tem-se que nem o pronunciamento prolatado com base no art. 354, muito menos o oriundo da observância do teor do art. 356, caracterizam-se como *decisões interlocutórias*.

A uma, porque, em ambos (excetuados os casos em que não há resolução de mérito nas hipóteses do art. 354), existe *cognição calcada em juízo de certeza* (*exauriente*); a duas, porque não se está a enfrentar questão incidente, mas, ainda que parcialmente, a (pretender) dar por prestada a jurisdição no concernente; a três, porque, lançado o pronunciamento, não pode o julgador, mediante provocação havida por petição simples nos autos, alterar o seu entendimento (a alteração dependerá do sucesso do pleito recursal).

Parece-nos, contudo, que o fato de a lei prever o *agravo de instrumento* como instrumento hábil a impugnar ambos os pronunciamentos, tenha seduzido tal corrente doutrinária, induzindo-a a classificar tais pronunciamentos inadequadamente. Em suma: ambos são *sentença*, não *decisões interlocutórias*.

Ainda refletindo sobre o tema, revela-se imprescindível, para não deixar em aberto, tecer breves considerações acerca do teor do art. 1.015, II, do CPC/2015.

Parte da doutrina tem por novidade o fato de que decisões interlocutórias possam examinar o mérito da causa. Na verdade, de novidade não se trata.

Tomando-se por ponto de partida que *mérito* retrata a ideia de enfrentamento (acolhimento ou rejeição) do somatório da *causa de pedir + pedido* formulado em juízo (em todas as demais hipóteses codificadas, a rigor, apenas há enfrentamento meritório por ficção), basta pensar em qualquer postulação que retrate pedido de *tutela provisória de urgência antecipada incidental*.

Na linha da tutela provisória satisfativa (na linguagem do Código, *tutela antecipada*), por óbvio, o enfrentamento realizado dirá, necessariamente, respeito ao mérito da causa. Traduzindo em miúdos: o que ocorre, no caso, é que o autor, por exemplo, postula, mediante aplicação da técnica da *antecipação de tutela*, que o julgador a ele conceda imediatamente, de maneira a satisfazer o direito *sub judice*, aquilo que, como regra, lhe seria alcançado apenas mediante o trânsito em julgado de sentença de procedência. Ora, assim sendo, as decisões interlocutórias, há muito, enfrentam o *mérito da causa*. Apenas o fazem, pois, com base em *cognição sumária*, razão pela qual sobre elas não incide a coisa julgada material.

Ademais, o fato de se poder extrair do teor do art. 1.015, II, que decisões interlocutórias que venham a tocar o mérito da causa são impugnáveis por agravo de instrumento, em nada contribui para a conclusão de que sobre elas incidirá a coisa julgada!

A confirmar a exigência, inclusive codificada, de que a incidência da coisa julgada depende de pronunciamento que retrate cognição exauriente, impõe-se a lembrança do teor do art. 304, § 6º, do CPC/2015, segundo o qual, a "decisão que concede a tutela" provisória de urgência antecipada (leia-se: satisfativa), de maneira antecedente, "não fará coisa julgada". A razão é simples: inexiste cognição (exauriente) suficiente a legitimar a incidência do instituto sob comento.

Nosso entendimento, portanto, respeitadas opiniões em contrário, é de que, face ao acima exposto, as decisões interlocutórias encontram-se despidas de pressuposto indispensável (mínimo, por assim dizer) à incidência da coisa julgada.

O debate, contudo, continua candente.

4. O sistema pátrio de impugnação às decisões judiciais cíveis

4.1. Início de conversa

Conquanto debata-se, ainda hoje, acerca das origens e fundamentos[84][85][86] que permeiam os institutos processuais destinados ao combate

---

[84] "(...) o instituto dos recursos, em direito processual, responde a uma exigência psicológica do ser humano, refletida em sua natural compreensível inconformidade com as decisões judiciais que lhes sejam desfavoráveis. Não resta dúvida de que este sentimento é decisivo para explicar a criação e a permanência, historicamente universal, dos institutos dos recursos." SILVA, Ovídio A. Baptista da. *Curso de Processo Civil*. p. 389.

[85] Sustenta Araken de Assis que, "o inconformismo arrebata homens e mulheres nas situações incômodas e desfavoráveis. Poucos aquiescem passivamente à adversidade. Envolvendo a rotina da condição humana conflitos intersubjetivos, resolvidos por intermédio da intervenção do Estado, a vida em sociedade se transforma em grandiosa fonte de incômodos. E a própria pendência do mecanismo instituído para equacionar os conflitos provoca dissabores de outra natureza. A causa mais expressiva do descontentamento, cumulada à sensação asfixiante de desperdício de tempo valioso, avulta nos pronunciamentos contrários ao interesse das partes e de terceiros emitidos neste âmbito. O homem e a mulher na sociedade pós-moderna se acostumaram às relações instantâneas dos modernos meios de comunicação e reagem muito mal a qualquer demora e a soluções que não lhes atendam plena e integralmente os interesses. O escoadouro do inconformismo insopitável e, ao mesmo tempo, meio para reparar, tanto quanto possível, os erros inerentes à falibilidade, porque a base desses pronunciamentos, originários do marco civilizatório chamado processo, assenta num juízo singular ou coletivo de homens e mulheres, só pode ser a impugnação do ato estatal. A generalidade dos ordenamentos hierarquiza os órgão judiciários para tal fim e, oportunamente, examinar-se-á a origem da apelação no seio da incipiente burocracia romana. A permissão ao vencido para impugnar a decisão assegura o aprimoramento do ato e, se não assegura, ao menos aumenta a possibilidade de real pacificação dos litigantes." ASSIS, Araken de. *Manual dos Recursos*. 2. ed. São Paulo: RT, 2007. p. 33.

[86] Há quem sustente, de um lado, que, como todo "e qualquer instituto, o recurso haure sua razão de ser na Constituição Federal. (...), apresenta-se importante a conjugação de quatro garantias ao jurisdicionado e verdadeiros princípios que guiam a atividade jurisdicional, a saber: (a) o devido processo constitucional (...); b) o livre e efetivo acesso à Justiça (...); a ideia de contraditório e ampla defesa, 'com os meios e recursos a ela inerentes' (...) e (d) a duração razoável do processo e os meios que garantam a celeridade de sua tramitação (...). É natural que outros fundamentos constitucionais incidam, tal como a cidadania e a dignidade da pessoa humana, pois, como dito, a instrumentalização de cada norma decorre de uma análise global, efetivada em prol da realização da Era de Direitos. Contudo, a partir do devido processo constitucional, do livre e efetivo acesso à justiça, do contraditório e da duração razoável, as premissas de um sadio sistema recursal podem ser esboçadas" (PORTO, Sérgio Gilberto. *Manual dos Recursos Cíveis*. 4. ed. Porto Alegre: Livraria do Advo-

dos pronunciamentos judiciais dotados de caráter decisório, não mais se duvida que a atividade impugnatória conte, considerado o regime processual vigente, com ferramentas de natureza diversa.

O jurisdicionado, no afã de insurgir-se ao comando judicial que o prejudique, terá, por vezes, de se valer da via recursal em sentido estrito;[87] por vezes, de um sucedâneo recursal, dentre os vários admitidos entre nós.[88]

Sem prejuízo do debate acerca de ter, ou não, o modelo constitucional do processo civil brasileiro prestigiado o duplo grau de jurisdição a ponto de erigi-lo à condição de direito fundamental, revela-se pouco mais do que evidente ter o Código tomado-o, ao menos no que diz com o âmbito da jurisdição ordinária, enquanto diretriz infraconstitucional. A noção de duplo grau, portanto, afigura-se nuclear à construção e compreensão dos sistemas recursais em geral (com destaque para os oriundos da tradição romano-canônica), em especial, reitere-se, no que tange ao âmbito recursal ordinário.

Diz-se, nessa quadra, que, em regra, não se limita "a um único pronunciamento a apreciação pelo organismo investido da função jurisdicional, da matéria que lhe compete julgar". Com o evidente propósito de "assegurar, na medida do possível a justiça das decisões", admite-se, respeitados os limites da legislação processual, a revisão dos julgados.[89]

Segundo tal linha de raciocínio, já se afirmou, com sobra de razão, que recurso "é o remédio voluntário idôneo a ensejar, dentro do mesmo processo, a reforma, a invalidação, o esclarecimento ou a integração de decisão judicial que se impugna"[90] ou, ainda, em outras palavras, que recurso "é o meio, dentro da mesma relação processual, de que se pode

---

gado, 2013. p. 40); de outro, que é "preciso afastar qualquer ideia de que a contingência de todos estarmos submetidos à condição humana – e à nossa indissociável infalibilidade – por si só justifica a existência do direito ao recurso e da ampla revisão das decisões pelas instâncias superiores do Poder Judiciário." ALVARO DE OLIVEIRA, Carlos Alberto; MITIDIERO, Daniel. *Curso de Processo Civil*. São Paulo: Atlas, 2013, v.II. p. 166.

[87] "A palavra recurso origina-se do latim – *recursus* – que contém a ideia de voltar atrás, de retroagir, de curso ao contrário. O vocábulo primitivo compunha-se da partícula iterativa *re*, de origem ignorada, anteposta ao substantivo *cursus*, proveniente do verbo *currere*." LIMA, Alcides de Mendonça. *Introdução aos recursos cíveis*. 2ª ed. São Paulo, RT, 1976. p. 123.

[88] "Os meios de impugnação dividem-se, pois, em duas grandes classes: a dos *recursos* – assim chamados os que se podem exercitar *dentro* do processo em que surgiu a decisão impugnada – e o das *ações impugnativas autônomas*, cujo exercício, em regra, pressupõe a irrecorribilidade da decisão. No direito brasileiro, protótipo da segunda classe é a ação rescisória, eventualmente cabível para impugnar sentenças (de mérito) já transitadas em julgado (art. 485, *caput*). BARBOSA MOREIRA, José Carlos. *O novo processo civil brasileiro*. p. 114.

[89] BARBOSA MOREIRA, José Carlos. *O novo processo civil brasileiro*. p. 113.

[90] Ibidem.

servir a parte vencida em sua pretensão ou quem se julgue prejudicado, para obter a anulação ou a reforma, parcial ou total, de uma decisão".[91] [92]

Introdutoriamente, sobretudo, importa ter presente a noção de que, como regra, as decisões judiciais, havendo interesse dos legitimados (para recorrer), poderão ser submetidas à reapreciação judiciária no interior da mesma relação processual em que prolatadas, com o que o recorrente pretende, grosso modo, ver sua situação processual concreta melhorada, total ou parcialmente.

4.2. *Recurso* versus *Sucedâneo recursal*

Afirma-se, há algum tempo, que o sistema de impugnação às decisões judiciais não se limita a ofertar ao jurisdicionado, como ferramenta de oposição às manifestações judiciais, o rol de recursos, previstos como tais, em sede legislativa.

O conteúdo do aludido sistema, aqui parcialmente examinado, vai complementado, pois, pelos denominados sucedâneos recursais, igualmente destinados à impugnação de decisões judiciais.

Fala-se em recurso, a rigor, para aludir-se aos meios impugnativos que se desenvolvem no interior da relação processual na qual o provimento judicial atacado fora prolatado, elastecendo-a. Os recursos, consoante abaixo explicitado, são taxativamente previstos como tais pelo direito legislado.

De outra sorte, em que pese também gozarem de previsão legislativa (à sua quase integralidade), existem meios processuais destinados à impugnação dos provimentos judiciais que se revelam externos à relação processual em que fora emanado o pronunciamento judicial objeto de impugnação. Enquadram-se na categoria dos sucedâneos recursais, em última análise, todos aqueles expedientes processuais que, embora previstos como ações autônomas, visam a expurgar do cenário jurídico decisões prolatas em feitos alheios. Figuram na aludida condição, exemplificativamente, a ação rescisória, o mandado de segurança contra ato judicial, a correição parcial, a suspensão liminar, etc.[93]

---

[91] LIMA, Alcides de Mendonça. *Introdução aos recursos cíveis*. p. 124/125.

[92] "Recurso, em direito processual, é o procedimento através do qual a parte, ou que esteja legitimado a intervir na causa, provoca o reexame das decisões judiciais, a fim de que elas sejam invalidadas ou reformadas pelo próprio magistrado que as proferiu ou por algum órgão de jurisdição superior." SILVA, Ovídio Araújo Baptista da. *Curso de Processo Civil*. p. 387/388.

[93] Acerca do tema, com grande proveito, vide: ASSIS, Araken de. *Manual dos Recursos*. 2. ed. São Paulo: RT, 2008. p. 857/898.

4.3. Recursos de jurisdição ordinária e recursos de jurisdição extraordinária

De um ponto de vista macroscópico, afigura-se possível afirmar que a jurisdição pátria é prestada em dupla dimensão: uma ordinária; outra, extraordinária.

Fala-se, no primeiro caso, de uma prestação estatal comprometida com a análise, bem compreendida a afirmativa, de questões de fato e de direito inerentes ao caso *sub judice* (nada obstante possam, nesse cenário, limitar-se, *in concreto*, a questões de direito); no segundo, de prestação estatal comprometida, imediatamente, com a uniformização da aplicação do direito objetivo.

No âmbito da jurisdição ordinária, pois, a atividade recursal dá vida ao consagrado princípio do duplo grau de jurisdição, visando os contendores, sobretudo, a obter revisão/reanálise das questões de fato e de direito envoltas à causa, já apreciadas, de maneira exauriente ou não, em primeiro grau de jurisdição.[94] São exemplos de recursos de jurisdição ordinária, dentre outros, a apelação e o agravo de instrumento. A competência para enfrentá-los meritoriamente pertence, em regra, aos órgãos do Poder Judiciário vinculados aos tribunais locais e regionais, bem como, às turmas recursais. Há casos, porém, em que tal tarefa toca aos tribunais superiores (cuja função precípua é diversa), a exemplo do que ocorre com o denominado recurso ordinário, de assento constitucional.[95]

No espectro dos recursos de jurisdição extraordinária, por sua vez, não há falar em operacionalização do duplo grau de jurisdição (que, em tese, se revela pressuposto lógico de acesso à jurisdição extraordinária – não se alcança tal cenário sem o esgotamento tópico da jurisdição ordinária). A melhor compreensão da seara recursal extraordinária requer, pois, um cotejo com a função precípua atribuída aos tribunais superiores: uniformizar a aplicação do direito objetivo.

O espaço em epígrafe (jurisdição extraordinária) não se presta, portanto, à revisão de questões fáticas (objeto, sempre, de prestação jurisdicional ordinária). Destina-se, de outro giro, a impor a aplicação igualitária do direito posto (por vezes, da legislação federal infraconstitucional; por vezes, da própria carta constitucional). Os tribunais, aqui, funcionam, grosso modo, bem compreendida a afirmativa, como *Cortes Superiores*, e não como *Cortes de Justiça*.

---

[94] Há casos, porém, em que se pretende, apenas, combater a negativa de prestação jurisdicional.
[95] Vide conteúdo dos arts. 102, II, e 105, II, ambos da CF/88.

4.4. Princípios recursais

É inerente à noção de sistema, independentemente de sua natureza (jurídico ou não), haver princípios que o norteiam. Com o sistema de impugnação às decisões judiciais, mais especificamente no que diz com o sistema recursal (civil) pátrio, as coisas não se passam de maneira diversa.

Verifiquemos, então, antes de aprofundar o enfrentamento tópico de cada um dos recursos a que nos propomos a examinar, quais, em tese, revelam-se os princípios que merecem maior atenção.

4.4.1. Princípio da taxatividade

O princípio da taxatividade mostra-se, sobremaneira, de singela compreensão. O legislador, ao estruturar o sistema recursal pátrio, elegeu, pois, o instrumento destinado à impugnação de cada um dos atos judiciais impugnáveis, ofertando ao jurisdicionado rol taxativo.

Os recursos inerentes ao processo civil brasileiro são aqueles, e somente aqueles, inventariados pelo legislador. O Código, em seu artigo 994, reconhece como recursos cíveis (I) a apelação, (II) o agravo de instrumento, (III) o agravo interno, (IV) os embargos de declaração, (V) o recurso ordinário, (VI) o recurso especial, (VII) o recurso extraordinário, (VIII) o agravo em recurso especial ou extraordinário e, por fim, (IX) os embargos de divergência.

Existe, de outro giro, previsão de outros recursos cíveis em legislação esparsa (recursos não codificados) como, por exemplo, o doutrinariamente denominado *recurso inominado* dos juizados especiais (art. 41 da Lei 9.099/95), assim chamado, exatamente, por não possuir nome próprio.

Importa compreender que, segundo o princípio da taxatividade, limitam-se os recursos cíveis àqueles prescritos legislativamente, não cabendo às partes, ou ao interessado na causa, bem compreendida a afirmativa, "criar" espécie de recurso não previsto por lei.

De duas, uma: ou o recurso manejado tem previsão legal e, respeitados os demais pressupostos de admissibilidade (genéricos e específicos), deve ser admitido (caso em que há deferência ao princípio em destaque) ou; inexistindo previsão legal, não pode ser, também em homenagem ao princípio em epígrafe, sob quaisquer hipóteses, admitido.

4.4.2. Princípio da unirrecorribilidade

Tem-se no sistema recursal civil pátrio que cada decisão judicial comporta, como regra, um único recurso. Admitem-se, pois, exceções à regra.

A melhor compreensão do princípio passa, primeiro, pela distinção entre as concepções de recurso *principal* e *não principal*.

No primeiro grupo, pois, encontram-se os pleitos recursais destinados, imediatamente, à reforma e à cassação (desconstituição) dos pronunciamentos judiciais atacados; no segundo, o recurso (embargos de declaração – art. 1.022 do CPC/2015) cuja finalidade consiste, como regra, na tentativa de obter complementação, esclarecimento ou correção de erro material existente (apenas mediatamente, sendo o caso, haverá alteração de resultado – noção de efeitos infringentes).

Não há quebra do princípio sob comento, por exemplo, pelo só fato de, independentemente do recurso que se preste à impugnação "meritória" de determinada decisão (recurso principal), revelar-se viável o oferecimento de embargos de declaração (recurso não principal).[96] Imagine-se, apenas para melhor ilustrar o exemplo, que a decisão omissa seja uma sentença. Diz o Código: "Da sentença cabe apelação". Sendo, porém, ela (que, em regra, suporta apelação) omissa, em face da mesma poderá o legitimado ofertar, também, embargos (de declaração). Não há, no exemplo, quebra do princípio em tela, uma vez que os "aclaratórios" não podem ser considerados *recurso principal*.

Exemplo válido (de exceção ao princípio), porém, extrai-se da prescrição contida no artigo 1.029 do CPC/2015 que, bem compreendida, revela a possibilidade, em peças apartadas, da interposição conjunta dos recursos Especial e Extraordinário (recursos de jurisdição extraordinária), em face de uma mesma decisão. No caso, ambos os recursos são de natureza principal.

Vale sublinhar, contudo, que, a despeito da exceção destacada, o sistema recursal toma por regra que cada decisão comporta, enquanto meio de "revisá-la", a interposição de um único recurso principal.

4.4.3. Princípio da voluntariedade

Inexiste no processo civil pátrio autorização para que o Estado-juiz, de ofício (na condição de julgador), interponha qualquer espécie de recurso. Entre nós, consoante asseverado alhures, é inerente ao conceito de recurso, tratar-se de ferramenta processual que exige, do prejudicado *in concreto*, ato volitivo.

Diz-se, de longa data, que o princípio em tela representa, bem compreendido, "manifestação do princípio dispositivo em sede recursal".[97]

---

[96] Vide art. 1.035, I, II e III, do CPC/2015.
[97] USTÁRROZ, Daniel; PORTO, Sérgio Gilberto. *Manual dos Recursos Cíveis*. 4. ed. Porto Alegre: Livraria do Advogado, 2013. p. 68.

Ou há atividade processual dos interessados no resultado do caso concreto (interposição de recurso – pela parte, pelo terceiro interessado ou pelo Ministério Público), ou, não há falar em atividade dessa natureza, a despeito da possibilidade episódica, por vias oblíquas, de reapreciação da matéria em instância superior.

Cabe, considerado o derradeiro apontamento, um alerta: há casos em que a legislação pátria, respeitados certos requisitos, impõe a remessa oficiosa dos autos ao grau de jurisdição hierarquicamente superior àquele que prolatou a decisão. Razão de ser: operacionalizar o denominado reexame necessário, historicamente presente entre nós.

O expediente, contudo, não tem natureza recursal, não se podendo, em última análise, compreender tal situação como exceção ao princípio da voluntariedade.[98]

O CPC/2015, em seu art. 496, optou por utilizar-se da expressão *remessa necessária,* e não mais *reexame necessário,* ao regulamentar tais hipóteses.

4.4.4. Princípio da *no reformatio in pejus*

O recurso, bem compreendida a afirmativa, serve ao recorrente. Ao manejá-lo, pois, o interessado almeja, por definição, melhorar sua situação processual, e não, à evidência, prejudicar-se.

Consoante o princípio em epígrafe, a apreciação, por si só, da postulação recursal ofertada, não pode, à luz do ordenamento vigente, ao menos no que tange à matéria "de fundo", agravar, *in concreto*, a situação do recorrente.

Imagine-se, exemplificativamente, que o réu, demandado em R$ 100.000,00, viu o pedido de seu adversário processual prosperar (parcialmente) em R$ 80.000,00. O demandado, inconformado, recorre, postulando, em última análise, a reforma da decisão atacada, visando a escapar da condição de devedor. O autor, aquiescendo ao decidido, silencia.

Em sede recursal (recurso manejado pelo demandado), a despeito de perceber que o réu fora inadequadamente condenado em R$ 80.000,00 (pois, *in concreto*, o pedido do autor deveria ter sido acolhido à integralidade, e não parcialmente), o julgador não poderá, ainda que convencido do aludido equívoco, piorar a situação do recorrente, impondo eventual

---

[98] Acerca do tema, com grande proveito, vide: WELSCH, Gisele Mazzoni. *O reexame necessário e a efetividade da tutela jurisdicional.* Porto Alegre: Livraria do Advogado, 2010.

majoração do valor da condenação principal, pena de violação ao princípio em tela.[99]

Em suma, revela-se acertado afirmar que, considerado o princípio da *no reformatio in pejus*, o recorrente, na pior das hipóteses, verá sua condição processual inalterada.

Vale lembrar, por fim, que havendo sucumbência parcial, ambos os contendores, querendo, estarão, em tese, autorizados a recorrer. No exemplo, o autor que teve o seu pedido acolhido apenas em parte poderia atacar o decisório em relação aos R$ 20.000,00 em que sucumbiu. O sucesso de seu pleito recursal, embora traga prejuízos ao recorrido/recorrente, não pode ser baralhado com suposta violação ao princípio em tela.

4.4.5. Princípio da motivação atual

Recurso é, por definição, meio de impugnação às decisões judiciais. Estas, consoante prescrição constitucional expressa (art. 93, IX), devem ser fundamentadas, pena de nulidade.

Impõe-se tal exigência, dentre outras, no afã de que os interessados na prestação estatal conheçam as razões pelas quais se decide de um jeito ou de outro o caso *sub judice*. Havendo inconformidade, espera-se do recorrente um ataque direto aos fundamentos que conduziram o magistrado, *in concreto*, a decidir em seu desfavor, excetuados, à evidência, os casos em que a própria falta de motivação represente a "causa de pedir recursal".

Não basta, então, que o recorrente impugne genericamente o julgado, reiterando, por exemplo, o que fora dito em sede de petição inicial ou de defesa anteriormente apresentada, sem realizar um cotejo entre os fundamentos da decisão atacada e suas razões recursais. Segundo remansosa jurisprudência, revela-se indispensável o enfrentamento tópico e concreto dos fundamentos que serviram de base à sua derrota processual.

Inexistindo, em sede de petição recursal, motivação atual que justifique a revisão do decisório, em atenção ao princípio sob comento, a inadmissão do pleito recursal é tarefa que se impõe.[100]

---

[99] Debate que se impõe, doravante, diz com eventual majoração da verba honorária devida pelo recorrente por ocasião do desprovimento de seu próprio recurso. Há, no caso, violação ao princípio sob comento?

[100] APELAÇÃO CÍVEL. PRESTAÇÃO DE CONTAS. LEGITIMIDADE ATIVA. INÉPCIA DA INICIAL. AUSÊNCIA DE MOTIVAÇÃO. PRINCÍPIO DA DIALETICIDADE. NÃO CONHECIMENTO. PRESCRIÇÃO. INOCORRÊNCIA. AUSÊNCIA DE AUDIÊNCIA DE CONCILIAÇÃO. CERCEAMENTO DE DEFESA. INEXISTÊNCIA. PRIMEIRA FASE. CURADORIA. INTERDIÇÃO. ART. 1.755 DO CC/02, APLICÁVEL POR FORÇA DO SEU ART. 1.781. 1. A parte, ao interpor seu

Para além de diretriz do sistema recursal, o art. 932, III, inseriu a motivação atual, expressamente, no rol de requisitos de admissibilidade recursal, acompanhando o posicionamento há muito consolidado no dia a dia forense.

4.4.6. Princípio do duplo grau de jurisdição

Sem prejuízo do acirrado debate acerca de existir (ou não) um direito fundamental ao duplo grau de jurisdição, não há negar que o sistema recursal civil pátrio, ao menos no plano infraconstitucional, tenha tomado o princípio em destaque por alicerce, excetuando-o, como é natural, por vezes. O princípio, bem compreendida a afirmativa, é inerente à própria noção de recurso.

Considerado o desiderato almejado no presente trabalho, parece-nos despiciendo, por ora, aprofundar considerações acerca do tema em si, que talvez mereça, inclusive, estudo próprio, bastando para o momento, pois, a notícia de que por duplo grau se entende a possibilidade de (re)submeter à apreciação judiciária análise de tema já enfrentado em grau de jurisdição hierarquicamente inferior (pertencente ao mesmo plano de jurisdição), no afã de revisar-se o resultado a que se alcançou em determinado caso concreto.[101]

4.4.7. Princípio da fungibilidade

O princípio da fungibilidade, presente noutras searas do direito, faz-se sentir, também, no cenário recursal.

Afirma-se, de um ponto de vista ideal, que o Código (pre)determina, sem espaço para dúvidas, o recurso cabível à exaustão dos provimentos judiciais. Face à aludida premissa, costuma-se dizer que o equívoco na eleição do instrumento impugnativo conduz, inevitavelmente, à inadmissão do pleito recursal, excetuados os casos em que se legitime socorrer-se do princípio em epígrafe.

Há situações, efetivamente, em que a premissa acima destacada é falha, pondo-se dúvida acerca do recurso cabível, consideradas as pecu-

---

recurso, deve apresentar as razões de fato e de direito pelas quais entende deva ser reformada a decisão recorrida, por força do princípio da dialeticidade. Assim, como o recorrente não ataca as motivações sentenciais pelas quais foram rechaçadas as preliminares de ilegitimidade ativa e inépcia da inicial, há óbice ao conhecimento do apelo no ponto.(...) APELAÇÃO DESPROVIDA. (Apelação Cível nº 70059997981, Oitava Câmara Cível, Tribunal de Justiça do RS, Relator: Ricardo Moreira Lins Pastl, Julgado em 21/08/2014).

[101] Por exemplo, pode-se afirmar que o julgamento do apelo, grosso modo, visa a verificar a corretude da sentença impugnada. Ambas as decisões, pois, encontram-se situadas no plano da jurisdição ordinária.

liaridades do provimento objeto da impugnação. À luz do sistema processual anterior (o CPC/73), silente em relação ao tema, estruturou-se, jurisprudencial e doutrinariamente, às bases que legitimam a aplicação do princípio em tela.

Inexistindo má-fé e erro grosseiro, e, havendo dúvida objetiva acerca do recurso a ser oferecido, nada obsta que o julgador receba um recurso por outro.

4.5. Juízo de admissibilidade e juízo meritório recursal

No âmbito recursal há, sempre, distinguir os planos da admissibilidade e da análise meritória recursal, afigurando-se correto, de um ponto de vista lógico-sistêmico, afirmar que não se procederá no enfrentamento meritório, como regra, sem que se tenha superado, com êxito, o juízo de admissibilidade.

Admitir um recurso (ou, segundo a linguagem forense, conhecê-lo, recebê-lo) representa, pois, confirmar a presença, *in concreto*, da integralidade dos pressupostos autorizadores do juízo recursal; dar-lhe ou negar-lhe provimento, de outro giro, diz com o enfrentamento da "causa de pedir recursal", ou seja, com mérito da impugnação propriamente dito.

4.5.1. Requisitos/pressupostos de admissibilidade recursal: considerações iniciais

Parece-nos oportuno, antes de dar início ao exame microscópico do tema, classificar os requisitos de admissibilidade recursal a partir de dois grandes grupos, a saber: (a) gerais/genéricos e (b) específicos/próprios.

Em relação ao primeiro grupo (gerais/genéricos), há de se observar, para fins didáticos, a existência de subgrupos. Classificam-se, pois, os pressupostos/requisitos gerais/genéricos de admissibilidade (recursal), sem maiores controvérsias, em *intrínsecos* e *extrínsecos*.[102]

Diz-se que o primeiro subgrupo (o dos pressupostos recursais gerais/genéricos intrínsecos) é composto pelos itens, a saber: cabimento, legitimidade, interesse e inexistência fato impeditivo do direito de re-

---

[102] "Tais requisitos dizem-se pressupostos genéricos, pois são exigidos para todos os recursos, cada um dos quais, pro sua vez, ficará ainda submetido a outras exigências especiais de admissibilidade que apenas a ele digam respeito. Deve-se igualmente observar que mesmo os requisitos genéricos às vezes não são exigidos como condição de admissibilidade para certos recursos (...)." BAPTISTA DA SILVA, Ovídio A. *Curso de processo civil*. Rio de Janeiro: Forense, 2004. p. 395.

correr (insere-se, aqui, segundo nosso entendimento, ainda, a motivação atual, por força da redação atribuída ao art. 932, III, do CPC/2015); o segundo (o dos pressupostos recursais gerais/genéricos extrínsecos), por sua vez, por tempestividade, preparo e regularidade formal.

O que se pretende com a nomenclatura *"gerais/genéricos"* é demonstrar que os pressupostos acima aludidos aplicam-se à admissibilidade de todo e qualquer pleito recursal.

De outro giro, é possível afirmar que alguns recursos cíveis, por determinação legal, se submetem, no que diz com o juízo de admissibilidade, a requisitos *específicos/próprios*.

Retratam essa realidade, exemplificativamente, a necessidade de comprovação de *repercussão geral* no recurso extraordinário, a existência de "causa decidida" nos recursos de jurisdição extraordinária, a juntada de peças obrigatórias no agravo de instrumento etc.

Os requisitos/pressupostos gerais/genéricos serão, um a um, examinados, logo abaixo; os específicos/próprios, apenas por ocasião do enfrentamento do recurso em que se faça necessário.

4.5.2. Requisitos/pressupostos de admissibilidade (gerais) intrínsecos

4.5.2.1. Cabimento

O sistema recursal pátrio, tomando por base o ato judicial que se pretenda impugnar (à luz de diversos critérios, é verdade), preestabelece, textualmente, o "remédio" processual (relembrando o conceito de recurso eternizado por Barbosa Moreira) adequado para tanto.

Tem-se, no sistema processual civil brasileiro, como regra, que, observados os limites do próprio regramento recursal, as decisões judiciais, à integralidade, são impugnáveis, excetuando-se desse cenário, pois, (1) os despachos (que, em tese, não possuem carga decisória – ao menos considerável) e (2) os casos em que o legislador aponte, expressamente, a irrecorribilidade do pronunciamento.

Compreenda-se, por oportuno, que, segundo o sistema pátrio, aos interessados incumbe identificar, *in concreto*, o recurso manejável face ao pronunciamento que lhe é desfavorável. Realizada tal escolha, ao órgão judiciário (competente para realizar o juízo de admissibilidade) tocará, oportunamente, confirmar sua corretude, respondendo, em última análise, ao quesito, a saber: o recurso manejado pelo interessado é o adequado para impugnar o pronunciamento judicial atacado?

Alcançando-se resposta positiva, prosseguir-se-á, um a um, na análise dos demais pressupostos/requisitos de admissibilidade; sendo ela negativa, e, não se estando diante de cenário em que se imponha a aplicação do princípio da fungibilidade (acima enfrentado), o recurso manejado haverá, salvo expressa disposição legal em sentido contrário, de ser declarado inadmissível.

4.5.2.2. Legitimidade

O recurso pode ser interposto, aduz o Código, "pela parte vencida, pelo terceiro prejudicado e pelo Ministério Público, seja como parte ou fiscal da ordem jurídica", anotando, pois, a quem compete, querendo, oferecer recurso.[103] [104] O texto da lei, em relação ao tema, limita-se, bem compreendido, a disciplinar a legitimidade recursal ativa.

O pressuposto/requisito de admissibilidade recursal (intrínseco) sob análise, do ponto de vista da legitimidade ativa, lança olhares à identidade do recorrente, no afã de desnudar a pertinência subjetiva do recurso. Responde-se, a partir de sua investigação, a indagação, a saber: aquele que se fez valer, *in concreto*, do meio impugnativo (do recurso) figura entre os que poderiam, segundo a lei, tê-lo feito?

Segundo o regime processual pátrio, possuem legitimidade recursal as partes, o *parquet* e o terceiro "juridicamente" interessado.

Acerca do interesse que legitima o derradeiro a recorrer, vale lembrar, adaptando-a ao cenário recursal, lição de Piero Calamandrei:

> O interesse que legitima o interveniente a comparecer em juízo (...), não é, pois, um interesse altruísta (como o seria o de quem pretendesse intervir na causa visando, exclusivamente, demonstrar sua solidariedade com um amigo, ou o de quem agisse unicamente por um nobre desejo de cooperar com o triunfo da justiça), mas sim um interesse egoísta que tem sua base na própria (...) desvantagem que teme (...) vantagem e desvantagem que não devem ser meramente morais ou sentimentais (...) e, sim, devem ter um substrato jurídico, no sentido de que as consequências vantajosas ou não, que o interveniente espera ou tem para si, devem ser tais que repercutam, em sentido favorável ou desfavorável para ele (...).[105]

Não é por outra razão, pois, que se exige do terceiro demonstração da possibilidade de que a decisão prolatada na relação jurídica submetida à apreciação judicial venha a atingir sua esfera jurídica.

---

[103] Art. 996 do CPC/2015.

[104] O CPC/73 contava com a seguinte redação: "O recurso pode ser interposto pela parte vencida, pelo terceiro prejudicado e pelo Ministério Público. (...) § 2º O Ministério Público tem legitimidade para recorrer assim no processo em que é parte, como naqueles em que oficiou como fiscal da lei".

[105] CALAMANDREI, Piero. *Instituições de Direito Processual Civil*. Campinas: Bookseller, 2003. v. III. p. 257.

O advogado, em relação aos honorários sucumbenciais insuficientemente arbitrados, é terceiro que se legitima (pois não é parte processual), em nome próprio, a recorrer.[106]

O Ministério Público, por sua vez, é tido por legitimado para recorrer tanto nos casos em que funcionar como *custos legis*,[107] como, à evidência, nos feitos em que venha a figurar na condição de parte.

No que tange à legitimidade recursal passiva, embora silente o Código, parece-nos razoável afirmar que, salvo exceção que momentaneamente nos escape, será ela, sempre, da parte que se beneficie da decisão impugnada.

Por fim, respeitados posicionamentos em sentido diverso, cumpre sublinhar que os temas legitimidade para a causa e legitimidade recursal não podem, a rigor, ser baralhados, uma vez que não há negar, por exemplo, que determinado cidadão poderá recorrer justamente para ver reconhecida, em última análise, sua ilegitimidade passiva *ad causam*.[108]

4.5.2.3. Interesse

O pressuposto de admissibilidade recursal sob comento encontra-se umbilicalmente vinculado aos conceitos de *interesse de agir* e de *sucumbência*.

Comecemos assim: entre nós, face à concepção de ação albergada pelo CPC/73 (rememore-se, adotou-se, declaradamente, a teoria eclética do direito de agir[109]), o conceito de *l'interesse ad agire* (uma das condições da ação no aludido sistema) restou fortemente influenciado pela doutrina professada por Enrico Tullio Liebman, que, em clássica lição, após sustentar haver distinção entre interesse substancial e interesse processual, ensinou que: *"quello processuale ha comme oggetto direto e imediato l'attività degli organi giurisdizionali"*, restando presente o mesmo, quando o *"provvedimento domandato si presenta come adeguato a proteggere o soddisfare*

---

[106] PROCESSUAL CIVIL. RECURSO ESPECIAL. HONORÁRIOS ADVOCATÍCIOS. LEGITIMIDADE PARA RECORRER. PARTE OU ADVOGADO. DISSÍDIO JURISPRUDENCIAL. SÚMULA N. 83/STJ. 1. O STJ pacificou o entendimento segundo o qual tanto a parte quanto o advogado, em nome próprio, têm legitimidade para recorrer de decisão que cuida de honorários advocatícios. Precedentes. (...) REsp. n. 440.613/SE, Segunda Turma, Rel. Min. João Otávio de Noronha, DJ: 12/06/2006.

[107] "O Ministério Público tem legitimidade para recorrer no processo em que oficiou como fiscal da lei, ainda que não haja recurso da parte." Súmula 99 do STJ.

[108] Nesse mesmo sentido: ALVARO DE OLIVEIRA, Carlos Alberto; MITIDIERO, Daniel. *Curso de Processo Civil*. São Paulo: Atlas, 2011. v. I. p. 173.

[109] Acerca do tema, vide: TORRES, Artur. *Fundamentos de um direito processual civil contemporâneo* (parte I). Porto Alegre: Arana, 2016. *Passim.*

l'interesse primarioche si afferma leso o minacciato dal comportamento dela controparte, o più genericamente dalla situazione di fato esistente".[110]

O Código, em outras palavras, ao afirmar que para postular em juízo é indispensável haver interesse (art. 17, CPC/2015), pretendeu, ao fim e ao cabo, alertar o jurisdicionado de que o provimento jurisdicional requerido deve, em última análise, respeitar o conhecido binômio necessidade-utilidade. Transpondo-se tal lição ao campo do direito recursal, alcança-se, com tranquilidade, a figura do interesse recursal (*necessidade-utilidade* de interpor um recurso).

Sobre o tema, outrora, anotou James Goldschmidt:

> Todo recurso supõe, como fundamento jurídico, a existência de um gravame (prejuízo) da parte; quer dizer, uma diferença injustificada, desfavorável para ela entre sua pretensão e o que lhe havia sido concedido na decisão que impugna.[111]

Do ponto de vista da necessidade, há interesse recursal toda vez que o desfazimento do prejuízo que assola o contendor não puder ser desfeito senão mediante apreciação recursal; do ângulo da utilidade, por sua vez, verificando-se que o julgamento do recurso interposto, ao menos em tese, tenha o condão de pôr o recorrente em situação mais vantajosa do que a retratada pela decisão impugnada.

Imagine-se, exemplificativamente, (a) que o autor tenha postulado a concessão tutela provisória de urgência satisfativa em sede de petição inicial e que o magistrado, ao analisar tal requerimento, opte por negá-lo ou, de outro giro, (b) que o réu, considerado o conteúdo da sentença

---

[110] "Secondo la prevalente opinione, ogni dirittto soggetivo è constituito da un interesse, qualificato da un potere dela volontà. Nulla dunque di più naturale che anche quel diritto soggetivo che à l'azione abbia per suo contenuto uno specifico interesse, che è appunto l'interesse ad agire. Esso si da quello sostanziale, per la cui protezionesi intenta l'azione, così come questa si distingue dal corrispondente diritto soggetivo sostanziale. L'interesse ad agire è un interesse processuale, sussidiario e strumentale, rispetto all'interesse sostanziale, primário, ed ha per oggeto il provvedimento che si domanda al Magistrato, in quanto questo provvedimento si ravvisi come um mezzo sostitutivo per ottenere il soddisfacimento dell'interesse primario, rimasto insoddisfatto a causa dell'inadempimento dell'obligato (o eccezionalmente perchè la controparte non può soddisfarlo). L'interesse primario del creditore di 100 sarà di ottenere il pagamento di questa somma; l'interesse ad agire sorgerà se il debitore non paga ala scadenza, ed avrà per oggetto la condanna del debitore; e successivante l'esecuzione forzata a carico del sio patrimonio. Perciò i due interessi, quello sostanziale e quello processuale, hanno uno scopo ultimo comune (ricevere 100), ma quello processuale ha comme oggetto direto e imediato l'attività degli organi giurisdizionali. Esso sussiste quando il provvedimento domandato si presenta come adeguato a proteggere o soddisfare l'interesse primarioche si afferma leso o minacciato dal comportamento dela controparte, o più genericamente dalla situazione di fato esistente. L'esistenza dell'interesse ad agire è perciò una condizione dell'esame del mérito, che sarebbe evidentemente inutile se il provvedimento domandato fosse in sì e per sè inadatto a tutelare l'interesse leso o la minaccia che viene denunciata in realtà non existe o non si è ancora verificata. Naturalmente riconoscere la sussitenza dell'interesse ad agire non significa ancora che l'attore abbia ragione nel merito; vuol dire soltanto che può averla e che la sua domanda si presenta come meritevole di essere giudicata." LIEBMAN, Enrico Tullio. *Lezzioni di Diritto Processuale Civile.* Milano: Giuffrè, 1951. p. 39/40.

[111] GOLDSCHMIDT, James. *Direito Processual Civil.* Campinas: Bookseller, 2003. v.I. p. 462.

prolatada nos autos de determinada ação condenatória, veja prosperar os pedidos formulados em seu desfavor.

No primeiro caso, à evidência, o autor, desatendido seu requerimento, possui interesse em atacar à interlocutória (no caso, mediante agravo de instrumento – art. 1.015, I, CPC/2015); no segundo, considerada a sucumbência anunciada, o interesse será do demandado (no caso, mediante apelação – art. 1.009, CPC/2015).

Diz-se, em suma, haver interesse em recorrer toda vez que um dos litigantes sucumba (isto é, reste vencido/prejudicado) diante de uma postulação sua ou de outrem, realizada em seu desfavor.[112]

Consideração digna de nota, sobremaneira, diz com o entendimento de que, embora apreciado ao tempo do oferecimento do recurso, a análise do pressuposto sob comento não se limita a tal cenário, podendo, pois, antes de julgado o recurso, ser suscitado.

A ideia consiste, ao fim e ao cabo, em evitar o julgamento de recursos cuja eficácia mundana não se possa fazer sentir.

4.5.2.4. Inexistência de fato impeditivo do direito de recorrer

Sabe-se inerente à noção recursal à inconformidade do prejudicado com determinado julgado, seja ele precário ou definitivo. Recorre-se, por definição, como ato de resistência.

As partes, no desenrolar do caso concreto, realizam atos processuais. No que interessa para o momento, afigura-se oportuno ressaltar que tais atos, em alguns casos, traduzem o sentimento de inconformidade da parte com o exposto pelo pronunciamento judicial; noutros, apenas sua concordância com a decisão emanada.

Afirma-se, então, que, anuindo o prejudicado, expressa ou tacitamente, ao pronunciamento judicial que lhe é desfavorável, preclusa estará a possibilidade de atacá-lo.

Considera-se aceitação tácita a prática, sem reserva, de quaisquer atos incompatíveis com a vontade de recorrer.[113] Fala-se, de um ponto

---

[112] "Configura-se este requisito sempre que o recorrente possa esperar, em tese, do julgamento do recurso, situação mais vantajosa, do ponto de vista prático, do que aquela em que o haja posto a decisão impugnada (utilidade do recurso) e, mais, que lhe seja preciso usar as vias recursais para alcançar esse objetivo. Em relação à parte, alude o art. 499 à circunstância de ter ela ficado "vencida" (sucumbência, conforme se costuma dizer em doutrina); o adjetivo deve ser entendido como abrangente de quaisquer hipóteses em que a decisão não tenha proporcionado à parte, ao ângulo prático, tudo que lhe era lícito esperar, pressuposta a existência do feito." BARBOSA MOREIRA, José Carlos. *O novo processo civil brasileiro*. 25. ed. Rio de Janeiro: Forense, 2007. p. 117.

[113] Art. 1.000, parágrafo único, do CPC/2015.

de vista técnico, nesses casos, na consumação da denominada preclusão lógica.[114]

A doutrina, em geral, costuma apontar a renúncia e a desistência do recurso, bem como a aquiescência à determinação judicial como exemplos de fatos que fulminam a possibilidade concreta de recorrer, muito embora não se possa afirmar seja este um rol exaustivo.[115] [116]

4.5.2.5. Motivação atual

Recurso é, por definição, meio de impugnação às decisões judiciais. Estas, consoante prescrição constitucional expressa (art. 93, IX), devem ser fundamentadas, pena de nulidade. No plano infraconstitucional, o art. 489, em seu parágrafo primeiro, disciplina o tema.

Impõe-se tal exigência, dentre outras, no afã de que os interessados na prestação estatal conheçam os reais motivos pelos quais se decidiu a causa *sub judice*. Nessa senda, havendo inconformidade com o julgado, o recorrente deve diligenciar no ataque dos fundamentos decisórios que conduziram o magistrado, no caso, a decidir em seu desfavor, excetuados, à evidência, os casos em que a própria falta de motivação figure na condição de "causa de pedir recursal".

Não basta, consoante acima afirmado, que o recorrente impugne genericamente o julgado. Exige-se, segundo remansosa jurisprudência, o enfrentamento tópico e concreto dos fundamentos que serviram de base à sua derrota processual (art. 932, III, do CPC/2015), pena de não conhecimento do pleito recursal.

4.5.3. Requisitos/pressupostos de admissibilidade (gerais) extrínsecos

4.5.3.1. Preparo

O processo civil brasileiro é, de regra, pago. Tal diretriz alcança, também, o cenário recursal. Preparar um recurso, na linguagem proces-

---

[114] Acerca do tema preclusão, vide, com grande proveito: RUBIN, Fernando. *A preclusão na dinâmica do Processo Civil*. Porto Alegre: Livraria do Advogado, 2010.

[115] "São fatos extintivos a *renúncia* ao direito de recorrer e a aceitação da decisão (ou aquiescência). Consiste a primeira no ato pelo qual uma pessoa manifesta a vontade de não interpor recurso de que poderia valer-se contra determinada decisão; a segunda, no ato por que alguém manifesta a vontade de conformar-se com a decisão proferida. Os efeitos práticos são, numa e noutra, idênticos, embora varie a direção da vontade manifestada. Ambas são atos unilaterais." BARBOSA MOREIRA, José Carlos. *O novo processo civil brasileiro*. p. 117.

[116] "A renúncia do réu ao direito de apelação, manifestada sem a assistência de defensor, não impede o conhecimento da apelação por este interposta." Súmula 705 do STF.

sual, nada mais é do que adiantar e comprovar custas processuais em sentido largo.

Segundo o ordenamento vigente, no "ato de interposição do recurso, o recorrente comprovará, quando exigido pela legislação pertinente, o respectivo preparo, inclusive porte de remessa e de retorno" dos autos, pena de deserção. O *caput* do artigo 1.007 do Código de Processo Civil retrata a regra adotada pelo sistema processual pátrio.

O CPC/2015, embora mantendo o preparo como requisito de admissibilidade recursal, acabou por flexibilizar a aplicação da denominada pena de deserção, prescrevendo, primeiro, a obrigação, do juízo competente para a admissibilidade do recurso, de intimar o recorrente, diante da constatação de insuficiência do preparo, na pessoa de seu advogado, para supri-lo no prazo de cinco dias;[117] segundo, nos casos em que o preparo não tenha sido feito, para, em dobro, realizá-lo, pena de inadmissão.[118] [119]

Consoante expresso apontamento legal, revela-se desautorizado o não conhecimento do pleito recursal, justificado pela deserção, sem a observância das notificações acima aludidas.

O novel diploma processual, na contramarcha dos acontecimentos jurisprudenciais a ele precedentes, considerada a linha flexibilizatória acima aludida, prescreve, ainda, que "o equívoco no preenchimento da guia de custas não implicará" na imediata aplicação da pena de deserção, cabendo ao relator, "na hipótese de dúvida quanto ao recolhimento" exigido, determinar a intimação do recorrente para sanar o vício, também, no prazo de cinco dias.[120]

Estão dispensados de promover o preparo (em sentido largo), o Ministério Público, a União, o Distrito Federal, os Estados-Membros, os Municípios, e respectivas autarquias, bem como, os que litigam sob o pálio da Justiça Gratuita.

O porte de remessa e retorno dos autos fica dispensado a quaisquer contendores, pois, quando o feito tramitar em autos eletrônicos.

4.5.3.2. Tempestividade

As manifestações processuais encontram-se, no mais das vezes, adstritas ao instituto da preclusão, compreendido, grosso modo, como a perda do direito de praticar determinado ato processual.

---

[117] Art. 1.007, § 2º, do CPC/2015.

[118] Art. 1.007, § 4º, do CPC/2015.

[119] Nesse segundo caso, pois, havendo insuficiência de preparo, não se admitirá o complemento aludido na hipótese acima, declarando-se, de pronto, deserto o recurso ofertado. É nesse sentido a previsão do Art. 1.020, § 5º, do CPC/2015.

[120] Art. 1.007, § 7º, do CPC/2015.

Tal regra tem aplicação, também, no cenário recursal. Em certos casos, a perda do direito de praticar o ato processual decorre, simplesmente, da inobservância do prazo para tanto. Aduz-se, nessa quadra, a ocorrência da preclusão temporal.

Todo recurso, pois, deve ser ofertado no prazo da lei. Cada qual, em regra, possui o seu próprio prazo, nada obstante, ao menos no concernente aos recursos codificados, o processo civil de 2015 tenha optado pela uniformização dos prazos recursais (como regra, 15 dias, excetuado previsão expressa em sentido contrário – exemplo, embargos de declaração (05 dias)).

O cômputo dos prazos recursais obedece, em última análise, ao regramento aplicável à contagem de quaisquer outros prazos processuais fixados em dias.

4.5.3.3. Regularidade Formal

Os atos recursais estão adstritos, quanto à forma de interposição, à disciplina prevista para a prática dos demais atos processuais.[121] Consoante avalizada doutrina, assim sendo, devem ser ofertados, como regra, (a) mediante petição escrita; (b) fundamentada; (c) que identifique os envolvidos; e que conte, por fim, com (c) um "pedido recursal",[122] sem prejuízo de outras prescrições legais específicas.

Por fim, cabe renovar a anotação de que o CPC/2015, em relação ao (in)adimplemento dos pressupostos/requisitos de admissibilidade recursal experimenta, uma vez comparado ao sistema revogado, evidente flexibilização.

A título ilustrativo, vale lembrar o teor do artigo 932, III, do CPC/2015, que impõe ao relator, considerada a natureza do vício que impede a imediata admissão do pleito recursal, a intimação do recorrente para, no prazo de 05 (cinco dias), saná-lo.

4.5.4. O mérito recursal

Conhecido o pleito recursal (leia-se, superado positivamente o juízo de admissibilidade), há de se lançar olhares ao tema *mérito recursal*.

Rememoremos: recurso, consoante a consagrada lição de Alcides de Mendonça Lima, é o meio de que se pode servir a parte vencida em sua pretensão (ou quem se julgue prejudicado) para obter, dentro de

---

[121] BAPTISTA DA SILVA, Ovídio A. *Curso de processo civil*. p. 400.

[122] Vide, exemplificativamente, ASSIS, Araken de. *Manual dos Recursos*. 2. ed. São Paulo: RT, 2008. p. 198.

uma mesma relação processual, a anulação ou a reforma, parcial ou total do provimento atacado.[123]

É inerente a questão recursal, pois, a tentativa do recorrente de melhorar sua situação processual. Tal melhora deriva, bem compreendida a afirmativa, do acolhimento meritório de seu pleito impugnativo, ainda que parcialmente.

Há de se destacar, por oportuno, que mérito recursal e mérito da demanda, embora por vezes se assemelhem, não podem, a rigor, ser baralhados. Tal compreensão, ao fim e ao cabo, revela-se importantíssima.

Perceba-se que o recorrente, em determinados casos, almeja reformar a decisão atacada; noutros, apenas cassá-la (isto é, invalidá-la).

Imagine-se, primeiro, que determinado autor, em ação condenatória, veja, à integralidade, seu pedido ser desacolhido. Inconformado recorre, sustentando, exemplificativamente, que a valoração probatória fora equivocada, uma vez que estão nos autos todas as provas da existência de seu crédito, pretendendo, pois, que o caso concreto seja reapreciado, meritoriamente, pelo juízo *ad quem*. Nesse caso, em última análise, mérito recursal e mérito da causa se assemelham: consistem na afirmação da existência do crédito *sub judice*.

Pensemos, agora, na seguinte situação processual: o autor, no afã de se desincumbir do *onus probandi* que lhe toca, pugna pela produção de prova testemunhal, sem a qual, *in concreto*, dificilmente verá seu pleito prosperar. Devidamente arroladas as testemunhas, o magistrado, em sede de audiência, opta por não ouvi-las e, em ato contínuo, prolata sentença oral de improcedência, violando, segundo a tese sustentada pelo autor/recorrente o devido processo de direito.[124]

Nesse caso, pois, perceba-se que a prova do fato constitutivo do direito alegado ainda não fora produzida e o pleito recursal visará a possibilitar ao autor/recorrente, tão somente, produzi-la em juízo. O recorrente, à evidência, não pugnará pela reforma da decisão atacada, mas pela invalidação ou pela cassação do provimento final, de maneira a retornar-se, processualmente falando, ao *statu quo ante* (fase instrutória do feito), oportunizando-se-lhe produzir o testemunho pretendido. Aqui, vale sublinhar, mérito recursal (violação ao devido processo de direito) e mérito da causa são distintos. Fenômeno idêntico ocorre, também a tí-

---

[123] "Recurso é o meio, dentro da mesma relação processual, de que se pode servir a parte vencida em sua pretensão ou quem se julgue prejudicado, para obter a anulação ou a reforma, parcial ou total de uma decisão." MENDONÇA LIMA, Alcides. *Introdução aos recursos cíveis*. São Paulo: RT, 1976.

[124] Acerca do tema *modelo constitucional do processo civil brasileiro* vide TORRES, Artur. *Fundamentos de um direito processual civil contemporâneo* (parte I). Porto Alegre: Arana, 2016.

tulo de exemplo, quando a "causa de pedir recursal" diz com a falta de fundamentação do julgado.

Parece-nos acertado somar aos objetivos de reforma e invalidação inerentes ao desiderato do pleito recursal, na esteira outrora sustentada por Barbosa Moreira,[125] os escopos de esclarecimento e/ou integração do decisório, considerada, em primeira mão, a função dos denominados Embargos de Declaração, recurso mediante o qual não se pretende, ao menos em tese, e imediatamente, a reforma ou a invalidação de um julgado, almejando-se, conforme o caso, apenas a superação de uma omissão, obscuridade, contradição ou erro material havido no pronunciamento atacado.

Cumpre registar, por fim, que não há falar em enfrentamento meritório do recurso sem antes admiti-lo. "Conhecido" o recurso, segundo a linguagem do foro, a ele se dará ou negará provimento, à unanimidade, por maioria de votos, ou monocraticamente em alguns casos.

4.6. Efeitos dos Recursos

4.6.1. Efeito obstativo

O oferecimento do recurso, independentemente de sua natureza, impede (obsta) o trânsito em julgado do decisório atacado. Denomina-se tal efeito, pois, efeito (recursal) obstativo. Deriva ele, como é intuitivo, da interposição do pleito recursal.

O tema, aparentemente de singela compreensão, traz consigo, historicamente, espinhoso debate, representado, em linhas gerais, à luz da seguinte indagação: o recurso inadmitido produz o aludido efeito?

Sustentamos, sem prejuízo dos embates doutrinário e jurisprudencial acerca da controvérsia, ser positiva a resposta.

Protocolizado o recurso, ainda que oportunamente inadmitido, não se pode afirmar que o julgado impugnado tenha alcançado sua conformação final antes de prolatada nova decisão judicial que o declare inadmissível. E mais, tecnicamente, sequer se afigura possível afirmar o trânsito em julgado da decisão atacada pelo recurso inadmissível (e, *in concreto*, inadmitido), antes do trânsito em julgado da decisão que o inadmita, que, em última análise, também pode, não raro, figurar como objeto de recurso diverso.

---

[125] "Recurso é o remédio voluntário idôneo a ensejar, dentro do mesmo processo, a *reforma, a invalidação, o esclarecimento ou a integração* de decisão judicial que se impugna." BARBOSA MOREIRA, José Carlos. Comentários ao Código de Processo Civil. 5. ed. Rio de Janeiro: Forense. p. 229.

O fato, pois, de se eleger este ou aquele marco processual para que se considere, diante da oferta de recurso inadmissível, transitado em julgado certo decisório, parece-nos questão diversa, embora ligada ao efeito em tela.

Diz-se, então, que o aludido efeito representa, em última análise, empecilho, ao menos provisório, para o alcance do conteúdo definitivo do pronunciamento judicial impugnado.

4.6.2. Efeito devolutivo

O Poder Judiciário obriga-se, devidamente provocado, a enfrentar o objeto das postulações havidas. Assim procedendo (leia-se, decidindo), bem compreendida a afirmativa, cumpre, *a priori*, com o dever de prestar jurisdição (função estatal), ao menos parcialmente (porque prestar jurisdição, à luz do CPC/2015, não se limita à ideia da dicção do direito aplicável ao caso concreto – vide art. 4º da Lei 13.105/2015).

Cumprida tal tarefa, em regra, o órgão julgador não mais poderá reapreciar o objeto de sua manifestação. A razão é simples: em relação a certo conflito ou tópico processual, a jurisdição, ao menos em sua dimensão cognitiva, mediante a prolação de um pronunciamento judicial, considera-se prestada.

O efeito recursal em tela, contudo, devolve ao Poder Judiciário, no mais das vezes para o órgão judicial hierarquicamente superior ao prolator da decisão atacada, a possibilidade de reapreciar a matéria impugnada, respeitados os limites da impugnação.

Ofertado o recurso, há de se perquirir acerca do objeto da impugnação, no afã de verificar-se em que medida (quais os limites), legitimamente, será possível o rejulgamento da causa.

As questões não impugnadas (isto é, as que não figurem como objeto de recurso) não podem, em regra, ser reanalisadas pelo juízo competente para a apreciação meritória recursal (o juízo *ad quem*).

É possível afirmar, portanto, que o efeito devolutivo, respeitada a abrangência da "devolução", desenha os limites da atuação do órgão recursal.

4.6.3. Efeito suspensivo

Tem-se, no sistema recursal sob comento, como regra, que os "recursos não impedem a eficácia da decisão, salvo disposição legal ou decisão judicial em sentido diverso".[126]

---

[126] Art. 995 do CPC/2015.

Excepcionalmente, todavia, a decisão prolatada terá sua eficácia imediata suspensa, não produzindo, de pronto, efeitos mundanos.[127] O caso da apelação (art. 1.012, CPC/2015), por exemplo, bem retrata tal situação. Nesses casos, observe-se que a suspensão da eficácia imediata do decisório, em última análise, não deriva da interposição do recurso propriamente dito, mas, bem compreendido, da previsão legal de que o recurso cabível deva ser admitido com respeito ao efeito em tela. Fala-se, nessa quadra, em efeito suspensivo *ope legis*.

De outro giro, inexistindo previsão de quebra à regra da produção de eficácia imediata dos julgados, permite-se, respeitados certos requisitos, a concessão de efeito suspensivo *ope iudicis*, ou seja, por determinação do juízo.

Deferida tal medida (concessão de efeito suspensivo *ope iudicis*), que se justifica (a) diante da possibilidade de que aquele que deva suportar o "peso" da decisão veja-se, face à produção de eficácia imediata do julgado, na iminência de suportar grave dano, de difícil ou impossível reparação, somada à demonstração, *in concreto*, (b) da considerável probabilidade de que o recurso ofertado venha a ser provido, o decisório atacado não gozará de eficácia imediata.[128]

4.6.4. Efeito translativo

Viu-se, alhures, primeiro, que a atividade recursal se encontra adstrita ao princípio da voluntariedade (ou seja, é inerente ao conceito de recurso, haver, por parte do interessado, abandono do estado de inércia – postulação recursal); segundo, que, provocado, ao Poder Judiciário incumbe enfrentar o recurso nos estritos termos requeridos pelo recorrente (limites da devolução).

Há casos, porém, em que o órgão julgador, considerado o caso concreto, depara-se, sem que tenham as partes suscitado, com as ditas questões de *ordem pública*, que, por definição, devem ser enfrentadas oficiosamente (ou a requerimento). Tal enfrentamento, inexistindo postulação, dá-se, como de fácil percepção, à margem dos limites da matéria devolvida ao tribunal (ou seja, para além dos limites estabelecidos pelo efeito devolutivo).

Nesses casos (quando há, *in concreto*, a necessidade de enfrentamento de questões ditas de ordem pública, sem que haja pedido recursal

---

[127] "O efeito suspensivo retira, provisoriamente, a eficácia da decisão judicial. Através dele, livra-se a parte de cumprir a decisão agravada até que o órgão se manifeste quanto ao recurso. É adiada, portanto, a produção de efeitos da decisão até que haja deliberação em sentido contrário." USTÁRROZ, Daniel; PORTO, Sérgio Gilberto. *Manual dos Recursos Cíveis.* p. 78/79.

[128] Art. 995, parágrafo único, do CPC/2015.

relativo à matéria), faz-se alusão ao princípio em tela, no afã de justificar a legitimidade da atuação judicial para além das postulações recursais formuladas.

O efeito translativo, bem compreendido, justifica a inobservância do efeito devolutivo, acima examinado.

4.6.5. Efeito substitutivo

Ofertado o recurso, seja ele qual for, passará, primeiramente, por um juízo de admissibilidade. Superada positivamente tal etapa, seguir-se-á rumo ao enfrentamento meritório. Assim sendo, perceba-se que uma segunda decisão de mérito (partindo-se da premissa de que tenha havido enfrentamento desta natureza por órgão pertencente à instância inferior), haverá no processo.

Afirma-se, então, que a decisão prolatada em sede recursal substitui a decisão impugnada (que serviu de base à impugnação), uma vez que, segundo o ordenamento pátrio, não se admite a existência de mais de um provimento final para cada questão apreciada.

A incidência do efeito substitutivo é claramente perceptível nos casos em que, exemplificativamente, o julgamento da apelação reforma, no mérito, a sentença de primeiro grau (também meritória). Há de se ter presente, todavia, que, mesmo nos casos em que a decisão atacada é, mediante apreciação recursal meritória mantida, o efeito em tela se faz sentir, embora sem idêntica nitidez.

Há, quanto ao tema, menção legislativa expressa. Aduz o Código, em seu artigo 1.008: "O julgamento proferido pelo tribunal substituirá a decisão impugnada no que tiver sido objeto de recurso".

Em suma: havendo identidade de matéria e enfrentamento recursal, a decisão posterior (prolatada em sede recursal) prevalece, substituindo, o decisório vergastado.

4.7. Recurso adesivo

Consoante expresso texto de lei, "vencidos autor e réu, ao recurso interposto por qualquer deles poderá aderir o outro".[129] Eis a base legislativa do denominado *recurso adesivo*.

O recurso adesivo, sem maiores floreios, representa *técnica processual* que permite ao interessado apelar, ofertar Recurso Especial ou

---

[129] Art. 997, § 1º, do CPC/2015.

Recurso Extraordinário, motivado pela atuação (recursal) de seu adversário processual, fora do contexto processual ordinariamente previsto para tanto.[130]

A *ratio* legislativa orientadora da técnica em tela consiste, bem compreendida, primeiro, em desestimular a atuação impugnativa primária das partes; segundo, em salvaguardar a possibilidade recursal daquele que, embora sucumbente em parte, *a priori*, sensível a tentativa estatal de pôr fim, em definitivo, ao conflito de interesses, deixa de recorrer.

Havendo sucumbência recíproca, não é difícil intuir que ambos os contendores, em tese, possuem interesse recursal. Como regra, devem proceder, querendo, de maneira independente.[131] A proposta estatal de desestimular a conduta recursal primária trouxe ao sistema espécie de "garantia" ao sucumbente inerte, a quem, observados os requisitos legais, é facultado prosseguir com a tentativa de melhorar sua situação processual, diante da frustração da tentativa estatal de resolver o conflito de interesses de uma vez por todas.

O recurso (a Apelação, o Recurso Especial e o Recurso Extraordinário) interposto adesivamente é, por definição, subordinado ao recurso ofertado de maneira independente, no sentido de que apenas será processado e julgado se o for, no mérito, aquele que se lhe possibilitou a existência. Vale lembrar: o recorrente poderá, antes de julgado o pleito recursal promovido, sem a anuência do recorrido ou dos litisconsortes, desistir de seu recurso, seja ele independente, seja ele adesivo.[132] [133]

No que tange ao regramento a ele aplicável, o CPC/2015 é expresso: aplica-se ao recurso adesivo, quanto aos requisitos de admissibilidade e julgamento, as disposições concernentes ao recurso aderido.

O recurso adesivo deve ser ofertado no prazo de que dispõe o recorrido para apresentar contrarrazões no recurso independente, e protocolizado junto ao órgão judicial perante o qual o pleito recursal que lhe autorize a interposição esteja tramitando.[134]

Interposto, pois, o recurso adesivo, em atenção ao modelo constitucional do processo civil brasileiro, facultar-se-á ao recorrido adesivo a apresentação de contrarrazões adesivas.

---

[130] O recurso adesivo "(...) será admissível na apelação, no recurso extraordinário e no recurso especial;" Art. 997, II, do CPC/2015.

[131] "Cada parte interporá o recurso, independentemente, no prazo e em observância às exigências legais." Art. 997 do CPC/2015.

[132] Art. 998 do CPC/2015.

[133] "A desistência do recurso não impede a análise de questão cuja repercussão geral já tenha sido reconhecida e daquela objeto de julgamento de recursos extraordinários ou especiais repetitivos." Art. 998, parágrafo único, do CPC/2015.

[134] Art. 997, § 2º, I, do CPC/2015.

4.8. Dos prazos recursais[135]

O tema "prazos", consideradas as diversas ocasiões processuais em que o seu adequado cômputo se revela imprescindível, merece especial atenção dos "homens do foro". Em sede recursal, *a fortiori*.

Face à complexidade do tema, parece-nos oportuno, antes de enfrentar questões tópicas inerentes ao âmbito recursal, rememorar, ainda que brevemente, as diretrizes da disciplina codificada.

Relembremos, então: (a) tem-se por regra, na linguagem do Código, que, "salvo disposição em contrário", exclui-se do cômputo dos prazos processuais (para além do âmbito recursal) o dia do começo, incluindo-se, pois, o dia do vencimento (art. 224); (b) computam-se, nos prazos estabelecidos em dias, tão somente os dias úteis (art. 219); (c) os prazos processuais apenas fluem (passam a ser contados) a partir do primeiro dia útil subsequente à data da publicação (art. 224, § 3º); (d) considera-se data da publicação o primeiro dia útil subsequente à data da disponibilização da informação processual no Diário de Justiça eletrônico (art. 224, § 2º); (e) os dias do começo e do vencimento serão protraídos para o primeiro dia útil seguinte, se coincidirem com dia em que o expediente forense (e.1) for encerrado antes ou iniciado depois da hora normal ou (e.2) houver indisponibilidade da comunicação eletrônica.

Em que pese não se limitar o regramento aplicável a matéria aos ditames acima expostos, revela-se este, em última análise, o núcleo da disciplina.

4.8.1. Dos prazos propriamente ditos

Perpetrou-se, face à vigência do CPC/2015, pelo menos em relação aos recursos codificados, a unificação dos prazos recursais.

Ressalvado o apontamento legislativo pertinente aos embargos de declaração, aduz o Código, em "alto e bom tom", que o prazo para interpor ou responder um recurso é de 15 dias.

4.8.2. Do termo inicial e do cômputo do prazo

Na sistemática do CPC/2015, consoante expressa previsão do art. 1.003, o "prazo para interposição de recurso conta-se da data em que os advogados, a sociedade de advogados, a Advocacia Pública, a Defenso-

---

[135] A matéria "prazo", para além do cenário recursal, encontra-se disciplinada pelos artigos 218/232 do CPC/2015.

ria Pública ou o Ministério Público são intimados da decisão". Tal ato (intimatório), sublinhe-se, pode ocorrer de diversas formas.

A esmagadora maioria das intimações consolida-se, pois, mediante publicação do teor do ato processual no Diário da Justiça eletrônico.

Imagine-se, com base no calendário (ficto) abaixo, primeiro, que, encerrada a etapa instrutória do feito, o magistrado tenha determinado a conclusão dos autos à prolação da sentença. Depois de alguns dias, prolatada em gabinete, os interessados, mediante disponibilização de informação processual no órgão oficial, tomam ciência de sua existência.

Na guisa do exemplo, idealize-se, agora, que, embora prolatada em 01/07/2016 (terça-feira), a informação processual a ela inerente fora disponibilizada, tão somente, em 07/07/2016 (segunda-feira). Segundo o sistema pátrio, sendo 08/07/2016 (terça-feira) dia útil na localidade em que tramita o processo, tal data será considerada "data da publicação" e, aplicando-se o teor do terceiro parágrafo do artigo 224, o prazo recursal passará a fluir já em 09/07/2016 (quarta-feira), revelando-se tal data, à evidência, dia útil.

Considerando-se que (a) da sentença, em regra, cabe apelação; (b) que o prazo da apelação é de 15 (quinze) dias, bem como que, à luz do CPC/2015, (c) apenas os dias úteis devem ser computados (quando o prazo for fixado em dias), é possível afirmar que data fatal para o protocolo tempestivo do recurso, no exemplo em tela, seria 29/07/2016 (terça-feira), conforme ilustrado no quadro abaixo.

JULHO DE 2016 (CALENDÁRIO FÍCTO)

Segunda-feira	Terça-feira	Quarta-feira	Quinta-feira	Sexta-feira	Sábado	Domingo
	1	2	3	4	5	6
7 Disp.	8 Publicada	9 1	10 2	11 3	12	13
14 4	15 5	16 6	17 7	18 8	19	20
21 9	22 10	23 11	24 12	25 13	26	27
28 14	29 15	30	31			

Ocorre, contudo, que a intimação do ato decisório pode, consoante afirmado alhures, dar-se por via diversa.

Considerando-se o teor do art. 1.003, § 1º, do CPC/2015, nos casos em que a decisão é tomada em audiência, o Código considera intimados os interessados desde logo.

Assim sendo, sendo a sentença proferida, exemplificativamente, em audiência realizada em 03/07/2016 (quinta-feira), tal data será tida por marco inicial, iniciando-se, pois, o cômputo do prazo recursal propriamente dito, no primeiro dia útil subsequente. Nesse caso, então, a data fatal para o protocolo da apelação seria considerado o calendário (ficto) acima, 24/07/2016.

Cumpre sublinhar, ainda, que, em relação às decisões proferidas anteriormente à citação do demandado, aplica-se, considerada a peculiaridade do caso *sub judice*, o teor dos incisos I a VI do art. 231.

Considera-se dia do começo do prazo (que deve, reitere-se, ser excluído do cômputo):

I – a data de juntada aos autos do aviso de recebimento, quando a citação ou a intimação for pelo correio;

II – a data de juntada aos autos do mandado cumprido, quando a citação ou a intimação for por oficial de justiça;

III – a data de ocorrência da citação ou da intimação, quando ela se der por ato do escrivão ou do chefe de secretaria;

IV – o dia útil seguinte ao fim da dilação assinada pelo juiz, quando a citação ou a intimação for por edital;

V – o dia útil seguinte à consulta ao teor da citação ou da intimação ou ao término do prazo para que a consulta se dê, quando a citação ou a intimação for eletrônica;

VI – a data de juntada do comunicado de que trata o art. 232 ou, não havendo esse, a data de juntada da carta aos autos de origem devidamente cumprida, quando a citação ou a intimação se realizar em cumprimento de carta;

VII – a data de publicação, quando a intimação se der pelo Diário da Justiça impresso ou eletrônico;

VIII – o dia da carga, quando a intimação se der por meio da retirada dos autos, em carga, do cartório ou da secretaria.

Havendo mais de um interessado na interposição do recurso, o prazo para cada um deles deve ser computado individualmente.

4.8.3. Outras considerações pertinentes

Para o especial fim de aferição da tempestividade do pleito recursal protocolizado junto aos Correios, será considerada como data de interposição a da postagem. Eis o que preconiza o teor do art. 1.003, § 4º, CPC/2015.

O recurso protocolizado antes de iniciado o cômputo do prazo recursal é, segundo expresso apontamento legal, tempestivo, restando superada tese que outrora prevaleceu nos tribunais.

Há de se destacar, ainda, que, por força dos artigos 180, 183 e 186, o Ministério Público, a Advocacia Pública e a Defensoria Pública (bem como, os escritórios de prática jurídica das faculdades de direito conveniados), respectivamente, gozam de prazo em dobro para todas as manifestações processuais, inclusive, oferecimento de pleito recursal, ressalvadas as hipóteses em que a lei arbitre prazo próprio.[136]

Por fim, sublinhe-se, que os litisconsortes patrocinados por procuradores pertencentes a escritórios de advocacia distintos, gozam, igualmente, de prazo em dobro para "todas as suas manifestações, em qualquer juízo ou tribunal, independentemente de requerimento". O aludido benefício processual não se aplica aos feitos que tramitem em plataforma eletrônica, uma vez que desaparece a dificuldade de acesso aos autos, fundamento da concessão do prazo em dobro para a advocacia privada.[137]

---

[136] "Art. 180. O Ministério Público gozará de prazo em dobro para manifestar-se nos autos, que terá início a partir de sua intimação pessoal, nos termos do art. 183, § 1°."; "Art. 183. A União, os Estados, o Distrito Federal, os Municípios e suas respectivas autarquias e fundações de direito público gozarão de prazo em dobro para todas as suas manifestações processuais, cuja contagem terá início a partir da intimação pessoal."; "Art. 186. A Defensoria Pública gozará de prazo em dobro para todas as suas manifestações processuais." Todos da Lei 13.105/2015.

[137] Vide Art. 229 do CPC/2015.

5. Da tramitação dos recursos nos Tribunais

Há recursos, conforme abaixo apontado, que devem ser protocolizados junto ao órgão prolator da decisão impugnada – juízo *a quo* (exemplo: apelação, embargos de declaração, recurso ordinário, recurso especial, recurso extraordinário etc.); outros, como regra, perante o próprio juízo *ad quem* (exemplo: agravo de instrumento).

Seja como for, o recurso, mais dia, menos dia, "chegará" ao tribunal.

Lá chegando, os autos hão de ser imediatamente registrados junto ao protocolo e adequadamente distribuídos, observando-se, pois, os critérios da alternatividade, do sorteio eletrônico (sendo o caso[138]) e da publicidade.[139]

O pleito recursal, em ato contínuo, será submetido ao relator (sorteado ou prevento) que deve(rá), segundo expresso apontamento legal, após elaborar seu voto, restituí-los à secretaria, no prazo limite de 30 dias.[140]

Denomina-se *relator* o integrante do órgão colegiado designado para capitanear o processamento do recurso.

Ao relator, apregoa o Código (art. 932), incumbe:

I – dirigir e ordenar o processo no tribunal, inclusive em relação à produção de prova, bem como, quando for o caso, homologar autocomposição das partes;

II – apreciar o pedido de tutela antecipada nos recursos e nos processos de competência originária do tribunal;

III – não conhecer de recurso inadmissível, prejudicado ou que não tenha impugnado especificamente os fundamentos da decisão recorrida;

IV – negar provimento a recurso que for contrário a: a) súmula do Supremo Tribunal Federal, do Superior Tribunal de Justiça ou do próprio tribunal; b) acórdão proferido pelo Su-

---

[138] "O primeiro recurso protocolado no tribunal tornará prevento o relator para eventual recurso subsequente interposto no mesmo processo ou em processo conexo." Art. 930, § 1º, do CPC/2015.

[139] Art. 930 do CPC/2015.

[140] Art. 931 do CPC/2015.

premo Tribunal Federal ou pelo Superior Tribunal de Justiça em julgamento de recursos repetitivos; c) entendimento firmado em incidente de resolução de demandas repetitivas ou de assunção de competência;

V – depois de facultada a apresentação de contrarrazões, dar provimento ao recurso se a decisão recorrida for contrária a: a) súmula do Supremo Tribunal Federal, do Superior Tribunal de Justiça ou do próprio tribunal; b) acórdão proferido pelo Supremo Tribunal Federal ou pelo Superior Tribunal de Justiça em julgamento de recursos repetitivos; c) entendimento firmado em incidente de resolução de demandas repetitivas ou de assunção de competência.

(...)

VII – determinar a intimação do Ministério Público, quando for o caso;

VIII – exercer outras atribuições estabelecidas no regimento interno do tribunal.

Parágrafo único. Antes de considerar inadmissível o recurso, o relator concederá o prazo de cinco dias ao recorrente para que seja sanado vício ou complementada a documentação exigível.

(...)

Se o relator constatar a ocorrência de fato superveniente à decisão recorrida, ou a existência de questão apreciável de ofício ainda não examinada, que devam ser considerados no julgamento do recurso, intimará as partes para que se manifestem no prazo de cinco dias.

Se a constatação ocorrer durante a sessão de julgamento, esse será imediatamente suspenso a fim de que as partes se manifestem especificamente.

Se a constatação se der em vista dos autos, deverá o juiz que a solicitou encaminhá-los ao relator, que tomará as providências previstas no *caput* e, em seguida, solicitará a inclusão do feito em pauta para prosseguimento do julgamento, com submissão integral da nova questão aos julgadores.

Não sendo caso de julgamento monocrático do recurso, aprazar-se-á, mediante prévia publicação da pauta junto ao órgão oficial, data para o seu julgamento, que respeitará o interregno mínimo de cinco dias entre a data da publicação da pauta e a da sessão de julgamento.

Observar-se-á, na aludida sessão de julgamento, a seguinte ordem de trabalho: serão enfrentados, primeiro, os recursos em que houver sustentação oral, observada a ordem dos requerimentos para o uso da palavra, e outros, regimentalmente estabelecidos; segundo, os que tenham registrado pedido de preferência até o início da sessão de julgamento;[141] terceiro, os que o julgamento tenha se iniciado em sessão anterior; quarto, os demais casos.[142]

Apregoado o feito, o relator exporá a causa *sub judice*. De imediato, nos casos em que se admita sustentação oral, dar-se-á, havendo pedido

---

[141] "O procurador que desejar proferir sustentação oral poderá requerer, até o início da sessão, que seja o feito julgado em primeiro lugar, sem prejuízo das preferências legais." Art. 937, § 2°, do CPC/2015.

[142] Art. 936 do CPC/2015.

nesse sentido, "a palavra", por quinze minutos, ao recorrente, ao recorrido e, sendo o caso, ao Ministério Público para que sustentem as razões recursais.

Segundo o novel diploma processual, admite-se sustentação oral na apelação, no recurso ordinário, nos recursos especial e extraordinário, nos embargos de divergência, na ação rescisória, no mandado de segurança e na reclamação, no agravo de instrumento interposto contra decisões interlocutórias que versem sobre tutelas provisórias de urgência ou da evidência (novidade!), bem como, nos demais casos admitidos regimentalmente.[143] [144]

Devolvida "a palavra" ao órgão julgador (nos casos em que houver sustentação da tribuna) e, inexistindo pedido de vista [145], votará, em primeiro lugar, o relator; em seguida, os demais integrantes da composição, atentando-se, pois, à prescrição contida no artigo 938. O aludido disposto determina que, havendo questão preliminar a ser enfrentada, não se passará à análise meritória recursal sem antes superá-la.[146]

No que tange ao enfrentamento das questões prejudiciais verificadas *in concreto*, o CPC/2015, destacando a diretriz do melhor aproveitamento dos atos processuais, assim prescreve:

> Constatada a ocorrência de vício sanável, inclusive aquele que possa ser conhecido de ofício, o relator determinará a realização ou a renovação do ato processual, no próprio tribunal ou em primeiro grau, intimadas as partes; Cumprida a diligência (...), sempre que possível prosseguirá no julgamento do recurso.
>
> Reconhecida a necessidade de produção de prova, o relator converterá o julgamento em diligência, que se realizará no tribunal ou em instância inferior, decidindo-se o recurso após a conclusão da instrução.[147]

Proferidos os votos, pois, "o presidente anunciará o resultado do julgamento" (não sendo caso de aplicação da técnica de (re)julgamento prevista pelo art. 942 – "julgamento expandido"[148]), momento limite à

---

[143] Art. 937 do CPC/2015.

[144] É permitido ao advogado cujo escritório se situe em cidade diversa daquela onde está sediado o tribunal realizar sustentação oral por meio de videoconferência ou outro recurso tecnológico de transmissão de sons e imagens em tempo real, *desde que o requeira até o dia anterior ao da sessão*. Art. 937, § 4º, do CPC/2015.

[145] Art. 940 do CPC/2015.

[146] "Se a preliminar for rejeitada ou se a apreciação do mérito for com ela compatível, seguir-se-ão a discussão e o julgamento da matéria principal, sobre a qual deverão se pronunciar os juízes vencidos na preliminar." Art. 939 do CPC/2015.

[147] Vide art. 938, §§ 1º e 2º, do CPC/2015.

[148] "Art. 942. Quando o resultado da apelação for não unânime, o julgamento terá prosseguimento em sessão a ser designada com a presença de outros julgadores, que serão convocados nos termos previamente definidos no regimento interno, em número suficiente para garantir a possibilidade de inversão do resultado inicial, assegurado às partes e a eventuais terceiros o direito de sustentar oralmente suas razões perante os novos julgadores. § 1º Sendo possível, o prosseguimento do julgamento dar-se-á na mesma sessão, colhendo-se os votos de outros julgadores que porventura com-

alteração de quaisquer dos votos, "excetuados os já proferidos por juiz afastado ou substituído".

Vitorioso o entendimento do relator, a ele incumbirá redigir o acórdão; vencido, tocará àquele que inaugurou a divergência.[149] Todo acórdão contará com uma ementa, que será publicada no órgão oficial respeitado o decêndio seguinte de sua lavratura.[150] [151]

Por fim, cumpre sublinhar que o agravo de instrumento interposto no processo em que um dos interessados houver manejado o recurso de apelação será, necessariamente, enfrentado antes do apelo promovido contra a decisão final, ainda que ambos sejam julgados na mesma sessão.[152]

5.1. O art. 942 e a técnica de (re)julgamento albergada pelo CPC/2015

Art. 942. Quando o resultado da apelação for não unânime, o julgamento terá prosseguimento em sessão a ser designada com a presença de outros julgadores, que serão convocados nos termos previamente definidos no regimento interno, em número suficiente para garantir a possibilidade de inversão do resultado inicial, assegurado às partes e a eventuais terceiros o direito de sustentar oralmente suas razões perante os novos julgadores.

§ 1º Sendo possível, o prosseguimento do julgamento dar-se-á na mesma sessão, colhendo-se os votos de outros julgadores que porventura componham o órgão colegiado.

---

ponham o órgão colegiado. § 2º Os julgadores que já tiverem votado poderão rever seus votos por ocasião do prosseguimento do julgamento. § 3º A técnica de julgamento prevista neste artigo aplica-se, igualmente, ao julgamento não unânime proferido em: I – ação rescisória, quando o resultado for a rescisão da sentença, devendo, nesse caso, seu prosseguimento ocorrer em órgão de maior composição previsto no regimento interno; II – agravo de instrumento, quando houver reforma da decisão que julgar parcialmente o mérito. § 4º Não se aplica o disposto neste artigo ao julgamento: I – do incidente de assunção de competência e ao de resolução de demandas repetitivas; II – da remessa necessária; III – não unânime proferido, nos tribunais, pelo plenário ou pela corte especial."

[149] Havendo *divergência*, o voto vencido constará "necessariamente" do acórdão "para todos os fins legais, inclusive de *pré-questionamento*" da matéria nele constante. Art. 943, § 3º, do CPC/2015.

[150] "Os votos, os acórdãos e os demais atos processuais podem ser registrados em documento eletrônico inviolável e assinados eletronicamente, na forma da lei, devendo ser impressos para juntada aos autos do processo, quando este não for eletrônico. § 1º Todo acórdão conterá ementa." Art. 943 do CPC/2015.

[151] "Não publicado o acórdão no prazo de trinta dias, contado da data da sessão de julgamento, as notas taquigráficas o substituirão, para todos os fins legais, independentemente de revisão; neste caso, o presidente do tribunal lavrará, de imediato, as conclusões e a ementa, e mandará publicá-lo." Art. 944 do CPC/2015.

[152] Ao artigo 946, pautado em critério lógico, coube disciplinar a ordem de julgamento quando, num mesmo caso concreto, forem interpostos *agravo de instrumento* e *apelação*. Considerando que, no mais das vezes, o julgamento do *agravo* pode (ao menos em tese) tornar prejudicado o enfrentamento do apelo, o Código estabelece ordem de enfrentamento dos pleitos recursais: julga-se, primeiro, o *agravo de instrumento* e, não sendo o resultado do julgamento prejudicial, depois, a *apelação*. A ordem se impõe em nome do princípio do melhor aproveitamento dos atos processuais

§ 2º Os julgadores que já tiverem votado poderão rever seus votos por ocasião do prosseguimento do julgamento.

§ 3º A técnica de julgamento prevista neste artigo aplica-se, igualmente, ao julgamento não unânime proferido em:

I – ação rescisória, quando o resultado for a rescisão da sentença, devendo, nesse caso, seu prosseguimento ocorrer em órgão de maior composição previsto no regimento interno;

II – agravo de instrumento, quando houver reforma da decisão que julgar parcialmente o mérito.

§ 4º Não se aplica o disposto neste artigo ao julgamento:

I – do incidente de assunção de competência e ao de resolução de demandas repetitivas;

II – da remessa necessária;

III – não unânime proferido, nos tribunais, pelo plenário ou pela corte especial.

O teor do art. 942, bem compreendida a afirmativa, disciplina verdadeira técnica de (re)julgamento, motivada pela falta de unanimidade, no tribunal, no que diz com o resultado no julgamento do recurso de apelação.

Nos casos previstos em lei, não sendo unânime o resultado alcançado no primeiro exame colegiado da matéria, prosseguir-se-á, de ofício, no julgamento da causa, convocando-se número suficiente de julgadores para, sendo o caso, em sessão própria (como regra), reverter o resultado a que se chegou por maioria de votos.

Havendo sessão própria para a aplicação da técnica sob comento, ou, mostrando-se viável o (re)julgamento da causa na mesma sessão em que julgado o feito que imponha sua realização (há permissivo legal para tanto), é garantido aos interessados *in concreto*, permitindo o recurso objeto de sua incidência, o direito de fazer uso da palavra perante os "novos" julgadores.

Nesse cenário, pois, é permitido aos julgadores que já apresentaram seus votos, sendo o caso, alterá-los.

Aplica-se a técnica da (re)julgamento prevista pelo art. 942, respeitados os seus pressupostos à (a) ação rescisória, quando o resultado for a rescisão da sentença, devendo, nesse caso, seu prosseguimento ocorrer em órgão de maior composição previsto no regimento interno; (b) ao agravo de instrumento, quando houver reforma da decisão que julgar parcialmente o mérito (é o caso do art. 356).

De outro giro, não tem aplicabilidade, ainda que o resultado alcançado retrate falta de unanimidade entre os integrantes do órgão colegiado, aos julgamentos (1) proferidos em sede de incidente de assunção de competência e de resolução de demandas repetitivas; (b) enviados ao tribunal mediante aplicação do instituto da remessa necessária, bem como (3) às decisões proferidas, nos tribunais, pelo plenário ou pelo órgão especial.

A técnica sob comento não pode, sob quaisquer hipóteses, ser confundida com expediente recursal, uma vez que, dentre outros, não se exige ato volitivo de parte ou terceiro interessado para a sua utilização. Pelo contrário: trata-se de expediente forense que deve, necessariamente, ser observado oficiosamente.

5.2. Outras considerações pertinentes

5.2.1. Honorários em sede recursal: possibilidades e limitações

Art. 85. A sentença condenará o vencido a pagar honorários ao advogado do vencedor.

§ 1º São devidos honorários advocatícios na reconvenção, no cumprimento de sentença, provisório ou definitivo, na execução, resistida ou não, e nos recursos interpostos, cumulativamente.

§ 2º Os honorários serão fixados entre o mínimo de dez e o máximo de vinte por cento sobre o valor da condenação, do proveito econômico obtido ou, não sendo possível mensurá-lo, sobre o valor atualizado da causa, atendidos:

I – o grau de zelo do profissional;

II – o lugar de prestação do serviço;

III – a natureza e a importância da causa;

IV – o trabalho realizado pelo advogado e o tempo exigido para o seu serviço.

(...)

§ 11. O tribunal, ao julgar recurso, majorará os honorários fixados anteriormente levando em conta o trabalho adicional realizado em grau recursal, observando, conforme o caso, o disposto nos §§ 2º a 6º, sendo vedado ao tribunal, no cômputo geral da fixação de honorários devidos ao advogado do vencedor, ultrapassar os respectivos limites estabelecidos nos §§ 2º e 3º para a fase de conhecimento.

§ 12. Os honorários referidos no § 11 são cumuláveis com multas e outras sanções processuais, inclusive as previstas no art. 77. (...)

Novidade expressiva trouxe o Código ao prever, em sede recursal, a possibilidade de majoração da verba honorária devida pelo sucumbente.

O tema, do ponto de vista de sua *razão de ser*, tem o condão de gerar certa controvérsia. Explicamo-nos.

É possível afirmar que a majoração da verba honorária por ocasião do enfrentamento recursal (em caso de manutenção da decisão impugnada) visa a remunerar o *"trabalho extra"* a que se submete o patrono da parte vencedora, tendo ele (embora não seja obrigação do recorrido) de desenvolver, por exemplo, contrarrazões recursais, de realizar sustentação oral (quando cabível) etc.

A justificativa acerca da legitimidade da majoração da verba honorária, segundo tal corrente, é simples: o fato de ter de combater a tentativa promovida pela interposição de certo recurso conduz o patrono da causa a uma nova empreitada processual, quer dizer, submete-o a mais trabalho, que, segundo o Código, deve ser remunerado, de maneira cumulada aos honorários já estipulados, considerado o labor adicional realizado em grau recursal.

Há quem sustente, pois, que adoção da possibilidade sob comento revela-se, também, ferramental destinado a coibir o oferecimento de pleitos recursais fadados ao insucesso, atribuindo à majoração ventilada, bem compreendida a afirmativa, caráter punitivo. Adiantemos: não nos parece esta a melhor interpretação, uma vez que o nosso ordenamento jurídico atribuiu à figura das *multas,* em sentido largo, tal tarefa (sancionatória).[153] Independentemente de nosso posicionamento, não ignoramos, à evidência, que, no dia a dia forense, esse sentimento se faça presente.

Os honorários sucumbenciais, registre-se, pertencem ao advogado, e não à parte vencedora, consoante se extrai do teor do *caput* do art. 85, de maneira que, embora a possibilidade de majoração possa gerar influência no que diz com a promoção de novos pleitos recursais, não há negá-los enquanto "remuneração" ao *trabalho extraordinário e vitorioso* desenvolvido pelo patrono da causa.

Excetuadas as demandas que envolvem a Fazenda Pública, os honorários são devidos "entre o mínimo de dez e o máximo de vinte por cento sobre o valor da condenação, do proveito econômico obtido ou, não sendo possível mensurá-lo, sobre o valor atualizado da causa", observados, na derradeira hipótese, os critérios legais. A limitação tem aplicabilidade tão somente "a fase cognitiva" do feito, consoante expresso apontamento legal (art. 85, § 11, *in fine*).[154]

Em relação aos casos que envolvem a Fazenda Pública, os limites de fixação da verba honorária sucumbencial possuem regramento próprio, estruturado, sublinhe-se, em limitações que tomam por base o *proveito econômico* obtido pela parte.[155]

---

[153] Vide, exemplificativamente, o teor do art. 81 do CPC/2015.

[154] "Art. 85. (...) § 2º Os honorários serão fixados entre o mínimo de dez e o máximo de vinte por cento sobre o valor da condenação, do proveito econômico obtido ou, não sendo possível mensurá-lo, sobre o valor atualizado da causa, atendidos: I – o grau de zelo do profissional; II – o lugar de prestação do serviço; III – a natureza e a importância da causa; IV – o trabalho realizado pelo advogado e o tempo exigido para o seu serviço."

[155] Vide art. 85, § 3º e seguintes.

Os tribunais têm sustentado, até então, que, apenas em relação à verba honorária previamente fixada, é possível falar em majoração. Acerca disso, inclusive, manifestou-se a Quarta Turma do STJ:

> (...) 3. "Não cabe a majoração dos honorários advocatícios nos termos do § 11 do art. 85 do CPC de 2015 quando o recurso é oriundo de decisão interlocutória sem a prévia fixação de honorários" (AgInt no REsp 1507973/RS, Rel. Ministro João Otávio de Noronha, Terceira Turma, julgado em 19/05/2016, DJe 24/05/2016). (EDcl no AgRg no AREsp 303.406/SP, Rel. Ministro LUIS FELIPE SALOMÃO, QUARTA TURMA, julgado em 28/06/2016, DJe 01/08/2016).

O regramento, que não deixa dúvidas acerca da possibilidade de majoração da verba honorária em sede recursal, causa, considerada a tentativa de justificar a adoção do regramento sob comento, certo desconforto "teórico" em determinadas situações.

Segundo pensamos, não há, primeiro, pensar em verba honorária sucumbencial de maneira a dissociá-la da remuneração (premiação) do patrono da parte vitoriosa; segundo, acreditamos que sua majoração, em sede recursal, se justifica/se legitima pelo "maior" trabalho a que se submeterá o profissional atuante no caso concreto.

Tomando o acima exposto por ponto de partida, examinemos algumas situações rotineiras no dia a dia forense:

a) Imagine-se, primeiro, que o autor tenha o seu pleito judicial acolhido, à integralidade, junto ao primeiro grau de jurisdição, havendo, inclusive, condenação do demandado ao pagamento de custas e honorários sucumbenciais, no aporte de 10% do valor da condenação; segundo, que, insatisfeito com o decisório, o réu apela, sem que o apelado, ao largo da tramitação do pleito recursal, abandone seu estado de inércia (leia-se: não apresenta contrarrazões, não sustenta oralmente, etc.); terceiro, que o tribunal, oportunamente, mantenha o pronunciamento judicial impugnado.

Nesse caso, pois, legitimar-se-ia a majoração da verba honorária em benefício do patrono do autor/apelado?

b) Pense-se, agora, em situação processual em que o demandante postule, já em sede inicial, a concessão de *tutela provisória de urgência antecipada*, de maneira incidental, obtendo êxito. O demandado, irresignado, agrava (art. 1.015, I). Intimado a apresentar contrarrazões, o autor, ora agravado, assim procede. Aprazado o julgamento do recurso, o patrono do agravado realiza sustentação oral (art. 937, VIII). A decisão atacada é mantida.

E nesse, legitimar-se-ia a majoração da verba honorária em benefício do patrono do autor/agravado?

SENTENÇA, COISA JULGADA E RECURSOS CÍVEIS CODIFICADOS

Perceba-se que, segundo interpretação realizada pelos tribunais, a majoração da verba honorária seria devida no primeiro caso e indevida no segundo.

Mas, a verba honorária sucumbencial não serve a remuneração do "maior" trabalho a que se submete o patrono da parte a quem assiste razão?

É intuitivo que, no primeiro caso, o patrono do autor, em sede recursal, manteve-se inerte; no segundo, houve toda uma atividade extraordinária, desenvolvendo o patrono do agravado atividade forense considerável. Mas, como dito, o primeiro terá sua "remuneração" majorada (ao menos em tese); o segundo, nem fixação, muito menos majoração, segundo a *praxe* forense.

Nossa sugestão, pois, é no sentido de que a cada enfrentamento recursal, havendo atuação concreta do patrono da parte vitoriosa, haja, inexistindo verba honorária previamente fixada, condenação da parte derrotada em honorários advocatícios, uma vez que não há confundir *fixação de verba honorária em sede recursal* (base legal: art. 85, § 1º, *in fine*), com a possibilidade de sua majoração (base legal: art. 85, § 11).

Ante o sucesso das pretensões do recorrente/recorrido, havendo verba prefixada em seu favor, a majoração é tarefa que se impõe, respeitados os limites legais; inexistindo, haverá o julgador, com fulcro nas razões já expostas, de fixá-la, independentemente do recurso *sub judice*.

Assim, e somente assim, estar-se-ia, imediatamente, a remunerar o trabalho extraordinário desenvolvido pelo patrono da parte a quem assiste razão e, mediatamente, combatendo a interposição de pleitos recursais manifestamente infundados.

5.2.2. Sustentação oral

O CPC/2015 enfrenta o tema nos artigos, a saber: 936, I; 937, *caput* e §§ 1º, 2º, 3º e 4º; 1.042, § 5º.

Comecemos assim: nada obstante afigure-se correto afirmar que a expressão "sustentação oral" revele, ao fim e ao cabo, a noção de "fazer uso da palavra falada", tal nomenclatura, no regime codificado, é utilizada para, única e exclusivamente, disciplinar o gozo da aludida faculdade perante os processos que tramitam perante órgão colegiado.

Sublinhe-se: embora toda sustentação oral retrate o "uso da palavra falada", nem todo "uso da palavra falada", no processo, é, tecnicamente falando, *sustentação oral* (exemplo: apresentação de razões finais orais em sede de audiência de instrução e julgamento).

Nem todo processo em tramitação junto aos tribunais garante aos interessados tal prerrogativa. Depende ela, pois, de autorização legal ou regimental. Consoante o teor dos parágrafos do art. 937, a sustentação oral tem espaço (a) nos recursos de *apelação, ordinário, especial, extraordinário, embargos de divergência* e, episodicamente, no *agravo de instrumento* (respeitados os requisitos legais); (b) na *ação rescisória*, no *mandado de segurança* e na *reclamação*, sem prejuízo de outros casos com previsão expressa (geralmente, incidentes de competência dos tribunais – exemplo – IRDR). Os apontamentos regimentais, à evidência, não podem restringi-la em tais hipóteses.

Digna de nota, pois, é a inovação legislativa que diz com a possibilidade (reitere-se: episódica) de sustentação oral em sede de agravo de instrumento. Compreendamos tal hipótese.

Sabe-se, pois, que o regime de impugnação às decisões prolatadas no âmbito do juízo singular sofreu considerável alteração. Importa pontuar, no momento, a existência de um rol taxativo de hipóteses de cabimento do agravo de instrumento. Dentre as possiblidades, o art. 1.015, em seu inciso I, prevê o cabimento recursal (do agravo de instrumento) quando a decisão interlocutória versar sobre (concessão ou rejeição) de tutela provisória.[156] Nesses casos, e tão somente nesses casos, poderão os patronos da causa, havendo interesse, gozar da prerrogativa sob comento.

Seja como for, o interessado (em todos os casos) deverá informar ao tribunal competente (a informação via eletrônica já é bem comum nos tribunais pátrios), até o início da sessão de julgamento, seu interesse em sustentar oralmente, sendo-lhe lícito, outrossim, pugnar pelo acolhimento de certas preferências legais ou regimentais (que variam, ressalte-se, de tribunal para tribunal), no que diz com a ordem de realização dos trabalhos.[157]

O gozo da prerrogativa dar-se-á, pelo período de 15 minutos, após a exposição da causa pelo relator, iniciando-se por quem promoveu o pleito objeto de julgamento perante o órgão colegiado (o recorrente, depois o recorrido; o autor, depois o réu; o impetrante, depois o impetrado etc.). Havendo intervenção do Ministério Público, poderá o mesmo, na figura do *Procurador de Justiça*, por igual período, fazer uso da palavra.

O CPC/2015, na linha da evolução tecnológica, admite que o advogado domiciliado em cidade diversa "daquela onde está sediado o

---

[156] Acerca do tema, um dos mais candentes da atualidade, vide o Livro V da Parte Geral da Lei 13.105/2015.

[157] "§ 2º O procurador que desejar proferir sustentação oral poderá requerer, até o início da sessão, que o processo seja julgado em primeiro lugar, sem prejuízo das preferências legais. (...)" Art. 937 do CPC/2015.

tribunal" realize a sustentação oral "por meio de videoconferência ou outro recurso tecnológico de transmissão de sons e imagens em tempo real, desde que o requeira até o dia anterior ao da sessão".[158]

Por fim, cumpre sublinhar que, no afã de manter a linha projetada para o presente estudo, o controvertido tema do cabimento, ou não, de sustentação oral em sede de agravo interno, fora remetido ao tópico, *infra*, destinado ao enfrentamento de "Temas recursais polêmicos: reflexões".

---

[158] Art. 937, § 4º, do CPC/2015.

6. Recursos Cíveis em espécie: comentários ao CPC/2015

(...)

TÍTULO II

DOS RECURSOS

CAPÍTULO I

DAS DISPOSIÇÕES GERAIS

Art. 994. São cabíveis os seguintes recursos:

I – apelação;

II – agravo de instrumento;

III – agravo interno;

IV – embargos de declaração;

V – recurso ordinário;

VI – recurso especial;

VII – recurso extraordinário;

VIII – agravo em recurso especial ou extraordinário;

IX – embargos de divergência.

1. O art. 994 do CPC/2015 inventaria os recursos (codificados) admitidos no processo civil pátrio. É a partir dele que, *in concreto*, se verifica o respeito ao princípio da taxatividade. Integram o rol dos recursos cíveis, sem prejuízo dos previstos em legislação esparsa, (a) a apelação, (b) o agravo de instrumento, (c) o agravo interno, (d) os embargos de declaração, (e) o recurso ordinário, (f) o recurso especial, (g) o recurso extraordinário, (h) o agravo em recurso especial ou extraordinário e, por fim, (i) os embargos de divergência.

Art. 995. Os recursos não impedem a eficácia da decisão, salvo disposição legal ou decisão judicial em sentido diverso.

Parágrafo único. A eficácia da decisão recorrida poderá ser suspensa por decisão do relator, se da imediata produção de seus efeitos houver risco de dano grave, de difícil ou impossível reparação, e ficar demonstrada a probabilidade de provimento do recurso.

1. No sistema recursal pátrio, os pleitos recursais são recebidos, em regra, apenas em seu efeito devolutivo, ou seja, o oferecimento de um recurso, excetuado disposição legal em sentido contrário, não impede que a decisão impugnada produza, de imediato, eficácia.

2. Efeito suspensivo *ope iudicis*. A despeito da inexistência de previsão de efeito suspensivo *ope legis*, pode-se atribuir efeito suspensivo *ope iudicis* a todo e qualquer pleito recursal, respeitados os requisitos legais. O juízo acerca de sua oportunidade compete ao relator da causa recursal.

3. Efeito suspensivo *ope iudicis*. Requisitos legais. A concessão de efeito suspensivo *ope iudicis* fica condicionada à comprovação, pelo recorrente, dos requisitos, a saber: (a) haver, face à eficácia imediata da decisão atacada, risco "real" de grave dano, de difícil ou impossível reparação a sua esfera jurídica, bem como, (b) a potencial probabilidade do sucesso de seu pleito (recursal).

> Art. 996. O recurso pode ser interposto pela parte vencida, pelo terceiro prejudicado e pelo Ministério Público, como parte ou fiscal da ordem jurídica.
>
> Parágrafo único. Cumpre ao terceiro demonstrar a possibilidade de a decisão sobre a relação jurídica submetida à apreciação judicial atingir direito de que se afirme titular ou que possa discutir em juízo como substituto processual.

1. O recurso pode ser interposto pela parte vencida, pelo terceiro prejudicado e pelo Ministério Público, seja como parte ou fiscal da ordem jurídica. O texto da lei, em relação ao tema, limita-se, bem compreendido, a disciplinar a legitimidade recursal ativa.

2. O pressuposto/requisito de admissibilidade recursal (intrínseco) sob análise, do ponto de vista da legitimidade ativa, lança olhares à identidade do recorrente, no afã de desnudar a pertinência subjetiva do recurso. Responde-se, a partir de sua investigação, a questão, a saber: aquele que se fez valer do meio impugnativo *in concreto* figura entre os que poderiam, segundo a lei, tê-lo feito?

3. Segundo o sistema processual pátrio, têm legitimidade recursal as partes, o *parquet* e o terceiro "juridicamente" interessado. Acerca do interesse que legitima o derradeiro a recorrer, vale lembrar, adaptando-a ao cenário recursal, lição de Calamandrei no sentido de que o "interesse que legitima o interveniente a comparecer em juízo (...), não é, pois, um interesse altruísta (como o seria o de quem pretendesse intervir na causa visando, exclusivamente, demonstrar sua solidariedade com um amigo, ou o de quem agisse unicamente por um nobre desejo de cooperar com o triunfo da justiça), mas sim um interesse egoísta que tem sua base na própria (...) desvantagem que teme (...) vantagem e desvantagem que não devem ser meramente morais ou sentimentais (...) e, sim, devem ter um substrato jurídico, no sentido de que as consequências vantajosas

ou não, que o interveniente espera ou tem para si, devem ser tais que repercutam, em sentido favorável ou desfavorável para ele, em uma relação jurídica da qual ele seja sujeito." (CALAMANDREI, Piero. *Instituições de Direito Processual Civil.* Campinas: Bookseller, 2003. v. III. p. 257). Não é por outra razão, pois, que se exige do terceiro a demonstração da possibilidade de a que decisão prolatada na relação jurídica submetida à apreciação judicial venha a atingir sua esfera jurídica, ou a espectro jurídico alheio, nas causas em que possa ele figurar como substituto processual.

4. O advogado, em relação aos honorários sucumbenciais insuficientemente arbitrados, é terceiro que se legitima, em nome próprio, a recorrer. Nesse sentido, outrora, decidiu o STJ: PROCESSUAL CIVIL. RECURSO ESPECIAL. HONORÁRIOS ADVOCATÍCIOS. LEGITIMIDADE PARA RECORRER. PARTE OU ADVOGADO. DISSÍDIO JURISPRUDENCIAL. SÚMULA N. 83/STJ. 1. O STJ pacificou o entendimento segundo o qual tanto a parte quanto o advogado, em nome próprio, têm legitimidade para recorrer de decisão que cuida de honorários advocatícios. Precedentes. (...) REsp. n. 440.613 –SE, 2ª Turma, Rel. Min. João Otávio de Noronha, DJ: 12/06/2006.

5. O Ministério Público é tido por legitimado para recorrer tanto nos casos em que funcionar como *custos legis*, como, à evidência, nos feitos em que figurar na condição de parte. "O Ministério Público tem legitimidade para recorrer no processo em que oficiou como fiscal da lei, ainda que não haja recurso da parte". Súmula 99 do STJ.

6. No que tange à legitimidade recursal passiva, embora silente o Código, parece-nos razoável afirmar que, salvo exceção que momentaneamente nos escape, será ela, sempre, da parte que se beneficie da decisão impugnada.

7. Respeitados posicionamentos em sentido diverso, cumpre sublinhar, pois, que os temas legitimidade para a causa e legitimidade recursal não podem, a rigor, ser baralhados, uma vez que não há negar, por exemplo, que determinado cidadão poderá recorrer justamente para ver reconhecida, em última análise, sua ilegitimidade passiva *ad causam*.

Art. 997. Cada parte interporá o recurso, independentemente, no prazo e em observância às exigências legais.

§ 1º Sendo vencidos autor e réu, ao recurso interposto por qualquer deles poderá aderir o outro.

§ 2º O recurso adesivo fica subordinado ao recurso independente, sendo-lhe aplicáveis as mesmas regras deste quanto aos requisitos de admissibilidade e julgamento no tribunal, salvo disposição legal diversa, observado, ainda, o seguinte:

I – será dirigido ao órgão perante o qual o recurso independente fora interposto, no prazo de que a parte dispõe para responder;

II – será admissível na apelação, no recurso extraordinário e no recurso especial;

III – não será conhecido, se houver desistência do recurso principal ou se for ele considerado inadmissível.

1. Cada qual dos interessados deve, respeitados os requisitos legais, interpor o seu próprio recurso.

2. Recurso Adesivo. O recurso adesivo representa técnica processual que permite ao interessado apelar, ofertar recurso especial ou recurso extraordinário, motivado pela atuação (recursal) de seu adversário processual, fora do contexto processual ordinariamente previsto para tanto. A *ratio* legislativa orientadora da técnica em tela consiste, bem compreendida, primeiro, em desestimular a atuação impugnativa primária das partes; segundo, em salvaguardar a possibilidade recursal daquele que, embora sucumbente em parte, sensível a tentativa estatal de pôr fim, em definitivo, ao conflito de interesses, não pretendia, *a priori*, recorrer. Havendo sucumbência recíproca não é difícil intuir que ambas as partes, em tese, podem recorrer. Como regra, devem proceder, querendo, de maneira independente. A proposta estatal de desestimular a conduta recursal primária trouxe ao sistema espécie de "garantia" ao sucumbente inerte, a quem, observados os requisitos legais, é facultado prosseguir com a tentativa de melhorar sua situação processual, uma vez que frustrada a tentativa estatal de compor o conflito de interesses de uma vez por todas.

3. O recurso (a apelação, o recurso especial e o recurso extraordinário) interposto adesivamente é, por definição, subordinado ao recurso ofertado de maneira independente, no sentido de que apenas será processado e julgado se o for, no mérito, aquele que lhe possibilitou a existência.

4. No que tange ao regramento aplicável ao recurso adesivo, o CPC/2015 é expresso: aplica-se ao recurso adesivo, quanto aos requisitos de admissibilidade e julgamento, as disposições concernentes ao recurso independente. O recurso adesivo deve ser ofertado no prazo de que dispõe o recorrido para apresentar contrarrazões no recurso independente. Deve o mesmo, ainda, ser protocolizado junto ao órgão perante o qual o recurso independente fora protocolado.

5. Interposto, pois, o recurso adesivo, em atenção ao modelo constitucional do processo civil brasileiro, facultar-se-á ao recorrido adesivo a apresentação de contrarrazões adesivas.

Art. 998. O recorrente poderá, a qualquer tempo, sem a anuência do recorrido ou dos litisconsortes, desistir do recurso.

Parágrafo único. A desistência do recurso não impede a análise de questão cuja repercussão geral já tenha sido reconhecida e daquele objeto de julgamento de recursos extraordinários ou especiais repetitivos.

1. Diferentemente da desistência da ação, submetida a regime diverso, é facultado ao recorrente, sem a anuência do recorrido, desistir do pleito recursal. Embora o art. 998 do CPC/2015 prescreva que a desistência possa ocorrer a qualquer tempo, parece-nos oportuno esclarecer que o "a qualquer tempo" deva ser lido como "a qualquer tempo antes de julgado o recurso".

Art. 999. A renúncia ao direito de recorrer independe da aceitação da outra parte.

1. A renúncia ao direito de recorrer, outrossim, não necessita de aceitação da parte adversa.

2. Não há confundir desistência recursal e renúncia ao direito de recorrer. Nesta, pois, o ato volitivo da parte ocorre antes do oferecimento do recurso; naquela, por sua vez, o recurso já foi interposto, e o ato volitivo da parte recorrente visa a fulminá-lo antes de sua apreciação.

Art. 1.000. A parte que aceitar expressa ou tacitamente a decisão não poderá recorrer.

Parágrafo único. Considera-se aceitação tácita a prática, sem qualquer reserva, de ato incompatível com a vontade de recorrer.

1. Sabe-se inerente à noção recursal à inconformidade do prejudicado com determinado julgado, seja ele precário ou definitivo. Recorre-se, por definição, como ato de resistência. As partes, no desenrolar do caso concreto, realizam atos processuais. No que interessa para o momento, afigura-se oportuno ressaltar que tais atos, em alguns casos, traduzem a inconformidade da parte com determinado provimento judicial; noutros, apenas sua concordância com a decisão emanada. Diz-se, então, que, anuindo a parte, expressa ou tacitamente, ao ato judicial que o prejudica, preclusa restará a possibilidade de atacá-lo, considerando-se aceitação tácita a prática, sem reserva, de quaisquer atos incompatíveis com a vontade de recorrer. Fala-se, de um ponto de vista técnico, na consumação da denominada preclusão lógica.

Art. 1.001. Dos despachos não cabe recurso.

1. Pronunciamentos do juiz. Art. 203 do CPC/2015. Os pronunciamentos do magistrado consistem em sentenças, decisões interlocutórias e despachos. As duas primeiras, por definição, possuem carga decisória; o derradeiro, em tese, não. Apenas pronunciamentos dotados de carga decisória, consoante o sistema codificado, comportam impugnação.

2. Sustentamos, a despeito do teor do art. 1.001, na linha outrora defendida por Araken de Assis, que os despachos (pronunciamento judicial despido de carga decisória relevante) também comportam embargos de declaração. Comentando o recurso sob análise, à luz do CPC/73, já se disse, com razão, que o "fato de o despacho não provocar gravame às partes não o isenta dos defeitos do art. 535" (ASSIS, Araken de. *Manual*

dos recursos cíveis. 2ª ed. São Paulo: RT, 2008. p. 598.), atualmente apontados pelo art. 1.022 da Lei 13.105/2015.

> Art. 1.002. A decisão pode ser impugnada no todo ou em parte.

1. Ao recorrente, no que lhe prejudicar, incumbe estabelecer os limites de sua inconformidade. Sendo esta integral, poderá ele, querendo, atacá-la à integralidade ou, ainda, apenas parcialmente.

> Art. 1003. O prazo para interposição de recurso conta-se da data em que os advogados, a sociedade de advogados, a Advocacia Pública, a Defensoria Pública ou o Ministério Público são intimados da decisão.
>
> § 1º Os sujeitos previstos no *caput* considerar-se-ão intimados em audiência quando nesta for proferida a decisão.
>
> § 2º Aplica-se o disposto no art. 231, incisos I a VI, ao prazo de interposição de recurso pelo réu contra decisão proferida anteriormente à citação.
>
> § 3º No prazo para interposição do recurso, a petição será protocolada em cartório ou conforme as normas de organização judiciária, ressalvado o disposto em regra especial.
>
> § 4º Para aferição da tempestividade do recurso remetido pelo correio, será considerada como data da interposição a data da postagem.
>
> § 5º Excetuados os embargos de declaração, o prazo para interpor os recursos e para responder-lhes é de quinze dias.
>
> § 6º O recorrente comprovará a ocorrência de feriado local no ato de interposição do recurso.

1. O tema "prazos", considerado a diversidade de situações processuais em que o seu adequado cômputo se revela imprescindível, merece especial atenção dos "homens do foro". Em sede recursal, *a fortiori*, o cenário não é diferente.

2. Contagem de prazos. Disciplina geral. Relembremos, então: (a) tem-se por regra, na linguagem do Código, que, "salvo disposição em contrário", exclui-se do cômputo dos prazos processuais (para além do âmbito recursal) o dia do começo, incluindo-se, pois, o dia do vencimento (art. 224); (b) computam-se tão somente os dias úteis (art. 219); (c) os prazos processuais apenas fluem (passam a ser contados) a partir do primeiro dia útil subsequente à data da publicação (art. 224, § 3º); (d) considera-se data da publicação, o primeiro dia útil subsequente à data da disponibilização da informação no Diário de Justiça eletrônico (art. 224, § 2º); (e) os dias do começo e do vencimento serão protraídos para o primeiro dia útil seguinte, se coincidirem com dia em que o expediente forense for encerrado antes ou iniciado depois da hora normal ou houver indisponibilidade da comunicação eletrônica.

3. Dos prazos recursais propriamente ditos. Perpetrou-se, face à vigência do CPC/2015, pelo menos em relação aos recursos codificados, a unificação dos prazos recursais. Ressalvada anotação legislativa refe-

rente aos embargos de declaração, aduz o Código, em "alto e bom tom", que o prazo para interpor ou responder um recurso é de 15 dias.

4. Do termo inicial e do cômputo dos prazos recursais. Na sistemática do Código, consoante expressa previsão do art. 1.003, o "prazo para interposição de recurso conta-se da data em que os advogados, a sociedade de advogados, a Advocacia Pública, a Defensoria Pública ou o Ministério Público são intimados da decisão". Tal ato (a intimação), sublinhe-se, pode ocorrer de diversas formas. A esmagadora maioria das intimações consolida-se, no cenário em tela, mediante publicação do teor do ato judicial no Diário da Justiça eletrônico.

5. Exemplo. Imagine-se, primeiro, que, encerrada a etapa instrutória do feito, o magistrado determine a conclusão dos autos para a prolação da sentença. Depois de alguns dias, lançada a decisão (prolatada em gabinete), os interessados serão, mediante disponibilização de informação processual, comunicados acerca de sua existência. Na guisa do exemplo, imagine-se, agora, que, embora prolatada em 01/03 (terça-feira), a informação processual a ela inerente fora disponibilizada tão somente em 07/03 (segunda-feira). Segundo o sistema pátrio, sendo 08/03 (terça-feira) dia útil na localidade em que tramita o processo, tal data será considerada "data da publicação" e, aplicando-se o teor do terceiro parágrafo do artigo 224, o prazo recursal passaria a fluir já em 09/03 (quarta-feira), revelando-se a data, à evidência, dia útil. Considerando-se que (a) da sentença, em regra, cabe apelação; (b) que o prazo da apelação é de 15 (quinze) dias, bem como, que, à luz do CPC/2015, (c) apenas os dias úteis devem ser computados, a data fatal para o protocolo tempestivo do recurso, no exemplo em tela, seria 29/03 (terça-feira).

6. Havendo prolação de decisão em audiência, considerar-se-ão os interessados intimados da mesma na data da solenidade processual, que passa, para fins de cômputo, a ser considerada data da publicação, iniciando-se, pois, a contagem efetiva do prazo no primeiro dia útil subsequente.

7. Imagine-se, exemplificativamente, que o demandante, em sede inicial, tenha pugnado pela concessão de tutela provisória antecipada de urgência, sendo seu pleito, *inaudita altera pars*, atendido. O réu, no caso, para além da citação e intimação para comparecer à audiência de autocomposição, deparar-se-á com decisão interlocutória que, bem compreendida a afirmativa, determina a satisfação imediata, ainda que provisória, do interesse do autor. Imagine-se, ainda, que a aludida citação perfectibilizou-se pela via postal. O termo inicial para o cômputo do prazo para o oferecimento do pleito recursal competente para cassar a decisão em tela, segundo o Código, é disciplinado pelo teor do art. 231. No exemplo, o dia do início (não computável) seria aquele em que

houvesse a certificação do retorno aos autos do aviso de recebimento de correspondência (AR), iniciando-se a contagem efetiva no primeiro dia útil subsequente.

8. O aferimento da tempestividade dos recursos interpostos pela via postal tem por base a data de sua postagem. Revela-se, portanto, indispensável que o comprovante de postagem acompanhe o petitório recursal, pena de inadmissão da impugnação.

9. Incumbe ao recorrente, já no ato de interposição do recurso, comprovar a ocorrência de feriado local considerado em seu cômputo.

10. Conforme o enunciado n. 616 do Fórum Permanente de Processualistas Civis, "Independentemente da data de intimação ou disponibilização de seu inteiro teor, o direito ao recurso contra as decisões colegiadas nasce na data em que proclamado o resultado em sessão de julgamento".

> Art. 1004. Se, durante o prazo para a interposição do recurso, sobrevier o falecimento da parte ou de seu advogado ou ocorrer motivo de força maior que suspenda o curso do processo, será tal prazo restituído em proveito da parte, do herdeiro ou do sucessor, contra quem começará a correr novamente depois da intimação.

1. Havendo fato prejudicial que escape à alçada do interessado, ou do recorrido, em promover o pleito recursal, frustrando-lhe, em última análise, a atuação processual, comprovada sua ocorrência (e a ingerência do prejudicado), o prazo para oferecimento de recurso ou de contrarrazões recursais ser-lhe-á restituído (seja ele a parte, o herdeiro ou o sucessor), iniciando-se novo cômputo a partir da efetiva intimação do prejudicado acerca da renovação do prazo.

> Art. 1005. O recurso interposto por um dos litisconsortes a todos aproveita, salvo se distintos ou opostos os seus interesses.
>
> Parágrafo único. Havendo solidariedade passiva, o recurso interposto por um devedor aproveitará aos outros, quando as defesas opostas ao credor lhes forem comuns.

1. Havendo compatibilidade de interesses entre os litisconsortes, o recurso interposto por um deles aproveita aos demais.

> Art. 1006. Certificado o trânsito em julgado, com menção expressa da data de sua ocorrência, o escrivão ou o chefe de secretaria, independentemente de despacho, providenciará a baixa dos autos ao juízo de origem, no prazo de cinco dias.

1. Superada a prestação recursal, os autos devem retornar ao juízo de origem (leia-se, ao juízo em que se iniciou a prestação jurisdicional). É dever do escrivão ou o chefe de secretaria, certificado nos autos o trânsito em julgado, providenciar o seu retorno, no prazo legal, à origem.

2. Consoante expresso texto de lei, o prazo para a diligência é de 05 (cinco) dias.

Art. 1007. No ato de interposição do recurso, o recorrente comprovará, quando exigido pela legislação pertinente, o respectivo preparo, inclusive porte de remessa e de retorno, sob pena de deserção.

§ 1º São dispensados de preparo, inclusive porte de remessa e retorno, os recursos interpostos pelo Ministério Público, pela União, pelo Distrito Federal, pelos Estados, pelos Municípios, e respectivas autarquias, e pelos que gozam de isenção legal.

§ 2º A insuficiência no valor do preparo, inclusive porte de remessa e retorno, implicará deserção, se o recorrente, intimado na pessoa de seu advogado, não vier a supri-lo no prazo de cinco dias.

§ 3º É dispensado o recolhimento do porte de remessa e retorno no processo em autos eletrônicos.

§ 4º O recorrente que não comprovar o recolhimento do preparo, inclusive porte de remessa e retorno, no ato de interposição do recurso será intimado, na pessoa de seu advogado, para realizar o recolhimento em dobro, sob pena de deserção.

§ 5º É vedada a complementação se houver insuficiência parcial do preparo, inclusive porte de remessa e retorno, no recolhimento realizado na forma do § 4º.

§ 6º Provando o recorrente justo impedimento, o relator relevará a pena de deserção, por decisão irrecorrível, fixando-lhe prazo de cinco dias para efetuar o preparo.

§ 7º O equívoco no preenchimento da guia de custas não implicará a aplicação da pena de deserção, cabendo ao relator, na hipótese de dúvida quanto ao recolhimento, intimar o recorrente para sanar o vício no prazo de cinco dias.

1. O processo civil brasileiro é, de regra, pago. Tal diretriz alcança, também, o cenário recursal. Preparar um recurso, na linguagem processual civil, nada mais é do que adiantar e comprovar custas processuais em sentido largo. Segundo o ordenamento vigente, no "ato de interposição do recurso, o recorrente comprovará, quando exigido pela legislação pertinente, o respectivo preparo, inclusive porte de remessa e de retorno" dos autos, sob pena de deserção.

2. De outro giro, pois, o CPC/2015, embora mantendo o preparo como requisito de admissibilidade recursal, acabou por flexibilizar na aplicação da denominada pena de deserção, prescrevendo, primeiro, a obrigação do juízo competente para a admissibilidade do recurso em intimar o recorrente, diante da insuficiência do preparo, na pessoa de seu advogado, para supri-lo no prazo de cinco dias; segundo, impondo que, nos casos em que o pleito recursal sequer tenha sido parcialmente preparado, intime-se o recorrente para, em dobro, realizá-lo. Consoante expresso apontamento legal, revela-se desautorizada a inadmissão definitiva do pleito recursal, justificada pela deserção, sem a observância das notificações acima aludidas.

3. O novel diploma processual, na contramarcha dos acontecimentos jurisprudenciais a ele precedentes, admite, ainda, que, (a) provando o recorrente "justo impedimento em realizar o preparo, o relator relevará a pena de deserção," por decisão irrecorrível, fixando-lhe prazo de

cinco dias para efetuá-lo e; (b) "o equívoco no preenchimento da guia de custas não implicará" à aplicação imediata da pena de deserção, cabendo ao relator, "na hipótese de dúvida quanto ao recolhimento" exigido, determinar a intimação do recorrente para sanar o vício, também, no prazo de cinco dias.

4. Estão dispensados de promover o preparo (em sentido largo), o Ministério Público, a União, o Distrito Federal, os Estados Membros, os Municípios, e respectivas autarquias, bem como, os que litigam sob o pálio da Justiça Gratuita. O porte de remessa e retorno dos autos fica dispensado a quaisquer contendores quando o feito tramitar em autos eletrônicos.

5. "Quando reconhecido o justo impedimento de que trata o § 6º do art. 1.007, a parte será intimada para realizar o recolhimento do preparo de forma simples, e não em dobro". Enunciado n. 610 do Fórum Permanente de Processualistas Civis.

Art. 1008. O julgamento proferido pelo tribunal substituirá a decisão impugnada no que tiver sido objeto de recurso.

1. **Efeitos dos Recursos. Efeito substitutivo**. A decisão prolatada em sede recursal substitui a decisão impugnada (que serviu de base à impugnação), uma vez que, segundo o ordenamento pátrio, não se admite a existência de mais de um provimento final para cada questão apreciada.

2. A incidência do efeito substitutivo é claramente perceptível nos casos em que, exemplificativamente, o julgamento da apelação reforma, no mérito, a sentença de primeiro grau. Há de se ter presente, todavia, que, mesmo nos casos em que a decisão atacada é, mediante apreciação recursal meritória, mantida, o efeito em tela se faz presente, embora sem idêntica nitidez. O fato é relevante, por exemplo, para fins de oferecimento de ação rescisória.

6.1. Apelação

(...)

CAPÍTULO II

DA APELAÇÃO

1. O recurso encontra amparo legal a partir do artigo 1.009 do CPC/2015, que inaugura o Capítulo II (Da apelação) do Título II (Dos recursos) do Livro III (Dos processos nos tribunais e dos meios de impugnação das decisões judiciais) da Parte Especial do Código. Trata-se

a *apellatio*, pois, do recurso por excelência. O prazo para o oferecimento tempestivo do pleito recursal é de 15 dias.

2. Acerca da origem do recurso já se disse que, "dentro do quadro das transformações do direito processual originadas com o novo ordenamento político-constitucional, certamente para obviar os inconvenientes da impossibilidade de impugnar-se a sentença pronunciada pelo *iudex privatus*, Augusto passaria a admitir que a parte insatisfeita com o decidido pudesse provocar, na esfera da *cognitio extraordinaria*, o reexame do litígio pelo tribunal imperial. Além do príncipe pretender que os cidadãos tivessem *'piena fiducia in lui, come colui al quale stà a cuore la cura del bene comune, e che provvederà a prender ele giuste misure e decisioni, allo scopo di trovare, in tutte le questioni pubbliche, la soluzione più utile per la collettività'*, tal faculdade representava, nada mais, nada menos, uma estratégia política pela qual o soberano passava a ter controle direto da distribuição da justiça sobre todo o território do Império. Acrescente--se que, não obstante a imprecisão das fontes, e malgrado, ainda, a opinião em sentido contrário de alguns romanistas (...), é verossímil supor que, já no início do principado, a decisão do juiz privado pudesse ser submetida à nova cognição pelo *princeps*, máxime pelo fato de que essa prática estaria em perfeita harmonia com a política judiciária de tal época". "Com o andar dos tempos, verifica-se um incremento da estrutura burocrática do império, sobretudo, pelas modificações introduzidas por Adriano (117 – 138 d. C.) no campo do direito, inclusive no sentido de tentar, pela primeira vez, a regulamentação do instituto da *appellatio*. (...) Nessa época, reafirmando o princípio de que do juiz delegado lícito era apelar ao delegante, a *appellatio* passa a ser concebida como meio processual ordinário contra a injustiça substancial das sentenças formalmente válidas. À luz de tal perspectiva (...) o recurso de apelação é acolhido nas experiências jurídicas sucessivas, tornando-se um instituto de secular tradição, presente em quase todos os ordenamentos processuais do mundo contemporâneo" (CRUZ E TUCCI, José Rogério. *Jurisdição e Poder*: contribuição para a história dos recursos cíveis. São Paulo: Saraiva, 1987. p. 31 e 40/41).

3. Breve investigação do ordenamento processual civil aplicável ao Brasil ao longo dos anos revela que a apelação, salvo única exceção, acompanha-nos há muito. Registre-se nas Ordenações Filipinas, por exemplo, o "Título LXIX: Das Apelações das sentenças interlocutórias, e que não hajam os autos por apelação; o Título LXXI: Das Apelações, que saem das terras das Ordens, e das terras dos Fidalgos; e o Título LXX: Das Apelações das sentenças definitivas"; já o Código Criminal do Império, mais precisamente no artigo 15 das disposições transitórias sobre a administração da justiça civil: "Toda a provocação interposta da sentença definitiva, ou que tem força de definitiva, do Juiz inferior para

superior afim de reparar-se a injustiça, será de appellação, extinctas para esse fim as distincções entre Juizes de maior, ou menor graduação; Esta interposição póde ser na audiencia, ou por despacho do Juiz, e termo nos autos, como convier ao Appellante, intimada á outra parte, ou seu Procurador."; o Regulamento 737/1850: "CAPITULO II. DAS APPELLA-ÇÕES. Art. 646. Tem logar a appellação para a Relação do districto nas causas, que excederem de 200$ (art. 26 do Tit. unico), quando a sentença fôr definitiva, ou tiver força de definitiva. Art. 647. A appellação póde ser interposta ou na audiencia, ou por despacho do Juiz, e termo nos autos, sendo intimada a outra parte, ou seu procurador (art. 235). Art. 648. Esta interposição deve ser feita no termo de dez dias, contados da publicação ou intimação da sentença (art. 235)."; na era dos Código Estaduais, Código de Processo de São Paulo: "TITULO IV. DA APPELLA-ÇÃO. CAPITULO I. Disposições geraes: Art. 1106 - Cabe appellação das decisões de primeira instância, definitivas ou interlocutorias com força de definitivas, salvo se a lei denegar qualquer recurso ou admittir outro. Art. 1107 - O prazo para appellar é de cinco dias, contados da intimação da sentença. Art. 1108 - No despacho de recebimento declarará o juiz o effeito da appellação, que será: I - Suspensivo e devolutivo nas acções que tiverem seguido o curso ordinario e em todos os casos em que o autor fôr appellante; II - Sómente devolutivo, em qualquer outra hypothese. Art. 1109 - A appellação será arrazoada na segunda instância. § 1° - Poderá, entretanto, qualquer das partes offerecer na primeira as suas razões, sem abertura de vista. § 2° - O prazo, na segunda instância, é de dez dias para cada uma das partes.§ 3° - Sendo as partes ao mesmo tempo appellantes e appelladas, arrazoarão na ordem da interposição dos recursos."; no CPC/39: "TÍTULO II. Da apelação (...) Art. 820. Salvo disposição em contrário, caberá apelação das decisões definitivas de primeira instância."; no CPC/73, vide artigos 496, I, e 513/521. Destaque-se, de outro giro, que a Consolidação das Leis Processuais Civis, excepcionando nossa tradição, fazia menção aos denominados Embargos à sentença.

Art. 1.009. Da sentença cabe apelação.

§ 1º As questões resolvidas na fase de conhecimento, se a decisão a seu respeito não comportar agravo de instrumento, não são cobertas pela preclusão e devem ser suscitadas em preliminar de apelação, eventualmente interposta contra decisão final, ou nas contrarrazões.

§ 2º Se as questões referidas no § 1º forem suscitadas em contrarrazões, o recorrente será intimado para, em 15 (quinze) dias, manifestar-se a respeito delas.

§ 3º O disposto no *caput* deste artigo aplica-se mesmo quando as questões mencionadas no art. 1.015 integrarem capítulo da sentença.

1. Aduz o CPC/2015: "Da sentença cabe apelação". Um alerta, desde já, revela-se indispensável: no sistema revogado (CPC/73), as questões

incidentes resolvidas ao longo da fase de conhecimento desafiavam o recurso de agravo (por vezes, na sua forma retida (como regra); por vezes na forma instrumental). O novel sistema, embora tenha mantido o agravo de instrumento (enfrentado oportunamente), extirpou do sistema de impugnação às decisões judiciais a figura do agravo retido, trazendo importantes consequências à apelação. Cumpre sublinhar, nessa quadra, que, de acordo com o sistema vigente, as "questões resolvidas" no âmbito da fase cognitiva do processo sincrético, que não comportarem impugnação pela via do agravo de instrumento (hipóteses do art. 1.015 e demais previstas em lei), deverão ser impugnadas em preliminar de apelação "eventualmente interposta contra decisão final", ou por ocasião de oferecimento de contrarrazões em apelação.

2. Decisão interlocutória. Não preclusão. Observação. Extrai-se, num primeiro olhar, do teor do parágrafo primeiro do art. 1.009, que as decisões interlocutórias que não desafiam agravo de instrumento não se encontram sujeitas ao regime da preclusão. Não é, pois, bem assim. Tais decisões, caso não impugnadas em momento oportuno (em preliminar de razões de apelação para o apelante ou preliminar de contrarrazões de apelação para o apelado), restarão, à evidência, preclusas.

3. Ainda que a sentença enfrente matéria apontada pelo artigo 1.015, o recurso hábil a impugná-la será a apelação. Inteligência do terceiro parágrafo do artigo 1.009, do CPC/2015.

4. "No julgamento de apelação ou de agravo de instrumento, a decisão será tomada, no órgão colegiado, pelo voto de 3 (três) juízes." Art. 941, § 2º, do CPC/2015.

Art. 1.010. A apelação, interposta por petição dirigida ao juízo de primeiro grau, conterá:

I – os nomes e a qualificação das partes;

II – a exposição do fato e do direito;

III – as razões do pedido de reforma ou de decretação de nulidade;

IV – o pedido de nova decisão.

§ 1º O apelado será intimado para apresentar contrarrazões no prazo de 15 (quinze) dias.

§ 2º Se o apelado interpuser apelação adesiva, o juiz intimará o apelante para apresentar contrarrazões.

§ 3º Após as formalidades previstas nos §§ 1º e 2º, os autos serão remetidos ao tribunal pelo juiz, independentemente de juízo de admissibilidade.

1. O pedido de revisão da sentença (ou da decisão interlocutória não adstrita ao regime da preclusão imediata), que será feito por escrito e dirigido ao juízo *a quo* (prolator da decisão), conterá, obrigatoriamente, (I) os nomes e a qualificação das partes; (II) a exposição do fato e do direito; (III) as razões do pedido de reforma ou de decretação de nulidade da sentença, bem como (IV), o pedido de nova decisão.

2. O prazo para apresentação das contrarrazões, tanto no apelo, como no apelo adesivo, se houver, é de 15 dias.

3. No que tange ao trâmite inicial do apelo, o CPC/2015 inova em relação ao sistema buzaidiano. No regime revogado, exigia-se do órgão prolator da sentença (juízo *a quo*) a realização, dentre outras atividades, de juízo acerca da admissibilidade recursal (análise, *in concreto*, dos requisitos/pressupostos intrínsecos e extrínsecos para a sua admissão). O terceiro parágrafo do artigo 1.010 do CPC/2015, contudo, dispensa o juízo *a quo* de realizar atividade dessa natureza. A ele incumbe, tão somente, protocolado o apelo, determinar a intimação do recorrido (seja no recurso principal, seja no recurso adesivo), facultando-lhe, em homenagem ao direito fundamental ao contraditório, a apresentação de contrarrazões, nada mais.[159] Cumpridas tais diligências, resume-se sua tarefa a encaminhar o processo, como se diz no foro, "com as homenagens de sempre", ao juízo *ad quem*. Em suma: o apelo não mais se encontra adstrito ao duplo juízo de admissibilidade, historicamente adotado pelo sistema processual pátrio.

4. Recurso Adesivo. O recurso adesivo representa técnica processual que permite ao interessado apelar, ofertar recurso especial ou recurso extraordinário, motivado pela atuação (recursal) de seu adversário processual, fora do contexto processual ordinariamente previsto para tanto. A *ratio* legislativa orientadora da técnica sob comento consiste, bem compreendida, primeiro, em desestimular a atuação impugnativa primária das partes; segundo, em salvaguardar a possibilidade recursal daquele que, embora sucumbente em parte, sensível ao intento estatal de pôr fim, em definitivo, ao conflito de interesses, não pretendia, *a priori*, recorrer. Havendo sucumbência recíproca não é difícil intuir que ambos os contendores, em tese, possuem *interesse recursal*. Como regra, devem proceder, querendo, de maneira independente. A proposta estatal de desestimular a conduta recursal primária trouxe ao sistema espécie de "garantia" ao sucumbente inerte, a quem, observados os requisitos legais, é facultado prosseguir com a tentativa de melhorar sua situação processual, uma vez que frustrada a tentativa estatal de compor o conflito de interesses imediatamente.

> Art. 1.011. Recebido o recurso de apelação no tribunal e distribuído imediatamente, o relator:
>
> I – decidi-lo-á monocraticamente apenas nas hipóteses do art. 932, incisos III a V;
>
> II – se não for o caso de decisão monocrática, elaborará seu voto para julgamento do recurso pelo órgão colegiado.

---

[159] Acerca do tema, vide: TORRES, Artur. *Fundamentos de um Direito Processual Civil Contemporâneo* (Parte I). Porto Alegre: Arana, 2016. p. 62 e seguintes.

1. Chegando ao tribunal, o apelo será distribuído, *incontinenti*, ao órgão fracionário competente à sua apreciação, nomeando-se, de imediato, relator para a causa. A esse incumbirá, nas hipóteses previstas pelo artigo 932, incisos III/V,[160] decidi-lo monocraticamente. Não sendo o caso, admitindo-o, submeterá o recurso, após a elaboração de seu voto, à apreciação colegiada, respeitados os termos do Regimento Interno do tribunal a que pertencer.

Art. 1.012. A apelação terá efeito suspensivo.

§ 1º Além de outras hipóteses previstas em lei, começa a produzir efeitos imediatamente após a sua publicação a sentença que:

I – homologa divisão ou demarcação de terras;

II – condena a pagar alimentos;

III – extingue sem resolução de mérito ou julga improcedentes os embargos do executado;

IV – julga procedente o pedido de instituição de arbitragem;

V – confirma, concede ou revoga tutela provisória;

VI – decreta a interdição.

§ 2º Nos casos do § 1º, o apelado poderá promover o pedido de cumprimento provisório depois de publicada a sentença.

§ 3º O pedido de concessão de efeito suspensivo nas hipóteses do § 1º poderá ser formulado por requerimento dirigido ao:

I – tribunal, no período compreendido entre a interposição da apelação e sua distribuição, ficando o relator designado para seu exame prevento para julgá-la;

II – relator, se já distribuída a apelação.

§ 4º Nas hipótese do § 1º, a eficácia da sentença poderá ser suspensa pelo relator se o apelante demonstrar a probabilidade de provimento do recurso ou se, sendo relevante a fundamentação, houver risco de dano grave ou de difícil reparação.

1. A sentença, em regra, é impugnável pelo recurso de apelação.[161] A apelação, por sua vez, "terá", segundo o *caput* do artigo 1.012 do CPC/2015, efeito suspensivo. Trata-se, pois, de efeito suspensivo *ope legis*.

---

[160] "Incumbe ao relator: (...) III – não conhecer de recurso inadmissível, prejudicado ou que não tenha impugnado especificamente os fundamentos da decisão recorrida; IV – negar provimento a recurso que for contrário a: a) súmula do Supremo Tribunal Federal, do Superior Tribunal de Justiça ou do próprio tribunal; b) acórdão proferido pelo Supremo Tribunal Federal ou pelo Superior Tribunal de Justiça em julgamento de recursos repetitivos; c) entendimento firmado em incidente de resolução de demandas repetitivas ou de assunção de competência; V – depois de facultada a apresentação de contrarrazões, dar provimento ao recurso se a decisão recorrida for contrária a: a) súmula do Supremo Tribunal Federal, do Superior Tribunal de Justiça ou do próprio tribunal; b) acórdão proferido pelo Supremo Tribunal Federal ou pelo Superior Tribunal de Justiça em julgamento de recursos repetitivos; c) entendimento firmado em incidente de resolução de demandas repetitivas ou de assunção de competência;" Art. 932 do CPC/2015.

[161] Rememore-se, exemplificativamente, que a sentença prolatada no âmbito dos denominados juizados especiais cíveis comporta recurso inominado, não apelação.

Deriva da premissa de que o simples fato de a sentença desafiar apelação impede que os efeitos do julgado se façam sentir de imediato.

2. Apenas excepcionalmente é que a sentença, após sua publicação, produzirá efeitos imediatos. Há casos, na linha do Código, em que, sem prejuízo do cabimento recursal, não há frustrar a eficácia imediata do julgado, facultando-se ao interessado executá-lo, querendo, provisoriamente. Consoante expresso texto de lei, a sentença "começa a produzir efeitos imediatamente após a sua publicação" nos casos em que (I) homologa divisão ou demarcação de terras; (II) condena a pagar alimentos; (III) extingue sem resolução do mérito ou julga improcedentes os embargos do executado; (IV) julga procedente o pedido de instituição de arbitragem; (V) confirma, concede ou revoga tutela provisória; ou, por fim, (VI) decreta a interdição.

3. Nos casos em que a sentença não contempla uma das hipóteses acima apontadas, o recorrente, demonstrando (a) a probabilidade do sucesso de seu pleito recursal, ou, ainda, (b) estar submetido a risco de "grave dano ou difícil reparação" oriundo da produção imediata de eficácia do pronunciamento impugnado, poderá, querendo, postular a concessão de efeito suspensivo *ope iudicis*.

4. No período que se compreende entre o oferecimento do apelo e sua distribuição junto ao tribunal competente (pois, há diligências a serem cumpridas antes da remessa dos autos ao juízo *ad quem*), o pedido de concessão do efeito suspensivo será direcionado ao tribunal (*juízo ad quem*), mediante petição com o especial fito, restando o relator designado para tal análise (concessão de efeito suspensivo *ope iudicis*) prevento para julgar o apelo; distribuído o recurso e, inexistindo postulação nesse sentido no corpo da peça recursal, o pedido deverá ser formulado mediante petitório endereçado ao já sorteado, e nomeado, relator do recurso.

5. *Efeito suspensivo ope iudicis*. A despeito da inexistência de previsão de efeito suspensivo *ope legis*, pode-se atribuir efeito suspensivo *ope iudicis* a todo e qualquer pleito recursal, respeitados os requisitos legais. O juízo acerca de sua conveniência compete ao relator da causa recursal. Requisitos legais. A concessão de efeito suspensivo *ope iudicis* fica condicionada a comprovação, pelo recorrente, dos requisitos, a saber: (a) haver, face à eficácia imediata da decisão atacada, risco "real" de grave dano, de difícil ou impossível reparação a sua esfera jurídica, bem como, (b) demonstrar a elevada probabilidade do sucesso de seu pleito (recursal).

6. "O efeito suspensivo *ope legis* do recurso de apelação não obsta a eficácia das decisões interlocutórias nele impugnadas". Enunciado n. 559 do Fórum Permanente de Processualistas Civis.

Art. 1.013. A apelação devolverá ao tribunal o conhecimento da matéria impugnada.

§ 1º Serão, porém, objeto de apreciação e julgamento pelo tribunal todas as questões suscitadas e discutidas no processo, ainda que não tenham sido solucionadas, desde que relativas ao capítulo impugnado.

§ 2º Quando o pedido ou a defesa tiver mais de um fundamento e o juiz acolher apenas um deles, a apelação devolverá ao tribunal o conhecimento dos demais.

§ 3º Se o processo estiver em condições de imediato julgamento, o tribunal deve decidir desde logo o mérito quando:

I – reformar sentença fundada no art. 485;

II – decretar a nulidade da sentença por não ser ela congruente com os limites do pedido ou da causa de pedir;

III – constatar a omissão no exame de um dos pedidos, hipótese em que poderá julgá-lo;

IV – decretar a nulidade de sentença por falta de fundamentação.

§ 4º Quando reformar sentença que reconheça a decadência ou a prescrição, o tribunal, se possível, julgará o mérito, examinando as demais questões, sem determinar o retorno do processo ao juízo de primeiro grau.

§ 5º O capítulo da sentença que confirma, concede ou revoga a tutela provisória é impugnável na apelação.

1. A apreciação recursal encontra limite, bem compreendida a afirmativa, na extensão da impugnação suscitada pelo recorrente (efeito devolutivo). Em hipóteses especiais, contudo, por força do efeito translativo acima examinado, ter-se-á exame recursal para além da matéria objeto de impugnação. Cabe registrar, porém, que, segundo o Código, estarão submetidas à "apreciação e julgamento pelo tribunal todas as questões suscitadas e discutidas no processo, ainda que não tenham sido solucionadas, desde que relativas ao capítulo impugnado".

2. Reproduzindo em boa medida o sistema pretérito, o CPC/2015 autoriza, estando a causa em condições de imediato julgamento, que o juízo *ad quem*, em homenagem ao direito fundamental à duração razoável do processo, enfrente, de pronto, meritoriamente o recurso, quando: (I) reformar sentença fundada no art. 485; (II) decretar a nulidade da sentença por não ser ela congruente com os limites do pedido ou da causa de pedir; (III) constatar a omissão no exame de um dos pedidos, hipótese em que poderá julgá-lo; (IV) decretar a nulidade de sentença por falta de fundamentação. Reformando sentença que reconheça a decadência ou a prescrição, o tribunal julgará o mérito, examinando as demais questões, sem determinar o retorno do processo ao juízo de primeiro grau.

Art. 1.014. As questões de fato não propostas no juízo inferior poderão ser suscitadas na apelação, se a parte provar que deixou de fazê-lo por motivo de força maior.

1. Admite-se, em sede de apelação, que as questões de fato não propostas no juízo *a quo* o sejam em sede recursal, toda vez que o interessado "provar que deixou" de assim proceder "por motivo de força maior".

Trata-se de hipótese historicamente admitida entre nós (noção de "fato novo").

2. Do trâmite junto ao tribunal competente. Remetidos os autos ao juízo *ad quem*, a apelação será de imediato distribuída, nomeando-se relator para o caso concreto, com atenção aos ditames do Regimento Interno do tribunal competente para processá-la e julgá-la. Ao relator incumbirá a realização, monocrática, de juízo de admissibilidade recursal e, a despeito do teor do § 2º do artigo 941,[162] admitido o apelo, o enfrentamento meritório da impugnação ao julgado (seja para dar/negar, de pronto, provimento ao recurso – nos casos previstos em lei), o exame acerca da concessão de antecipação dos efeitos da tutela recursal ou, ainda, a concessão de efeito suspensivo ao apelo, sendo o caso, sem prejuízo de outras diligências que deva determinar. De outro giro, admitido o apelo, não sendo caso de julgamento monocrático (ou sendo, valia-se o interessado dos meios legais para conduzi-lo à apreciação colegiada), aprazar-se-á sessão para o seu julgamento, uma vez que a apelação, consoante expresso dispositivo de lei, comporta sustentação oral. Respeitada a ordem de realização dos atos processuais (leitura do relatório, concessão da palavra aos interessados e a votação em si mesma), o presidente do órgão fracionário anunciará o resultado do julgamento.

3. A apelação exige preparo, admite sustentação oral e recurso adesivo, e o acórdão que retratar o seu julgamento substituirá (efeito substitutivo) a decisão revista, ainda que o resultado revele-se idêntico.

4. A apelação e a técnica de julgamento prevista pelo art. 942. "Quando o resultado da apelação for não unânime, o julgamento terá prosseguimento em sessão a ser designada com a presença de outros julgadores, que serão convocados nos termos previamente definidos no regimento interno, em número suficiente para garantir a possibilidade de inversão do resultado inicial, assegurado às partes e a eventuais terceiros o direito de sustentar oralmente suas razões perante os novos julgadores. § 1º Sendo possível, o prosseguimento do julgamento dar-se-á na mesma sessão, colhendo-se os votos de outros julgadores que porventura componham o órgão colegiado. § 2º Os julgadores que já tiverem votado poderão rever seus votos por ocasião do prosseguimento do julgamento. § 3º A técnica de julgamento prevista neste artigo aplica-se, igualmente, ao julgamento não unânime proferido em: I – ação rescisória, quando o resultado for a rescisão da sentença, devendo, nesse caso, seu prosseguimento ocorrer em órgão de maior composição previsto no regimento interno; II – agravo de instrumento, quando houver reforma da decisão que julgar parcialmente o mérito. § 4º Não se aplica

---

[162] No julgamento de apelação ou de agravo de instrumento, a decisão será tomada, no órgão colegiado, pelo voto de 3 (três) juízes. Art. 941, § 2º, do CPC/2015.

o disposto neste artigo ao julgamento: I – do incidente de assunção de competência e ao de resolução de demandas repetitivas; II – da remessa necessária; III – não unânime proferido, nos tribunais, pelo plenário ou pela corte especial".

6.2. Agravo de Instrumento

(...)

CAPÍTULO III

DO AGRAVO DE INSTRUMENTO

1. O agravo de instrumento encontra-se disciplinado no Capítulo III (Do agravo de instrumento), Título II (Dos recursos), Livro III (Dos processos nos tribunais e dos meios de impugnação das decisões judiciais), da Parte Especial do CPC/2015.

2. "O novo CPC prevê um rol exaustivo de decisões interlocutórias contra as quais caberá agravo e, no caso de se proferir decisão que não se encontre no aludido rol, a mesma será irrecorrível em separado. Significa isto dizer que contra algumas decisões interlocutórias – as que não sejam expressamente previstas em lei como impugnáveis por agravo de instrumento – não se admitirá um recurso específico e autônomo. Nesses casos, proferida a decisão (...) deverá a parte interessada impugnar, arrazoadamente, a decisão interlocutória na apelação que interponha contra a sentença ou nas contrarrazões que ofereça à apelação pela outra parte interposta. (...). Do exposto, a grande conclusão que pode ser apresentada é de que a grande modificação do agravo de instrumento diz respeito ao seu cabimento, e não ao seu procedimento (...). De todo modo, o mais importante é que os profissionais do processo, diante do novo Código, percebam tratar-se de um novo sistema processual, e não de uma mera atualização do antigo. Augura-se, pois, que o novo seja tratado como novo, e não como o velho requentado". CÂMARA, Alexandre Freitas. Do agravo de instrumento no novo Código de Processo Civil. In: RIBEIRO, Darci Guimarães; JOBIM, Marco Félix. Desvendando o Novo CPC. Porto Alegre: Livraria do Advogado, 2015. p. 9/15.

3. Qual a natureza do pronunciamento judicial previsto pelo art. 356 do CPC/2015? Sentença ou decisão interlocutória? É possível afirmar que, à luz do sistema desenhado pelo CPC/2015, existem *decisões interlocutórias apeláveis* e *sentenças agraváveis*? Em relação àquelas, não há dúvida; a estas, teremos, no mínimo, de refletir com maior profundidade acerca do tema.

4. "No julgamento de apelação ou de agravo de instrumento, a decisão será tomada, no órgão colegiado, pelo voto de 3 (três) juízes". Art. 941, § 2º, do CPC/2015.

> Art. 1.015. Cabe agravo de instrumento contra as decisões interlocutórias que versarem sobre:
>
> I – tutelas provisórias;
>
> II – mérito do processo;
>
> III – rejeição da alegação de convenção de arbitragem;
>
> IV – incidente de desconsideração da personalidade jurídica;
>
> V – rejeição do pedido de gratuidade da justiça ou acolhimento do pedido de sua revogação;
>
> VI – exibição ou posse de documento ou coisa;
>
> VII – exclusão de litisconsorte;
>
> VIII – rejeição do pedido de limitação do litisconsórcio;
>
> IX – admissão ou inadmissão de intervenção de terceiros;
>
> X – concessão, modificação ou revogação do efeito suspensivo aos embargos à execução;
>
> XI – redistribuição do ônus da prova nos termos do art. 373, § 1º;
>
> XII – (VETADO)
>
> XIII – outros casos expressamente referidos em lei.
>
> Parágrafo único. Também caberá agravo de instrumento contra decisões interlocutórias proferidas na fase de liquidação de sentença ou de cumprimento de sentença, no processo de execução e no processo de inventário.

1. O agravo de instrumento é o recurso hábil a impugnar as decisões interlocutórias sujeitas ao regime da preclusão imediata.

2. Para além de outras hipóteses previstas em lei (elas aparecem, no Código, em pelo menos cinco outras passagens – Arts. 101, *caput*; 354, parágrafo único; 356, § 5º; 1.027, § 1º; e, 1.037, § 13), cabe agravo de instrumento, segundo o artigo sob comento, contra decisão interlocutória que (I) conceder, negar, modificar ou revogar tutela provisória; (II) versar sobre o mérito do processo; (III) rejeitar a alegação de convenção de arbitragem; (IV) decidir o incidente de desconsideração da personalidade jurídica; (V) negar o pedido de gratuidade da justiça ou acolher o pedido de sua revogação; (VI) versar sobre exibição ou posse de documento ou coisa; (VII) excluir litisconsorte; (VIII) indeferir o pedido de limitação do litisconsórcio; (IX) admitir ou repudiar intervenção de terceiro; (X) enfrentar o pedido de concessão de efeito suspensivo aos embargos à execução; (XI) redistribuir o ônus *probandi*; sem prejuízo dos demais casos previstos em lei (exemplo: art. 354, parágrafo único, do CPC/2015 – sentença de extinção parcial do processo).

3. O agravo de instrumento e a técnica de revisão do julgado em sede recursal. A decisão que enfrenta parcialmente o mérito da causa comporta, segundo expresso apontamento legal (art. 356, § 5°, CPC/2015), agravo de instrumento. Nos casos em que o julgamento do aludido recurso, sendo essa a hipótese de cabimento, alcançar resultado não unânime, aplicar-se-á, *in concreto*, a técnica processual prescrita pelo artigo 942 do CPC/2015. Não se trata, vale lembrar, de expediente de natureza recursal propriamente dito, uma vez que tal revisão, em última análise, independe de ato volitivo do sujeito legitimado a recorrer.

4. São impugnáveis por agravo de instrumento, ainda, os pronunciamentos interlocutórios proferidos na fase de liquidação ou de cumprimento de sentença, no processo de execução e no processo de inventário.

5. A apelação é o recurso hábil à impugnação do pronunciamento judicial que pretender pôr fim à fase de liquidação, ao cumprimento de sentença, ao processo de execução ou de inventário. Nesse sentido, vide, NERY JR, Nelson. NERY, Rosa Maria de Andrade. *Comentários ao Código de Processo Civil*. São Paulo: RT, 2015. p. 2085/2086, respectivamente, em notas 35 e 36.

6. A decisão que enfrenta, e desacolhe, *exceção de pré-executividade* manejada com o intuito de pôr fim ao processo de execução comporta agravo de instrumento. Inteligência do art. 1.015, parágrafo único, do CPC/2015.

7. "Na hipótese de decisão parcial com fundamento no art. 485 ou no art. 487, as questões exclusivamente a ela relacionadas e resolvidas anteriormente, quando não recorríveis de imediato, devem ser impugnadas em preliminar do agravo de instrumento ou nas contrarrazões". Enunciado n. 611 do Fórum Permanente de Processualistas Civis.

8. "Cabe agravo de instrumento contra decisão interlocutória que, apreciando pedido de concessão integral da gratuidade da Justiça, defere a redução percentual ou o parcelamento de despesas processuais". Enunciado n. 612 do Fórum Permanente de Processualistas Civis.

Art. 1.016. O agravo de instrumento será dirigido diretamente ao tribunal competente, por meio de petição com os seguintes requisitos:

I – os nomes das partes;

II – a exposição do fato e do direito;

III – as razões do pedido de reforma ou de invalidação da decisão e o próprio pedido;

IV – o nome e o endereço completo dos advogados constantes do processo.

1. Ao artigo sob comento coube, grosso modo, apontar os requisitos indispensáveis ao petitório recursal. Face à inexistência *in concreto*

de qualquer um deles, deve o agravante ser intimado para, de imediato, sanar o vício existente, pena de inadmissibilidade recursal.

2. O petitório do recurso em tela conterá, para além da qualificação de recorrente e recorrido, e do nome e endereço dos advogados que patrocinam a causa, a exposição dos fatos e direitos inerentes à contenda, sem prejuízo do apontamento da *causa de pedir recursal* (razões que embasam a impugnação – em atenção ao requisito de admissibilidade denominado *motivação atual*) e do pedido (também recursal) propriamente dito.

Art. 1.017. A petição de agravo de instrumento será instruída:

I – obrigatoriamente, com cópias da petição inicial, da contestação, da petição que ensejou a decisão agravada, da própria decisão agravada, da certidão da respectiva intimação ou outro documento oficial que comprove a tempestividade e das procurações outorgadas aos advogados do agravante e do agravado;

II – com declaração de inexistência de qualquer dos documentos referidos no inciso I, feita pelo advogado do agravante, sob pena de sua responsabilidade pessoal;

III – facultativamente, com outras peças que o agravante reputar úteis.

§ 1º Acompanhará a petição o comprovante do pagamento das respectivas custas e do porte de retorno, quando devidos, conforme tabela publicada pelos tribunais.

§ 2º No prazo do recurso, o agravo será interposto por:

I – protocolo realizado diretamente no tribunal competente para julgá-lo;

II – protocolo realizado na própria comarca, seção ou subseção judiciárias;

III – postagem, sob registro, com aviso de recebimento;

IV – transmissão de dados tipo fac-símile, nos termos da lei;

V – outra forma prevista em lei.

§ 3º Na falta da cópia de qualquer peça ou no caso de algum outro vício que comprometa a admissibilidade do agravo de instrumento, deve o relator aplicar o disposto no art. 932, parágrafo único.

§ 4º Se o recurso for interposto por sistema de transmissão de dados tipo fac-símile ou similar, as peças devem ser juntadas no momento de protocolo da petição original.

§ 5º Sendo eletrônicos os autos do processo, dispensam-se as peças referidas nos incisos I e II do *caput*, facultando-se ao agravante anexar outros documentos que entender úteis para a compreensão da controvérsia.

1. Peças obrigatórias. O recurso em tela, de um lado, deve ser instruído, necessariamente, com cópias (a) da petição inicial, (b) da contestação, (c) da petição que ensejou a decisão agravada, (d) da própria decisão agravada, (e) de certidão, ou outro documento oficial, que comprove a tempestividade do recurso, bem como, com cópias (d) das procurações outorgadas aos advogados do agravante e do agravado. Inexistindo nos autos quaisquer dos documentos acima referidos (peças obrigatórias), exige-se, para suprir-lhe(s), apresentação de declaração de inexistência do(s) documento(s) faltante(s), a ser formulada pelo advogado do agra-

vante. Tratando-se, pois, de autos eletrônicos, o recorrente ficará dispensado de apresentá-las, admitindo-se, de outro giro, a juntada de tantas quantas peças reputar úteis à melhor compreensão de sua impugnação. Sendo o caso, o petitório recursal será, ainda, instruído com o comprovante de seu preparo (pagamento das custas e do porte de retorno dos autos).

2. Peças obrigatórias. (In)admissibilidade recursal. Antes de inadmitir o pleito recursal, o relator, nos processos que tramitem em plataforma física, ao deparar-se com a não juntada de qualquer das peças obrigatórias, diligenciará na intimação do recorrente/agravante para, no prazo de 5 (cinco) dias, sanar o vício, acostando-as. Revela-se, o expediente em tela, mais um exemplo da onda "flexibilizatória" (leia-se: combate ao formalismo pernicioso) promovida pelo CPC/2015. À luz do Código revogado, o recurso seria, de imediato, inadmitido.

3. O prazo para a interposição do agravo de instrumento é, consoante inteligência do art. 1.003, § 5º, de 15 dias.

4. Agravo de instrumento. Protocolo. Processo físico. É facultado ao recorrente protocolar o agravo de instrumento na comarca, seção ou subseção em que tramita o feito no qual prolatada a decisão interlocutória atacada (ou seja, perante o juízo *a quo*). O recurso, outrossim, pode ser protocolado diretamente na sede do tribunal competente para processá-lo e julgá-lo (o juízo *ad quem*); junto aos Correios (sob registro, com aviso de recebimento) ou, ainda; mediante transmissão de dados tipo fac-símile, nos termos da lei. No derradeiro caso, as peças (obrigatórias e facultativas) podem ser juntadas no momento do protocolo da petição original.

> Art. 1.018. O agravante poderá requerer a juntada, aos autos do processo, de cópia da petição do agravo de instrumento, do comprovante de sua interposição e da relação dos documentos que instruíram o recurso.
>
> § 1º Se o juiz comunicar que reformou inteiramente a decisão, o relator considerará prejudicado o agravo de instrumento.
>
> § 2º Não sendo eletrônicos os autos, o agravante tomará a providência prevista no *caput*, no prazo de 3 (três) dias a contar da interposição do agravo de instrumento.
>
> § 3º O descumprimento da exigência de que trata o § 2º, desde que arguido e provado pelo agravado, importa inadmissibilidade do agravo de instrumento.

1. Ofertado o recurso, o agravante, no afã de obter reconsideração do juízo *a quo* em relação ao conteúdo do pronunciamento impugnado, poderá (e assim prevê o Código), nos feitos que tramitem pela via eletrônica, requerer sejam acostados aos autos (em que a decisão fora prolatada) cópia da petição recursal, do comprovante de sua interposição e da relação dos documentos que instruíram o recurso. Obtendo êxito em sua empreitada, ou seja, havendo retratação do juiz prolator da decisão impugnada, considerar-se-á prejudicado o agravo de instrumento.

2. Tramitando, de outro giro, o agravo de instrumento pela via física (não eletrônica), a juntada aos autos (em que a decisão atacada fora prolatada) dos documentos acima referidos, deixa de figurar como mera faculdade do agravante, que, no prazo de três dias, a contar da interposição do recurso, se obriga, pena de, arguida e provada (pelo agravado) sua inércia no concernente, vê-lo inadmitido. "A diligência não tem o objetivo de intimar a parte contrária, porque sua cientificação será promovida diretamente pelo tribunal (art. 1.019, II). Sua função é, precipuamente, de documentação, servindo, também, como meio de provocar o juízo de retratação (...)". BRUSCHI, Gilberto Gomes. In: WAMBIER, Teresa Arruda *et al. Breves Comentários ao Novo Código de Processo Civil.* São Paulo: RT, 2015. p. 2255.

3. Acerca da obrigatoriedade ou não da diligência junto ao juízo *a quo*, vide, com grande proveito: PORTO, Sérgio Gilberto. USTÁRROZ, Daniel. *Manual dos Recursos Cíveis.* Porto Alegre: Livraria do Advogado, 2016. p. 163/164.

Art. 1.019. Recebido o agravo de instrumento no tribunal e distribuído imediatamente, se não for o caso de aplicação do art. 932, incisos III e IV, o relator, no prazo de 5 (cinco) dias:

I – poderá atribuir efeito suspensivo ao recurso ou deferir, em antecipação de tutela, total ou parcialmente, a pretensão recursal, comunicando ao juiz sua decisão;

II – ordenará a intimação do agravado pessoalmente, por carta com aviso de recebimento, quando não tiver procurador constituído, ou pelo Diário da Justiça ou por carta com aviso de recebimento dirigida ao seu advogado, para que responda no prazo de 15 (quinze) dias, facultando-lhe juntar a documentação que entender necessária ao julgamento do recurso;

III – determinará a intimação do Ministério Público, preferencialmente por meio eletrônico, quando for o caso de sua intervenção, para que se manifeste no prazo de 15 (quinze) dias.

1. Não sendo caso de julgamento monocrático imediato, o relator, no quinquídio subsequente, diligenciará (a) no enfrentamento dos pedidos de concessão de efeito suspensivo ao recurso (uma vez que, de regra, o agravo de instrumento não tem efeito suspensivo) e de antecipação dos efeitos da tutela recursal, se houver; (b) na intimação do agravado (por seu procurador, em regra) e do Ministério Público, sendo o caso, em homenagem ao direito fundamental ao contraditório.

2. "Aplica-se o inciso V do art. 932 ao agravo de instrumento". Enunciado n. 592 do Fórum Permanente de Processualistas Civis.

Art. 1.020. O relator solicitará dia para julgamento em prazo não superior a 1 (um) mês da intimação do agravado.

1. Ao relator incumbe, tomando-se por termo inicial a data da intimação do agravado, solicitar data para o julgamento colegiado do agravo, no prazo de até 01 mês.

2. Vale sublinhar, por oportuno, que o agravo de instrumento fundado na impugnação de decisão interlocutória que verse sobre o (des)acolhimento de tutela provisória (de urgência ou de evidência) comporta, à luz do CPC/2015, sustentação oral, consoante inteligência do art. 937, VIII.

6.3. *Agravo Interno*

(...)

CAPÍTULO IV

DO AGRAVO INTERNO

Art. 1.021. Contra decisão proferida pelo relator caberá agravo interno para o respectivo órgão colegiado, observadas, quanto ao processamento, as regras do regimento interno do tribunal.

§ 1º Na petição de agravo interno, o recorrente impugnará especificadamente os fundamentos da decisão agravada.

§ 2º O agravo será dirigido ao relator, que intimará o agravado para manifestar-se sobre o recurso no prazo de 15 (quinze) dias, ao final do qual, não havendo retratação, o relator levá-lo-á a julgamento pelo órgão colegiado, com inclusão em pauta.

§ 3º É vedado ao relator limitar-se à reprodução dos fundamentos da decisão agravada para julgar improcedente o agravo interno.

§ 4º Quando o agravo interno for declarado manifestamente inadmissível ou improcedente em votação unânime, o órgão colegiado, em decisão fundamentada, condenará o agravante a pagar ao agravado multa fixada entre um e cinco por cento do valor atualizado da causa.

§ 5º A interposição de qualquer outro recurso está condicionada ao depósito prévio do valor da multa prevista no § 4º, à exceção da Fazenda Pública e do beneficiário de gratuidade da justiça, que farão o pagamento ao final.

1. As causas insertas na competência (recursal ou originária) dos tribunais são, de regra, submetidas a julgamento colegiado. A legislação pátria, contudo, autoriza, respeitadas as hipóteses legais, que o relator, em certos casos (exercendo os denominados "poderes especiais"), enfrente a questão *sub judice* monocraticamente, no afã de dar resposta mais expedida aos interessados.

2. Respeitados os demais requisitos de admissibilidade recursal, o legitimado, visando a alcançar pronunciamento colegiado acerca da matéria enfrentada monocraticamente, poderá, querendo, ofertar agravo interno, no prazo de 15 dias (computados tão somente os dias úteis). A competência para processar e julgar o aludido recurso pertence, pois, ao órgão fracionário ao qual pertença o relator.

3. É competente para disciplinar o trâmite de processamento do recurso sob comento, respeitadas as prescrições do CPC/2015, o regimento interno do tribunal competente para processá-lo e julgá-lo.

4. Incumbe ao recorrente (agravante) impugnar especificadamente os fundamentos da decisão atacada (o julgado monocrático), pena de inadmissibilidade do pleito recursal. O presente apontamento legal, bem compreendido, revela-se corolário do denominado princípio da motivação atual.

5. Direcionamento. Diligências. Retratação. Julgamento. O agravo interno deve ser endereçado ao relator da causa (aquele mesmo que julgou monocraticamente a questão *sub judice*) que, de imediato, determinará que se proceda, em homenagem ao direito fundamental ao contraditório,[163] na intimação do recorrido (no caso, o agravado) para, no prazo da lei, querendo, apresentar contrarrazões recursais. Escoado o aludido lapso temporal, e ausente a reconsideração (juízo de retratação positivo), o relator requererá a inclusão do recurso em pauta, sujeitando-o à apreciação colegiada.

6. Não há baralhar a decisão que monocraticamente julga a causa (e que serve de fundamento ao oferecimento do agravo interno) e a que enfrenta o agravo interno propriamente dito. Tratando-se de pronunciamentos diversos, cada qual deve ter fundamentação própria, revelando-se defeso (ou seja, proibido) ao relator limitar-se à mera reprodução dos fundamentos da decisão agravada para negar provimento ao agravo interno.

7. Agravo protelatório. Punição. Quando o agravo interno for declarado manifestamente inadmissível, ou improcedente, em votação unânime, o órgão colegiado, em decisão fundamentada, condenará o agravante a pagar ao agravado multa fixada entre um e cinco por cento do valor atualizado da causa. Trata-se, pois, de expediente legislativo destinado a combater o oferecimento de recursos meramente protelatórios. A multa, havendo condenação, será devida ao recorrido.

8. Havendo condenação do agravante ao pagamento da multa acima referida, a comprovação de seu adimplemento passará a figurar como *requisito de admissibilidade* para os futuros recursos promovidos pelo devedor (o ora agravante). Não estão sujeitos à aludida comprovação a Fazenda Pública e o jurisdicionado que litigue sob o pálio da justiça gratuita, de quem só se poderá exigir o cumprimento da referida obrigação pecuniária ao cabo do processo.

---

[163] Acerca do tema: TORRES, Artur. *Fundamentos de um Direito Processual Civil Contemporâneo* (Parte I). Porto Alegre: Arana, 2016. *Passim.*

9. O agravo interno não se encontra adstrito ao regramento do preparo.

10. Agravo interno. Sustentação oral. Tendo a monocrática impugnada sido prolatada em sede de recurso que admita sustentação oral não há, pena de violação ao devido processo de direito, suprimir tal possibilidade. Nesses casos, a parte a quem interessar o uso da palavra (sustentação oral) por ocasião do julgamento do recurso em epígrafe, dela poderá, na sessão de julgamento, se fazer valer.

11. "Art. 1.030. Recebida a petição do recurso pela secretaria do tribunal, o recorrido será intimado para apresentar contrarrazões no prazo de 15 (quinze) dias, findo o qual os autos serão conclusos ao presidente ou ao vice-presidente do tribunal recorrido, que deverá: I – negar seguimento: a) a recurso extraordinário que discuta questão constitucional à qual o Supremo Tribunal Federal não tenha reconhecido a existência de repercussão geral ou a recurso extraordinário interposto contra acórdão que esteja em conformidade com entendimento do Supremo Tribunal Federal exarado no regime de repercussão geral; b) a recurso extraordinário ou a recurso especial interposto contra acórdão que esteja em conformidade com entendimento do Supremo Tribunal Federal ou do Superior Tribunal de Justiça, respectivamente, exarado no regime de julgamento de recursos repetitivos; (...) III – sobrestar o recurso que versar sobre controvérsia de caráter repetitivo ainda não decidida pelo Supremo Tribunal Federal ou pelo Superior Tribunal de Justiça, conforme se trate de matéria constitucional ou infraconstitucional; (...) § 2º Da decisão proferida com fundamento nos incisos I e III caberá agravo interno, nos termos do art. 1.021." (Redação dada pela Lei 13.256/2016).

12. "Art. 1.035. O Supremo Tribunal Federal, em decisão irrecorrível, não conhecerá do recurso extraordinário quando a questão constitucional nele versada não tiver repercussão geral, nos termos deste artigo. (...) § 6º O interessado pode requerer, ao presidente ou ao vice-presidente do tribunal de origem, que exclua da decisão de sobrestamento e inadmita o recurso extraordinário que tenha sido interposto intempestivamente, tendo o recorrente o prazo de 5 (cinco) dias para manifestar-se sobre esse requerimento. § 7º Da decisão que indeferir o requerimento referido no § 6º ou que aplicar entendimento firmado em regime de repercussão geral ou em julgamento de recursos repetitivos caberá agravo interno." (Redação dada pela Lei nº 13.256, de 2016) (...)

13. "Art. 1.036. Sempre que houver multiplicidade de recursos extraordinários ou especiais com fundamento em idêntica questão de direito, haverá afetação para julgamento de acordo com as disposições desta Subseção, observado o disposto no Regimento Interno do Supremo Tribunal Federal e no do Superior Tribunal de Justiça. (...) § 2º O in-

teressado pode requerer, ao presidente ou ao vice-presidente, que exclua da decisão de sobrestamento e inadmita o recurso especial ou o recurso extraordinário que tenha sido interposto intempestivamente, tendo o recorrente o prazo de 5 (cinco) dias para manifestar-se sobre esse requerimento. *§ 3º Da decisão que indeferir o requerimento referido no § 2º caberá apenas agravo interno.*" (Redação dada pela Lei 13.256/2016).

14. "Art. 1.037. Selecionados os recursos, o relator, no tribunal superior, constatando a presença do pressuposto do *caput* do art. 1.036, proferirá decisão de afetação, na qual: (...) § 9º Demonstrando distinção entre a questão a ser decidida no processo e aquela a ser julgada no recurso especial ou extraordinário afetado, a parte poderá requerer o prosseguimento do seu processo. § 10. O requerimento a que se refere o § 9º será dirigido: I – ao juiz, se o processo sobrestado estiver em primeiro grau; II – ao relator, se o processo sobrestado estiver no tribunal de origem; III – ao relator do acórdão recorrido, se for sobrestado recurso especial ou recurso extraordinário no tribunal de origem; IV – ao relator, no tribunal superior, de recurso especial ou de recurso extraordinário cujo processamento houver sido sobrestado. § 11. A outra parte deverá ser ouvida sobre o requerimento a que se refere o § 9º, no prazo de 5 (cinco) dias. § 12. Reconhecida a distinção no caso: I – dos incisos I, II e IV do § 10, o próprio juiz ou relator dará prosseguimento ao processo; II – do inciso III do § 10, o relator comunicará a decisão ao presidente ou ao vice-presidente que houver determinado o sobrestamento, para que o recurso especial ou o recurso extraordinário seja encaminhado ao respectivo tribunal superior, na forma do art. 1.030, parágrafo único. *§ 13. Da decisão que resolver o requerimento a que se refere o § 9º caberá:* I – agravo de instrumento, se o processo estiver em primeiro grau; II – *agravo interno, se a decisão for de relator*".

15. "A interposição do agravo interno prolonga a dispensa provisória de adiantamento de despesa processual de que trata o § 7º do art. 99, sendo desnecessário postular a tutela provisória recursal". Enunciado n. 613 do Fórum Permanente de Processualistas Civis. O art. 99, assim prevê: "Art. 99 (...) § 7º Requerida a concessão de gratuidade da justiça em recurso, o recorrente estará dispensado de comprovar o recolhimento do preparo, incumbindo ao relator, neste caso, apreciar o requerimento e, se indeferi-lo, fixar prazo para realização do recolhimento".

16. "Caberá recurso de agravo interno contra decisão monocrática que, com fundamento no art. 932, III do CPC/2015, não admitir os embargos de divergência. Neste caso, o recorrente deverá impugnar especificamente a decisão que não admitiu o recurso sob pena de não se conhecer do recurso de agravo interno. Este é o entendimento iterativo do Superior Tribunal de Justiça (...)". FREIRE, Alexandre. In: WAMBIER, Teresa Arruda Alvim; DIDIER JR., Fredie; TALAMINI, Eduardo; DAN-

TAS, Bruno. (Coord.). *Breves Comentários ao Novo Código de Processo Civil.* São Paulo: RT, 2015. (extraído da versão digital – páginas variáveis).

6.4. Embargos de declaração

(...)

CAPÍTULO V

DOS EMBARGOS DE DECLARAÇÃO

Art. 1.022. Cabem embargos de declaração contra qualquer decisão judicial para:

I – esclarecer obscuridade ou eliminar contradição;

II – suprir omissão de ponto ou questão sobre o qual devia se pronunciar o juiz de ofício ou a requerimento;

III – corrigir erro material.

Parágrafo único. Considera-se omissa a decisão que:

I – deixe de se manifestar sobre tese firmada em julgamento de casos repetitivos ou em incidente de assunção de competência aplicável ao caso sob julgamento;

II – incorra em qualquer das condutas descritas no art. 489, § 1º.

1. Inexistem, no processo, pronunciamentos judiciais despidos de finalidade, ou seja, toda e qualquer manifestação do juízo visa a obtenção de um resultado (impulsionar o feito, decidir questão incidente, dar por prestada a jurisdição e etc.). Tais pronunciamentos, por definição, devem-se, intrinsecamente, mostrar claros, coerentes e atentos à integralidade das postulações formuladas (e, doravante, também, aos argumentos suscitados pelas partes, capazes, em tese, de infirmar a convicção alcançada pelo julgador). Faculta-se ao interessado, ausentes quaisquer dos requisitos anunciados (clareza, coerência, enfrentamento de todos os pedidos realizados e enfrentamento dos argumentos nucleares suscitados em juízo), opor embargos de declaração, no afã de vê-los, *in concreto*, respeitados.

2. Os embargos de declaração, na linha do CPC/2015, figuram, também, como ferramenta processual hábil à correção dos erros materiais havidos no pronunciamento judicial. Inteligência do art. 1.022, III, da Lei 13.105/2015.

3. O recurso sob comento, segundo expressa previsão legal, tem cabimento para: (a) esclarecer obscuridade ou eliminar contradição havida no julgado; (b) suprir omissão de ponto ou questão sobre o qual devia se pronunciar o juiz de ofício ou a requerimento e não o fez; (c) postular a correção de erro material.

4. Omissão. Inteligência do art. 1.022, II, do CPC/2015. Considera-se omissa, segundo o CPC/2015, a decisão que (a) deixar de se manifestar

---

SENTENÇA, COISA JULGADA E RECURSOS CÍVEIS CODIFICADOS

acerca de tese firmada em julgamento de casos repetitivos ou em incidente de assunção de competência aplicável ao caso concreto; (b) cingir-se à indicação, à reprodução ou à paráfrase de ato normativo, sem explicar sua relação com a causa ou a questão decidida; (c) empregar conceitos jurídicos indeterminados, deixando de explicar o motivo e os limites de sua incidência no caso concreto; (d) que invocar motivos que se prestariam a justificar qualquer outra decisão; (e) que deixar de enfrentar quaisquer dos argumentos deduzidos no processo capazes de, em tese, infirmar a conclusão adotada pelo julgador; (f) que se limitar a invocar precedente ou enunciado de súmula, sem identificar seus fundamentos determinantes nem demonstrar que o caso sob julgamento se ajusta aos mesmos; e, por fim, (h) que deixar de seguir enunciado de súmula, jurisprudência ou precedente invocado pela parte, sem demonstrar a existência de distinção no caso em julgamento ou a superação do entendimento.

5. Sustentamos, a despeito do teor do art. 1.001, na linha outrora defendida por Araken de Assis, que os despachos (pronunciamento judicial despido de carga decisória relevante) também comportam embargos de declaração. Comentando o recurso sob análise, à luz do CPC/73, já se disse, com razão, que o "fato de o despacho não provocar gravame às partes não o isenta dos defeitos do art. 535" (ASSIS, Araken de. *Manual dos recursos cíveis*. 2ª ed. São Paulo: RT, 2008. p. 598.), atualmente apontados pelo art. 1.022, da Lei 13.105/2015.

> Art. 1.023. Os embargos serão opostos, no prazo de 5 (cinco) dias, em petição dirigida ao juiz, com indicação do erro, obscuridade, contradição ou omissão, e não se sujeitam a preparo.
>
> § 1º Aplica-se aos embargos de declaração o art. 229.
>
> § 2º O juiz intimará o embargado para, querendo, manifestar-se, no prazo de 5 (cinco) dias, sobre os embargos opostos, caso seu eventual acolhimento implique a modificação da decisão embargada.

1. Os embargos de declaração, apesar da unificação dos prazos recursais promovida pelo CPC/2015, destoaram, no concernente, dos demais meios intrínsecos de impugnação às decisões judiciais. Enquanto os demais recursos codificados, à integralidade, devem ser ofertados no prazo de 15 (quinze) dias, os declaratórios, por sua vez, devem ser promovidos, pena de preclusão temporal, no período de 5 (cinco) dias (vale lembrar: computam-se, para todos os prazos fixados em dias, apenas os dias úteis). Ressalte-se, pois, que, nas ações litisconsorciais, se os litisconsortes possuírem distintos procuradores (de escritórios de advocacia diferentes), o prazo para o oferecimento do recurso será dobrado (exceto nos processos que tramitem na plataforma eletrônica), independentemente de requerimento e do órgão competente para processar e julgar o recurso (inteligência do art. 229, CPC/2015).

2. Embargos declaratórios. Competência. É competente para processar e julgar os embargos de declaração o órgão prolator do pronunciamento impugnado. Não há, nesse cenário, distinguir juízo *a quo* e juízo *ad quem*.

3. Incumbe ao embargante, pena de inadmissibilidade do pleito recursal, apontar, expressamente, o erro, a obscuridade, a contradição ou omissão que serve de fundamento ao recurso promovido, ou seja, esmiuçar em qual hipótese de cabimento, *in concreto*, enquadra-se o pleito recursal promovido.

4. Embargos de declaração. Preparo. O processamento e o julgamento dos aclaratórios independem de preparo.

5. Direito fundamental ao contraditório. Embargos de declaração. Procedimento. Os declaratórios não se prestam, por definição, imediatamente a alterar meritoriamente o "resultado" contido no pronunciamento. Há, contudo, hipóteses em que o acolhimento do pleito recursal sob comento conduzirá, em última análise, a resultado diverso (isto é, alteração "de resultado" no julgado que serviu de base à propositura dos embargos). Diz-se, nesses casos, que os *efeitos infringentes* se fazem sentir. Quando, ao menos em tese, exista tal possibilidade (de que os efeitos infringentes se façam presentes), o julgador, em homenagem ao direito fundamental ao contraditório, determinará que se proceda, de imediato, na intimação do embargado, antes do enfrentamento meritório do pleito recursal, para, querendo, manifestar-se (apresentando contrarrazões), no prazo de 5 (cinco) dias.

6. "Não havendo prévia intimação do embargado para apresentar contrarrazões aos embargos de declaração, se surgir divergência capaz de acarretar o acolhimento com atribuição de efeito modificativo do recurso durante a sessão de julgamento, esse será imediatamente suspenso para que seja o embargado intimado a manifestar-se no prazo do § 2º do art. 1.023". Enunciado n. 614 do Fórum Permanente de Processualistas Civis.

> Art. 1.024. O juiz julgará os embargos em 5 (cinco) dias.
>
> § 1º Nos tribunais, o relator apresentará os embargos em mesa na sessão subsequente, proferindo voto, e, não havendo julgamento nessa sessão, será o recurso incluído em pauta automaticamente.
>
> § 2º Quando os embargos de declaração forem opostos contra decisão de relator ou outra decisão unipessoal proferida em tribunal, o órgão prolator da decisão embargada decidi-los-á monocraticamente.
>
> § 3º O órgão julgador conhecerá dos embargos de declaração como agravo interno se entender ser este o recurso cabível, desde que determine previamente a intimação do recorrente para, no prazo de 5 (cinco) dias, complementar as razões recursais, de modo a ajustá-las às exigências do art. 1.021, § 1º.

§ 4º Caso o acolhimento dos embargos de declaração implique modificação da decisão embargada, o embargado que já tiver interposto outro recurso contra a decisão originária tem o direito de complementar ou alterar suas razões, nos exatos limites da modificação, no prazo de 15 (quinze) dias, contado da intimação da decisão dos embargos de declaração.

§ 5º Se os embargos de declaração forem rejeitados ou não alterarem a conclusão do julgamento anterior, o recurso interposto pela outra parte antes da publicação do julgamento dos embargos de declaração será processado e julgado independentemente de ratificação.

1. Prazo para a apreciação recursal. Os embargos de declaração, segundo o texto legal, serão "julgados" no prazo de cinco dias. Problema que se põe diz com o termo inicial para o cômputo do quinquídio. Data do protocolo do recurso? Data da primeira conclusão? Data da juntada das contrarrazões, quando cabíveis?

2. Compete ao julgador que prolatou decisão unipessoal, por ocasião de trâmite processual junto a tribunal, julgar, monocraticamente, os embargos de declaração opostos face à decisão (unipessoal/monocrática) atacada.

3. Hipótese típica de aplicação da fungibilidade recursal. O órgão julgador conhecerá dos embargos de declaração opostos como agravo interno se entender ser este o recurso cabível, determinando a imediata intimação do recorrente para, no prazo de 5 (cinco) dias, complementar as razões recursais, de modo a ajustá-las as exigências do agravo interno. Trata-se de medida, em última análise, que visa ao melhor aproveitamento dos atos processuais.

4. Efeitos infringentes *in concreto*. Consequências processuais para o embargado. O oferecimento dos declaratórios interrompe, para o embargante, o prazo para oferecimento do recurso "principal". Havendo sucumbência recíproca, é possível, pois, que ambos os contendores venham a impugnar a decisão que serviu de alicerce à oferta dos embargos. Perceba-se que, para o embargado, não há falar em interrupção do prazo para o oferecimento do recurso "principal" (o que acontece, reitere-se, apenas para o embargante), razão pela qual, a despeito do oferecimento de embargos de declaração alheio, deve o mesmo (o embargado), no prazo originário, pena de preclusão temporal, promover o recurso que entender cabível. Note-se, porém, que a interposição do aludido recurso tomará por base, necessariamente, o teor da decisão proferida antes do enfrentamento dos embargos de declaração que, em caso de acolhimento, poderá alterá-la (efeitos infringentes). Na hipótese, ou seja, havendo modificação no julgado originário (face ao acolhimento dos aclaratórios), o legislador assegura ao embargado/recorrente o direito de "complementar ou alterar suas razões" recursais, respeitados os "exatos limites da modificação", advinda dos efeitos infringentes dos

embargos, no prazo de 15 dias, contados da intimação da decisão dos aclaratórios. Trata-se de medida, em última análise, que demonstra total sintonia com o direito fundamental ao contraditório. Desacolhidos, todavia, os embargos de declaração, mostra-se dispensável, segundo o Código, que o embargado/recorrente renove seu interesse na apreciação do recurso já ofertado com base na decisão originária.

> Art. 1.025. Consideram-se incluídos no acórdão os elementos que o embargante suscitou, para fins de pré-questionamento, ainda que os embargos de declaração sejam inadmitidos ou rejeitados, caso o tribunal superior considere existentes erro, omissão, contradição ou obscuridade.

1. Consoante expressa prescrição constitucional, o pré-questionamento ("causa decidida") figura como requisito de admissibilidade recursal (específico) inerente ao acesso à jurisdição extraordinária (Resp. e RE.). Num passado nem tão distante, os "homens do foro", no afã de preparar o terreno para acessar tal alçada da jurisdição, viam-se compelidos, face à omissão dos julgadores em enfrentar certos fundamentos suscitados *in concreto* (com o que se pretendia, sobretudo, suprir a exigência constitucional), a lançar mão do recurso em tela, com o claro intuito de (pre)questionar a matéria. Problema maior, em última análise, advinha do não conhecimento dos aclaratórios (face à alegação, por exemplo, da inexistência de omissão, obscuridade ou contradição no julgado, não raro motivado pela afirmativa de que o julgador não estaria, sob a égide do CPC/73, obrigado a enfrentar todos os fundamentos suscitados pela parte) uma vez que, embora alegados, diante do silêncio judiciário, certos temas eram considerados não "enfrentados", fechando-se, pois, as portas da jurisdição extraordinária. O art. 1.025 do CPC/2015, atento a tal peculiaridade, vem em bom momento. Segundo o próprio, consideram-se, doravante, inclusos na decisão embargada os elementos que o recorrente suscitou, para fins de prequestionamento, ainda que os embargos de declaração sejam inadmitidos ou rejeitados, caso o tribunal superior considere existentes erro, omissão, contradição ou obscuridade. Trata-se de expediente, à evidência, combativo a denominada jurisprudência defensiva

2. Reputamos importante, na condição de "dica" forense, havendo, por exemplo, interesse no enfrentamento direto, pelo julgado, de certo dispositivo de lei, que o advogado o formule, também, na condição de pedido, uma vez que, havendo postulação nesse sentido, e, em não se tratando de cumulação eventual de pedidos, o julgador estará, por força de lei, obrigado a enfrentá-lo, pena de caracterização da omissão tradicional que legitima a oferta do recurso sob comento.

> Art. 1.026. Os embargos de declaração não possuem efeito suspensivo e interrompem o prazo para a interposição de recurso.

§ 1º A eficácia da decisão monocrática ou colegiada poderá ser suspensa pelo respectivo juiz ou relator se demonstrada a probabilidade de provimento do recurso ou, sendo relevante a fundamentação, se houver risco de dano grave ou de difícil reparação.

§ 2º Quando manifestamente protelatórios os embargos de declaração, o juiz ou o tribunal, em decisão fundamentada, condenará o embargante a pagar ao embargado multa não excedente a dois por cento sobre o valor atualizado da causa.

§ 3º Na reiteração de embargos de declaração manifestamente protelatórios, a multa será elevada a até dez por cento sobre o valor atualizado da causa, e a interposição de qualquer recurso ficará condicionada ao depósito prévio do valor da multa, à exceção da Fazenda Pública e do beneficiário de gratuidade da justiça, que a recolherão ao final.

§ 4º Não serão admitidos novos embargos de declaração se os 2 (dois) anteriores houverem sido considerados protelatórios.

1. Todo pronunciamento judicial, respeitadas as hipóteses de cabimento do recurso em epígrafe, comporta, em tese, embargos de declaração. Algumas das decisões judiciais, consoante apontado acima, estão sujeitas a impugnação por recursos que, por disposição legal, impedem que a eficácia do pronunciamento atacado se faça sentir de imediato (o só fato de haver previsão do cabimento de recurso que deva ser recebido com efeito suspensivo já a impede de se fazer sentir *incontinenti* – exemplo: sentença sujeita ao recurso de apelação, que não se enquadra nas exceções legais). Há casos, porém, em que a decisão, para além da possibilidade de oferecimento dos declaratórios, comporta impugnação mediante interposição de recurso despido de efeito suspensivo *ope legis*. No primeiro caso, embora ofertados os embargos, perceba-se que a não eficácia imediata da decisão atacada deriva, sobretudo, da previsão (legal) de estar a decisão embargada sujeita à impugnação mediante recurso que deva ser recebido no efeito suspensivo, em nada interferindo, no concernente, a interposição dos embargos declaratórios; no segundo, ou seja, nos casos em que inexista previsão legal de efeito suspensivo, a interposição dos aclaratórios, por si só, não possuem o condão de evitar que a decisão atacada produza, desde logo, eficácia mundana. O recurso em tela, sublinhe-se, não se insere no grupo daqueles que impedem, pelo seu só cabimento, que a decisão atacada se faça sentir.

2. É facultado ao órgão prolator da decisão (também competente para apreciar os declaratórios), ofertado o recurso e presentes os requisitos legais, a ele atribuir efeito suspensivo *ope iudicis*. Inteligência do § 1º, do artigo 1.026 do CPC/2015.

3. Embora despido de efeito suspensivo *ope legis*, o oferecimento dos embargos de declaração *interrompe* o prazo para a interposição do recurso destinado à impugnação principal da decisão. A sentença, em regra, comporta apelação. O prazo para a interposição do apelo é de 15 dias. Imagine-se, pois, que certa sentença (de improcedência), proferida em gabinete, fora disponibilizada no Diário de Justiça em 01.03.2016

(terça-feira). Em tese, o prazo fatal (computados apenas os dias úteis) para o oferecimento da apelação seria 23.03.2016 (quarta-feira). Imagine-se, agora, que, sustentando determinada omissão, o autor (sucumbente) interponha, em 09.03.2016, embargos de declaração. Na data do protocolo do recurso sob comento, pois, o prazo do autor/embargante para a interposição da apelação, restará interrompido. Significa dizer: após o julgamento dos embargos, o prazo para apelar será devolvido ao autor à integralidade, ou seja, após a publicação do resultado do julgamento dos declaratórios, mantido o interesse recursal, computar-se-ão outros 15 dias (úteis) para o oferecimento do apelo.

4. Há de se registrar, em relação aos efeitos da interposição dos embargos, que o CPC/2015 pôs fim à dicotomia havida entre o(s) procedimento(s) previstos pelo CPC/73 e o procedimento especialíssimo dos Juizados Especiais, no que diz com a "paralisação" do prazo para interposição do recurso principal. O teor do art. 50 da Lei 9.099/95 (Lei dos Juizados Especiais) dispunha outrora: "Quando interpostos contra sentença, os embargos de declaração suspenderão o prazo para recurso". O artigo 1.065 do CPC/2015, por sua vez, alterou a redação do aludido dispositivo legal, fazendo constar: "O art. 50 da Lei nº 9.099, de 26 de setembro de 1995, passa a vigorar com a seguinte redação: 'Art. 50. Os embargos de declaração interrompem o prazo para a interposição de recurso'".

5. "Os embargos de declaração no âmbito do Supremo Tribunal Federal interrompem o prazo para a interposição de outros recursos". Enunciado n. 563 do Fórum Permanente de Processualistas Civis.

6.5. Dos recursos para os tribunais superiores

CAPÍTULO VI
DOS RECURSOS PARA O SUPREMO TRIBUNAL FEDERAL E PARA O SUPERIOR TRIBUNAL DE JUSTIÇA

1. Afigura-se adequado afirmar que a jurisdição pátria, de um ponto de vista macroscópico, é prestada em dupla dimensão: uma ordinária; outra extraordinária. Fala-se, no primeiro caso, de uma prestação comprometida com a análise, bem compreendida a afirmativa, de questões de fato e de direito inerentes ao caso *sub judice* (nada obstante possam, nesse cenário, limitar-se, *in concreto*, a questões de direito); no segundo, de atividade estatal comprometida com a uniformização da aplicação do direito. No âmbito da jurisdição ordinária, a atividade recursal dá vida, como regra, ao consagrado princípio do duplo grau de jurisdição, visando os contentores, sobretudo, a obter revisão/reanálise das questões de

fato e de direito envoltas à causa, já apreciadas (como regra), mediante juízo de certeza ou não, em grau inferior de jurisdição. São exemplos de recursos de jurisdição ordinária a apelação e o agravo de instrumento. A competência para enfrentá-los meritoriamente pertence, em regra, aos tribunais locais e regionais, bem como, às turmas recursais. Há casos, porém, em que a tarefa toca aos tribunais superiores (cuja função precípua é diversa), a exemplo do que ocorre com o denominado recurso ordinário, de previsão constitucional.

2. No espectro dos recursos de jurisdição extraordinária, por sua vez, não há falar em operacionalização do duplo grau de jurisdição (que, em tese, se revela pressuposto lógico de acesso à jurisdição extraordinária – não se alcança tal âmbito, como regra, sem o esgotamento, tópico, da jurisdição ordinária) ou, ainda, em um terceiro grau de jurisdição (que tecnicamente não existe e, faticamente, não deveria existir). A melhor compreensão da atividade recursal extraordinária requer um cotejo com a função precípua atribuída aos tribunais superiores: uniformizar a aplicação do direito objetivo. Eis a tarefa! O espaço em epígrafe (jurisdição extraordinária) não se presta, portanto, à revisão de questões fáticas (objeto, sempre, de prestação jurisdicional ordinária). Destina-se, de outro giro, a impor a aplicação igualitária do direito posto (por vezes, da legislação federal infraconstitucional; por vezes, da própria Constituição).

3. "Os recursos dirigidos aos Tribunais Superiores, logicamente, são interpostos por pessoas animadas pelo desejo de ver reconhecido algum direito. Isto é inegável. Contudo, esses recursos são idealizados no sistema com fins distintos dos recursos ditos ordinários. Pode ocorrer – e certamente ocorre – que muitos requisitos de admissibilidade ou regras de julgamento dos recursos tradicionalmente ordinários sejam observados quando da apreciação dos recursos dirigidos aos Tribunais Superiores. Todavia, há traços que lhes permitem agrupar em categoria diversa da generalidade dos recursos previstos nos graus ordinários de jurisdição, pois, são, em realidade, recursos de natureza extraordinária, ou seja, somente são admitidos frente a circunstâncias que vão para além da alegação de justiça ou injustiça da decisão. A existência dos recursos de índole extraordinária, dentro do sistema, é animada por outro interesse, que não apenas o direito das partes envolvidas no litígio". USTÁRROZ, Daniel; PORTO, Sérgio Gilberto. *Manual dos Recursos Cíveis*. 4ª ed. Porto Alegre: Livraria do Advogado, 2013, p. 213.

3. "Através do julgamento dos recursos extraordinário e especial, os Tribunais Superiores desempenham a função de definir e assegurar a unidade de inteligência da norma constitucional e federal infraconstitucional. (...) o texto da Constituição ou da lei é o ponto de partida para se chegar à norma jurídica, e que esta é o produto da interpretação realiza-

da para resolver problemas. O recurso extraordinário, e, depois, o recurso especial surgiram com a finalidade de assegurar que a norma jurídica (isso é, o sentido atribuído a um texto, ou a um princípio jurídico) seja uniforme, em âmbito nacional, e de preservar sua autoridade. (...) Pode-se dizer papel preponderante dos tribunais superiores, em nosso ordenamento, liga-se a definição do direito objetivo (muito embora também acabem julgando casos, com o que, reflexamente, acabam também definindo o direito das partes, no processo)." MEDINA, José Miguel Garcia. *Direito Processual Civil Moderno*. São Paulo: RT, 2015. p. 1257/1258.

6.5.1. Recurso ordinário

(...)

Seção I

Do Recurso Ordinário

Art. 1.027. Serão julgados em recurso ordinário:

I – pelo Supremo Tribunal Federal, os mandados de segurança, os habeas data e os mandados de injunção decididos em única instância pelos tribunais superiores, quando denegatória a decisão;

II – pelo Superior Tribunal de Justiça:

a) os mandados de segurança decididos em única instância pelos tribunais regionais federais ou pelos tribunais de justiça dos Estados e do Distrito Federal e Territórios, quando denegatória a decisão;

b) os processos em que forem partes, de um lado, Estado estrangeiro ou organismo internacional e, de outro, Município ou pessoa residente ou domiciliada no País.

§ 1º Nos processos referidos no inciso II, alínea "b", contra as decisões interlocutórias caberá agravo de instrumento dirigido ao Superior Tribunal de Justiça, nas hipóteses do art. 1.015.

§ 2º Aplica-se ao recurso ordinário o disposto nos arts. 1.013, § 3º, e 1.029, § 5º.

1. O recurso ordinário, bem compreendida a afirmativa, cumpre, face às hipóteses constitucionalmente previstas, a função da apelação. Serve, pois, à operacionalização do duplo grau de jurisdição, nos casos de competência originária dos tribunais (por vezes, dos tribunais locais e tribunais regionais; por vezes, dos próprios tribunais superiores). Assim, a despeito de pertencer a competência (recursal) dos tribunais superiores, trata-se, na linha da classificação por nós adotada, de recurso de jurisdição ordinária. As Cortes Superiores, no caso do recurso sob comento, funcionam na condição de Cortes de Justiça, tais e quais os tribunais estaduais e regionais.

2. "Embora as Cortes Superiores tenham como principal função, respectivamente, a guarda da Constituição e a unidade do direito federal, atuando em recursos extravagantes que não correspondem ao desi-

derato de reexame das questões de fato e de direito que ensejaram uma determinada decisão, em sede de processo subjetivo, o recurso ordinário afeiçoa-se aos recursos comuns, mais precisamente à apelação, atribuindo a função de duplo grau de jurisdição tanto ao Supremo Tribunal Federal como ao Superior Tribunal de Justiça, em situações especialíssimas (...)". MACEDO, Elaine Harzhein. In: *Novo Código de Processo Civil anotado*. Porto Alegre: OAB/RS, 2015. p. 144.

3. As hipóteses de cabimento recursal aventadas pelo CPC/2015, como não poderia deixar de ser, reproduzem aquelas previstas pelos arts. 102, II, *a*, e 105, II, *b* e *c* (inerentes à matéria cível) da Constituição Federal de 1988.

4. As interlocutórias proferidas nos processos em que figurem como partes, de um lado, Estado estrangeiro ou organismo internacional e, de outro, Município ou pessoa residente ou domiciliada no País, são impugnáveis por agravo de instrumento, respeitadas as hipóteses prescritas pelo artigo 1.015 do CPC/2015.

5. O tribunal superior competente para processar e julgar o recurso ordinário deve enfrentá-lo, de imediato (ou seja, sem determinar o retorno dos autos ao juízo *a quo*), para, sendo o caso, (a) reformar sentença terminativa prolatada pelo juízo *a quo*; (b) reconhecer a nulidade do julgado, por revelar-se incongruente com os limites da postulação *sub judice*; (c) constatar que um dos pedidos formulados pela parte não foi enfrentado pelo julgado impugnado; ou, ainda, (d) para decretar a nulidade da sentença por falta de fundamentação.

6. A decisão que comporta o oferecimento de recurso ordinário produz, via de regra, eficácia imediata, uma vez que inexiste previsão legal de que o cabimento do recurso, por si só, a impeça (em outras palavras: não há previsão de efeito suspensivo *ope legis* para o recurso sob comento).[164] É possível, segundo o sistema pátrio, que o interessado formule pedido de concessão de efeito suspensivo *ope iudicis*, sendo o caso. O § 2º do art. 1.027, *in fine*, disciplina, valendo-se da regra aplicável aos recursos de jurisdição extraordinária, o destinatário da postulação: tal pedido (leia-se: de concessão de efeito suspensivo *ope iudicis*) deve ser feito (a) ao tribunal competente para apreciar meritoriamente o pleito recursal, no período compreendido entre a interposição do recurso e sua

---

[164] "PROCESSO CIVIL. ADMINISTRATIVO. CAUTELAR PARA ATRIBUIR EFEITO SUSPENSIVO A RECURSO ORDINÁRIO EM MANDADO DE SEGURANÇA. CONCURSO PÚBLICO. SERVIÇOS NOTARIAIS E DE REGISTRO. CERTIDÕES. CARTÓRIOS DISTRIBUIDORES. DESCUMPRIMENTO DO EDITAL. PROBABILIDADE DE ÊXITO. AUSÊNCIA. 1. O deferimento de medida liminar para atribuir efeito suspensivo a recurso interposto perante esta Corte Superior é medida de caráter excepcional, apenas cabível quando efetivamente demonstrada a plausibilidade das alegações, a probabilidade de êxito do apelo e o perigo na demora. (...) (AgRg na MC 25.183/PR, Rel. Ministra DIVA MALERBI (DESEMBARGADORA CONVOCADA TRF 3ª REGIÃO), Segunda Turma, julgado em 09/08/2016, DJe 18/08/2016)".

distribuição, ficando o relator designado para seu exame prevento para julgá-lo ou, (b) ao relator, se já distribuído o recurso. Alerte-se, entretanto, que, ao menos nos casos em que a legislação prevê expressamente a aplicação do regramento pertinente ao recurso de apelação para o recurso ordinário, apesar do entendimento jurisprudencial, não nos parece desarrazoado sustentar a incidência do efeito suspensivo *ope legis* ao recurso sob comento.

7. "Recurso ordinário nas causas internacionais. (...). Tais causas são julgadas, em primeiro grau de jurisdição, pelos juízes federais (CF/1988, Art. 109, II). Para efeito de impugnação de seus provimentos jurisdicionais, cumpre distinguir as sentenças das decisões interlocutórias. Estas são recorríveis por meio de agravo de instrumento (...). Já contra as suas sentenças proferidas nas causas internacionais é cabível o recurso ordinário, equiparável – nesse caso – à apelação". FONSECA, João Francisco Naves. In: WAMBIER, Teresa Arruda Alvim; DIDIER JR., Fredie; TALAMINI, Eduardo; DANTAS, Bruno. (Coords.). *Breves Comentários ao Novo Código de Processo Civil*. São Paulo: RT, 2015. p. 2291.

8. A Lei 13.105/2015 revogou, tacitamente, o ter do art. 36 da Lei 8.038/90.

Art. 1.028. Ao recurso mencionado no art. 1.027, inciso II, alínea "b", aplicam-se, quanto aos requisitos de admissibilidade e ao procedimento, as disposições relativas à apelação e o Regimento Interno do Superior Tribunal de Justiça.

§ 1º Na hipótese do art. 1.027, § 1º, aplicam-se as disposições relativas ao agravo de instrumento e o Regimento Interno do Superior Tribunal de Justiça.

§ 2º O recurso previsto no art. 1.027, incisos I e II, alínea "a", deve ser interposto perante o tribunal de origem, cabendo ao seu presidente ou vice-presidente determinar a intimação do recorrido para, em 15 (quinze) dias, apresentar as contrarrazões.

§ 3º Findo o prazo referido no § 2º, os autos serão remetidos ao respectivo tribunal superior, independentemente de juízo de admissibilidade.

1. Ao recurso ordinário fundado na hipótese prevista pelo artigo 1.027, II, b (ou seja, nos processos em que figurem como partes, de um lado, Estado estrangeiro ou organismo internacional e, de outro, Município ou pessoa residente ou domiciliada no País), aplica-se, quanto ao juízo de admissibilidade e o procedimento, a disciplina inerente à apelação, respeitado o teor do RISTJ (Regimento Interno do Superior Tribunal de Justiça, em especial os artigos 249/252).

2. Aduz o RISTJ, quanto ao processamento da apelação cível: "Art. 249. Aplicam-se à apelação, quanto aos requisitos de admissibilidade e ao procedimento no Juízo de origem, as normas do Código de Processo Civil. Art. 250. Distribuída a apelação, será aberta vista ao Ministério Público pelo prazo de vinte dias. Parágrafo único. Conclusos os autos ao relator, este pedirá dia para julgamento. Art. 251. A apelação não

será incluída em pauta antes do agravo de instrumento interposto no mesmo processo. Art. 252. O agravo retido será julgado preliminarmente, na forma estabelecida na lei processual". O derradeiro artigo, face à extinção do agravo retido, fica, enquanto perdurar inalterado o RISTJ, revogado tacitamente.

3. Oferecido agravo de instrumento (na hipótese do artigo 1.027, § 1º), observar-se-ão, quanto ao trâmite, as anotações processuais inerentes ao recurso (art. 1.015 e seguintes, bem como, os apontamentos concernentes ao trâmite dos processos nos tribunais), sem prejuízo do contido no RISTJ.

4. Os §§ 2º e 3º do artigo sob comento revelam-se, a rigor, despiciendos, mediante compreensão de que, consoante afirmamos alhures, o recurso ordinário faz, grosso modo, às vezes da apelação. A redação de ambos retrata, na essência, trâmite processual idêntico ao previsto para a apelação, seja em relação à intimação de recorrido, seja no que diz com a supressão do duplo juízo de admissibilidade.

5. O RISTJ, em relação ao recurso ordinário em mandado de segurança, prescreve: "Art. 247. Aplicam-se ao recurso ordinário em mandado de segurança, quanto aos requisitos de admissibilidade e ao procedimento no Tribunal recorrido, as regras do Código de Processo Civil relativas à apelação. Art. 248. Distribuído o recurso, a Secretaria fará os autos com vista ao Ministério Público pelo prazo de cinco dias. Parágrafo único. Conclusos os autos ao relator, este pedirá dia para julgamento".

6.5.2. Recurso especial e recurso extraordinário

(...)

Seção II

Do Recurso Extraordinário e do Recurso Especial

1. Os recursos *especial* (competência do STJ) e *extraordinário* (competência do STF), revelam-se, por definição, recursos de jurisdição extraordinária. Trata-se de expedientes recursais que se justificam no escopo de se obter uniformização da aplicação do direito (por vezes, constitucional; por vezes, federal). Inexiste, nesse âmbito, bem compreendida a afirmativa, enfrentamento de questões de fato, limitando-se os tribunais ao exame das teses jurídicas que devem prevalecer e, dentre outros, balizar o julgamento de casos assemelhados, no afã de dar (maior) estabilidade/previsibilidade ao sistema jurídico pátrio.

2. Os tribunais superiores, nesse cenário, funcionam, em última análise, na condição de *Cortes Supremas*, não de *Cortes de Justiça*, considerando-se a conceituação técnica atribuída a cada um dos epítetos.

3. Acerca do procedimento a ser respeitado nos tribunais superiores, vide RISTJ (arts. 255/257 – Do Recurso Especial) e RISTF (arts. 321/329 – Do Recurso Extraordinário).

4. Cumpre destacar, desde logo, que a Lei 13.105/2015 revogou, à integralidade, o Capítulo (I do Título II) da Lei 8.038/90 destinado, outrora, ao trato do tema.

5. "É cabível recurso extraordinário contra decisão proferida por juiz de primeiro grau nas causas de alçada, ou por turma recursal de juizado especial cível e criminal." Súmula 640 do STF.

6.5.2.1. Disposições gerais

(...)

Subseção I

Disposições Gerais

Art. 1.029. O recurso extraordinário e o recurso especial, nos casos previstos na Constituição Federal, serão interpostos perante o presidente ou o vice-presidente do tribunal recorrido, em petições distintas que conterão:

I – a exposição do fato e do direito;

II – a demonstração do cabimento do recurso interposto;

III – as razões do pedido de reforma ou de invalidação da decisão recorrida.

§ 1º Quando o recurso fundar-se em dissídio jurisprudencial, o recorrente fará a prova da divergência com a certidão, cópia ou citação do repositório de jurisprudência, oficial ou credenciado, inclusive em mídia eletrônica, em que houver sido publicado o acórdão divergente, ou ainda com a reprodução de julgado disponível na rede mundial de computadores, com indicação da respectiva fonte, devendo-se, em qualquer caso, mencionar as circunstâncias que identifiquem ou assemelhem os casos confrontados.

§ 2º Revogado.

§ 3º O Supremo Tribunal Federal ou o Superior Tribunal de Justiça poderá desconsiderar vício formal de recurso tempestivo ou determinar sua correção, desde que não o repute grave.

§ 4º Quando, por ocasião do processamento do incidente de resolução de demandas repetitivas, o presidente do Supremo Tribunal Federal ou do Superior Tribunal de Justiça receber requerimento de suspensão de processos em que se discuta questão federal constitucional ou infraconstitucional, poderá, considerando razões de segurança jurídica ou de excepcional interesse social, estender a suspensão a todo o território nacional, até ulterior decisão do recurso extraordinário ou do recurso especial a ser interposto.

§ 5º O pedido de concessão de efeito suspensivo a recurso extraordinário ou a recurso especial poderá ser formulado por requerimento dirigido:

I – ao tribunal superior respectivo, no período compreendido entre a publicação da decisão de admissão do recurso e sua distribuição, ficando o relator designado para seu exame prevento para julgá-lo; (Redação dada pela Lei 13.256/2016)

II – ao presidente ou ao vice-presidente do tribunal recorrido, no período compreendido entre a interposição do recurso e a publicação da decisão de admissão do recurso, assim como no caso de o recurso ter sido sobrestado, nos termos do art. 1.037. (Redação dada pela Lei 13.256/2016)

1. Consoante o texto constitucional vigente, compete ao STF julgar, mediante recurso extraordinário, as causas decididas em única ou última instância, quando a decisão recorrida: (a) contrariar dispositivo da Constituição; (b) declarar a inconstitucionalidade de tratado ou lei federal; (c) julgar válida lei ou ato de governo local contestado em face da Constituição Federal; (d) julgar válida lei local contestada em face de lei federal. Ao STJ, por sua vez, compete julgar, mediante recurso especial, as causas decididas, em única ou última instância, pelos Tribunais Regionais Federais ou pelos Tribunais dos Estados, do Distrito Federal e Territórios, quando a decisão recorrida: (a) contrariar tratado ou lei federal, ou negar-lhes vigência; (b) julgar válido ato de governo local contestado em face de lei federal; (c) der a lei federal interpretação divergente da que lhe haja atribuído outro tribunal.

2. Protocolo recursal. O RE (recurso extraordinário) e o Resp. (recurso especial) devem ser interpostos perante o tribunal recorrido, ou seja, àquele que prolatou a decisão judicial que lhe serve de alicerce. Exemplo: o TJRS prolata, em última instância (de jurisdição ordinária), decisão que, em tese, viola dispositivo constitucional. O RE, no caso, deve, embora pertencente à competência meritória recursal do STF, ser protocolado perante o próprio TJRS (o "tribunal recorrido"), e direcionado à sua presidência ou vice-presidência, consoante prescrição regimental.

3. A despeito de atacar idêntica decisão (leia-se: o mesmo pronunciamento judicial), RE e Resp., nada obstante devam ser ofertados simultaneamente (pena de preclusão), devem constar de petitórios distintos, que apontarão, grosso modo, (a) a exposição do fato e do direito; (b) o cabimento do recurso ofertado e; (c) as razões do pedido de reforma ou de invalidação da decisão recorrida, sem prejuízo de outras exigências tópicas que variam de recurso para recurso, no afã de atender, por exemplo, a regularidade formal exigida por lei (requisito de admissibilidade extrínseco).

4. Nos casos em que a impugnação se fundar na hipótese de *dissídio jurisprudencial*, ao recorrente incumbirá produzir prova acerca da existência da divergência suscitada. Prova-se o fato (ou seja, haver divergência), mediante acostamento de certidão, cópia ou citação do repositório de jurisprudência, oficial ou credenciado, inclusive em mídia eletrônica,

em que houver sido publicado o acórdão divergente. O CPC/2015 admite, outrossim, que a prova da divergência se dê mediante reprodução de julgado disponível na rede mundial de computadores, com indicação da respectiva fonte julgadora. Revela-se função do recorrente, ainda, realizar cotejo, *in concreto*, entre o caso *sub judice* e aquele que serve de base à impugnação promovida, confrontando-os, no afã de esmiuçar, analiticamente, a existência de aplicação diversa do ordenamento jurídico.

5. Instrumentalidade das formas. É facultado aos tribunais superiores, desde que tempestivo, desconsiderar vícios formais que não influenciem na apreciação do pleito recursal, visando a enfrentá-lo meritoriamente. É possível afirmar que tal possibilidade se encontra alinhada com fundamento que subjaz a construção do CPC/2015: sempre que possível, a prestação jurisdicional ofertada deve ser meritória (art. 6º, CPC/2015).

6. Os recursos de jurisdição extraordinária não possuem, *ope legis*, efeito suspensivo. Há, contudo, a possibilidade de concessão de efeito suspensivo *ope iudicis*. Tal pleito, sendo o caso, deve ser dirigido (a) ao tribunal superior respectivo, no período compreendido entre a publicação da decisão de admissão do recurso e sua distribuição, ficando o relator designado para seu exame prevento para julgá-lo ou, (b) ao presidente ou ao vice-presidente do tribunal recorrido, no período compreendido entre a interposição do recurso e a publicação da decisão de admissão do mesmo, bem como, no caso de o recurso ter sido sobrestado, nos termos do art. 1.037.

7. "Não cabe recurso extraordinário, por violação de lei federal, quando a ofensa alegada for a regimento de tribunal." Súmula 399 do STF.

8. "Interposto o recurso extraordinário por mais de um dos fundamentos indicados no art. 101, n. III, da Constituição, a admissão apenas por um deles não prejudica o seu conhecimento por qualquer dos outros." Súmula 292 do STF.

9. "No recurso extraordinário pela letra d do art. 101, n. III, da Constituição, a prova do dissídio jurisprudencial far-se-á por certidão, ou mediante indicação do Diário da Justiça ou de repertório de jurisprudência autorizado, com a transcrição do trecho que configure a divergência, mencionadas as circunstâncias que identifiquem ou assemelhem os casos confrontados." Súmula 291 do STF.

Art. 1.030. Recebida a petição do recurso pela secretaria do tribunal, o recorrido será intimado para apresentar contrarrazões no prazo de 15 (quinze) dias, findo o qual os autos serão conclusos ao presidente ou ao vice-presidente do tribunal recorrido, que deverá:

I – negar seguimento:

a) a recurso extraordinário que discuta questão constitucional à qual o Supremo Tribunal Federal não tenha reconhecido a existência de repercussão geral ou a recurso extraordinário interposto contra acórdão que esteja em conformidade com entendimento do Supremo Tribunal Federal exarado no regime de repercussão geral;

b) a recurso extraordinário ou a recurso especial interposto contra acórdão que esteja em conformidade com entendimento do Supremo Tribunal Federal ou do Superior Tribunal de Justiça, respectivamente, exarado no regime de julgamento de recursos repetitivos;

II – encaminhar o processo ao órgão julgador para realização do juízo de retratação, se o acórdão recorrido divergir do entendimento do Supremo Tribunal Federal ou do Superior Tribunal de Justiça exarado, conforme o caso, nos regimes de repercussão geral ou de recursos repetitivos;

III – sobrestar o recurso que versar sobre controvérsia de caráter repetitivo ainda não decidida pelo Supremo Tribunal Federal ou pelo Superior Tribunal de Justiça, conforme se trate de matéria constitucional ou infraconstitucional;

IV – selecionar o recurso como representativo de controvérsia constitucional ou infraconstitucional, nos termos do § 6º do art. 1.036;

V – realizar o juízo de admissibilidade e, se positivo, remeter o feito ao Supremo Tribunal Federal ou ao Superior Tribunal de Justiça, desde que:

a) o recurso ainda não tenha sido submetido ao regime de repercussão geral ou de julgamento de recursos repetitivos;

b) o recurso tenha sido selecionado como representativo da controvérsia; ou

c) o tribunal recorrido tenha refutado o juízo de retratação.

§ 1º Da decisão de inadmissibilidade proferida com fundamento no inciso V caberá agravo ao tribunal superior, nos termos do art. 1.042.

§ 2º Da decisão proferida com fundamento nos incisos I e III caberá agravo interno, nos termos do art. 1.021. (Redação dada pela Lei 13.256/2016)

1. Devido processo de direito. Direito fundamental ao contraditório. Diligências. Protocolado o recurso junto ao tribunal recorrido (juízo *a quo*), incumbe ao mesmo diligenciar à intimação da parte recorrida para, querendo, apresentar contrarrazões, observado o prazo da lei (15 dias). Superado o aludido prazo, com ou sem manifestação do recorrido, o tribunal estadual ou regional realizará juízo de admissibilidade (análise, *in concreto*, acerca de estarem presentes os requisitos de admissibilidade gerais (intrínsecos e extrínsecos) e específicos). Tal cenário foi o principal responsável pela edição da Lei 13.256/2016, que alterou a redação originária do CPC/2015, antes mesmo de sua vigência. O texto sancionado em março de 2015 previa que os autos, facultado o contraditório, seriam despidos de juízo de admissibilidade, remetidos, de imediato, ao tribunal superior competente para processar e julgar o recurso (de jurisdição extraordinária) manejado. O duplo juízo de admissibilidade, face à alteração legal acima referida, permanece viva, ao menos, para os recursos de jurisdição extraordinária.

2. Ao tribunal recorrido incumbe, pois, de imediato, *negar segui-mento* (a) ao recurso extraordinário que tenha por objeto questão constitucional à qual o Supremo Tribunal Federal não tenha reconhecido a existência de repercussão geral ou a recurso extraordinário interposto contra acórdão, exarado sob o regime da repercussão geral, que esteja em conformidade com entendimento do Supremo Tribunal Federal; (b) ao recurso extraordinário ou ao recurso especial interposto contra acórdão que esteja em conformidade com entendimento do Supremo Tribunal Federal ou do Superior Tribunal de Justiça, exarados à luz do *regime de julgamento de recursos repetitivos*. Trata-se, bem compreendida a afirmativa, de tarefa que se impõe em regime jurídico comprometido com certo grau de vinculatividade (tanto vertical, quanto horizontal), tema ao qual retornaremos oportunamente.

3. Saliente-se que a expressão "negar seguimento" (apontada no inciso I do artigo sob comento – que não é, tecnicamente, das melhores), diz, ao que tudo indica, com o plano da admissibilidade recursal (melhor seria o legislado houvesse optado pela expressão "inadmitir"). O conteúdo das alíneas *a* e *b,* segundo pensamos, estabelecem genuínos pressupostos (específicos) de admissibilidade recursal. Para além daqueles já anteriormente enfrentados, a admissão do pleito recursal de natureza extraordinária depende, outrossim, da inexistência, *in concreto*, de incompatibilidade entre tese vinculante (que deriva da aplicação de uma das técnicas processuais destinadas a tornar determinada tese de aplicação obrigatória – hipótese do art. 927) e a sustentada pelo recorrente. Perceba-se, pois, que em ambas as hipóteses o pleito recursal deixará de ser examinado no mérito (face à inadmissão) por ocasião do efeito vinculativo inerente a atuação anterior dos tribunais superiores, que, aplicando técnicas (processuais) de vinculatividade não retomarão, ao menos por tal via, a enfrentar a matéria.

4. Incumbe ao tribunal recorrido (pela presidência ou vice-presidência), outrossim, encaminhar o processo ao órgão julgador (aquele que prolatou a decisão objeto da impugnação) para realização do juízo de retratação, nos casos em que o decisório atacado divirja do entendimento, vinculante, do juízo *ad quem,* exarado mediante aplicação de técnica processual vinculativa (de repercussão geral ou de recursos repetitivos). A decisão que, face à remessa sob comento, for alterada para adequar-se ao entendimento dos tribunais superiores, é, consoante o teor do § 7º do art. 1.035, ("Da decisão que (...) aplicar entendimento firmado em regime de repercussão geral ou em julgamento de recursos repetitivos caberá agravo interno.") impugnável por agravo interno.

5. Deparando-se com controvérsia de "caráter repetitivo" ainda não decidida pelos tribunais superiores, o tribunal recorrido diligenciará, no afã de evitar decisões contraditórias, no sobrestamento imediato do plei-

to recursal, aguardando-se a definição da tese jurídica que deva preponderar nos casos assemelhados. É tarefa do tribunal *a quo*, igualmente, selecionar recurso representativo da controvérsia *sub judice*, para, sendo o caso, sugerir ao juízo *ad quem* a aplicação da técnica processual dos recursos repetitivos.

6. Após realizar juízo de admissibilidade positivo, ressalvadas as hipóteses legais, o tribunal recorrido remeterá os autos ao juízo *ad quem*. Consoante expresso texto legal, são requisitos específicos à remessa dos autos ao tribunal superior competente para processar a julgar o pleito recursal, que, (1) o recurso ainda não tenha sido submetido ao regime de repercussão geral ou de julgamento de recursos repetitivos; (2) o recurso tenha sido selecionado como representativo da controvérsia ou, ainda; (3) que o tribunal recorrido tenha, embora advertido da existência de tese vinculante, refutado juízo de retratação positivo.

7. O recurso hábil a impugnar o pronunciamento judicial que inadmite o recurso de jurisdição extraordinária ofertado é o Agravo, respectivamente, em recurso especial ou em recurso extraordinário, disciplinado pelo art. 1.042, excetuado o exposto no § 2º do art. 1.030, hipótese em que o tribunal recorrido "nega seguimento" ao recurso com fundamento no respeito ao sistema de técnicas processuais vinculativas.

8. Tanto a decisão que (a) negar "seguimento" ao pleito recursal (inciso I – na verdade, inadmiti-lo mediante o fundamento da vinculatividade), como a que (b) determinar o seu sobrestamento (inciso III) desafiam, consoante expresso apontamento legal, Agravo Interno (art. 1.021). Inteligência do art. 1.030, § 2º, do CPC/2015.

9. "Antes de inadmitir o recurso especial ou recurso extraordinário, cabe ao presidente ou vice-presidente do tribunal recorrido conceder o prazo de cinco dias ao recorrente para que seja sanado o vício ou complementada a documentação exigível, nos termos do parágrafo único do art. 932." Enunciado n. 593 do Fórum Permanente de Processualistas Civis.

> Art. 1.031. Na hipótese de interposição conjunta de recurso extraordinário e recurso especial, os autos serão remetidos ao Superior Tribunal de Justiça.
>
> § 1º Concluído o julgamento do recurso especial, os autos serão remetidos ao Supremo Tribunal Federal para apreciação do recurso extraordinário, se este não estiver prejudicado.
>
> § 2º Se o relator do recurso especial considerar prejudicial o recurso extraordinário, em decisão irrecorrível, sobrestará o julgamento e remeterá os autos ao Supremo Tribunal Federal.
>
> § 3º Na hipótese do § 2º, se o relator do recurso extraordinário, em decisão irrecorrível, rejeitar a prejudicialidade, devolverá os autos ao Superior Tribunal de Justiça para o julgamento do recurso especial.

1. O artigo 1.031, para além de determinar a ordem dos atos processuais para o caso de interposição concomitante dos recursos *extraordinário* e *especial* (depois de admitido pelo tribunal recorrido, os autos serão remetidos, primeiro, ao STJ para análise do recurso especial e, apenas se não restar prejudicado, ao STF, para análise do recurso extraordinário), disciplina a possibilidade de o relator do recurso especial, entendendo ser o recurso extraordinário, em tese, prejudicial à análise do REsp., determinar a remessa dos autos, *incontinenti*, ao Supremo. Nesses casos, pois, o relator do recurso extraordinário poderá, mediante decisão irrecorrível, insurgir-se à prejudicialidade sustentada pelo Ministro do STJ (o relator do recurso especial), determinando o retorno imediato dos autos ao Superior Tribunal de Justiça para julgamento prévio do REsp.

> Art. 1.032. Se o relator, no Superior Tribunal de Justiça, entender que o recurso especial versa sobre questão constitucional, deverá conceder prazo de 15 (quinze) dias para que o recorrente demonstre a existência de repercussão geral e se manifeste sobre a questão constitucional.
>
> Parágrafo único. Cumprida a diligência de que trata o *caput*, o relator remeterá o recurso ao Supremo Tribunal Federal, que, em juízo de admissibilidade, poderá devolvê-lo ao Superior Tribunal de Justiça.

1. Entendendo o relator do recurso especial que, ao fim e ao cabo, o recurso ofertado versa sobre questão constitucional (e não, infraconstitucional – ou seja, trata-se de hipótese de recurso extraordinário), diligenciará na imediata intimação do recorrente para, no prazo de 15 dias, querendo, demonstrar a existência de repercussão geral da matéria (requisito de admissibilidade *específico* do recurso extraordinário – vide art. 103, III, § 3º, da CF/88). Cumprida tal diligência, os autos serão remetidos ao STF que, em novo juízo de admissibilidade, poderá determinar sua devolução ao Superior Tribunal de Justiça.

2. "Na hipótese de conversão de recurso extraordinário em recurso especial ou vice-versa, após a manifestação do recorrente, o recorrido será intimado para, no prazo do *caput* do art. 1.032, complementar suas contrarrazões." Enunciado n. 565 do Fórum Permanente de Processualistas Civis.

> Art. 1.033. Se o Supremo Tribunal Federal considerar como reflexa a ofensa à Constituição afirmada no recurso extraordinário, por pressupor a revisão da interpretação de lei federal ou de tratado, remetê-lo-á ao Superior Tribunal de Justiça para julgamento como recurso especial.

1. Ao Supremo Tribunal Federal compete, mediante análise de recurso extraordinário, entendendo tratar-se a violação suscitada pelo recorrente de ofensa reflexa à Constituição, determinar a remessa dos autos ao Superior Tribunal de Justiça, para que receba, processe e julgue o recurso interposto como recurso especial. O apontamento legal, bem compreendido, evita que o pleito recursal seja, de imediato, fulminado.

Num passado nem tão distante, em casos assemelhados, o RE era inadmitido sob tal fundamento com alguma frequência, nada obstante o critério aplicado pelo Supremo acerca de se estar diante de ofensa "frontal" ou "reflexa" à Constituição jamais tenha escapado de uma zona cinzenta. Doravante, pois, o jurisdicionado, sendo o caso de "ofensa reflexa" terá, ao menos, seu pleito (recursal) endereçado ao STJ, para que não fique, grosso modo, sem uma resposta meritória (presentes, é claro, todos os demais requisitos de admissibilidade recursal), ao menos motivada por tal classificação.

2. "Na hipótese de conversão do recurso extraordinário em recurso especial, nos termos do art. 1.033, cabe ao relator conceder o prazo do *caput* do art. 1.032 para que o recorrente adapte seu recurso e se manifeste sobre a questão infraconstitucional." Enunciado n. 566 do Fórum Permanente de Processualistas Civis.

> Art. 1.034. Admitido o recurso extraordinário ou o recurso especial, o Supremo Tribunal Federal ou o Superior Tribunal de Justiça julgará o processo, aplicando o direito.
>
> Parágrafo único. Admitido o recurso extraordinário ou o recurso especial por um fundamento, devolve-se ao tribunal superior o conhecimento dos demais fundamentos para a solução do capítulo impugnado.

1. Admitido o pleito recursal de jurisdição extraordinária, independentemente da hipótese de cabimento acolhida, devolve-se ao tribunal superior, à integralidade, o conhecimento da questão impugnada. O "fundamento" a que se refere o legislador, ao que tudo indica, parece ser a hipótese de cabimento prevista constitucionalmente que serviu à superação do requisito de admissibilidade (geral e intrínseco) denominado *cabimento*.

> Art. 1.035. O Supremo Tribunal Federal, em decisão irrecorrível, não conhecerá do recurso extraordinário quando a questão constitucional nele versada não tiver repercussão geral, nos termos deste artigo.
>
> § 1º Para efeito de repercussão geral, será considerada a existência ou não de questões relevantes do ponto de vista econômico, político, social ou jurídico que ultrapassem os interesses subjetivos do processo.
>
> § 2º O recorrente deverá demonstrar a existência de repercussão geral para apreciação exclusiva pelo Supremo Tribunal Federal.
>
> § 3º Haverá repercussão geral sempre que o recurso impugnar acórdão que:
>
> I – contrarie súmula ou jurisprudência dominante do Supremo Tribunal Federal;
>
> II – (Revogado); (Redação dada pela Lei nº 13.256, de 2016)
>
> III – tenha reconhecido a inconstitucionalidade de tratado ou de lei federal, nos termos do art. 97 da Constituição Federal.
>
> § 4º O relator poderá admitir, na análise da repercussão geral, a manifestação de terceiros, subscrita por procurador habilitado, nos termos do Regimento Interno do Supremo Tribunal Federal.

§ 5º Reconhecida a repercussão geral, o relator no Supremo Tribunal Federal determinará a suspensão do processamento de todos os processos pendentes, individuais ou coletivos, que versem sobre a questão e tramitem no território nacional.

§ 6º O interessado pode requerer, ao presidente ou ao vice-presidente do tribunal de origem, que exclua da decisão de sobrestamento e inadmita o recurso extraordinário que tenha sido interposto intempestivamente, tendo o recorrente o prazo de 5 (cinco) dias para manifestar-se sobre esse requerimento.

§ 7º Da decisão que indeferir o requerimento referido no § 6º ou que aplicar entendimento firmado em regime de repercussão geral ou em julgamento de recursos repetitivos caberá agravo interno. (Redação dada pela Lei nº 13.256, de 2016)

§ 8º Negada a repercussão geral, o presidente ou o vice-presidente do tribunal de origem negará seguimento aos recursos extraordinários sobrestados na origem que versem sobre matéria idêntica.

§ 9º O recurso que tiver a repercussão geral reconhecida deverá ser julgado no prazo de 1 (um) ano e terá preferência sobre os demais feitos, ressalvados os que envolvam réu preso e os pedidos de habeas corpus.

§ 10. (Revogado). (Redação dada pela Lei nº 13.256, de 2016)

§ 11. A súmula da decisão sobre a repercussão geral constará de ata, que será publicada no diário oficial e valerá como acórdão.

1. Repercussão Geral. Consoante o texto constitucional vigente, no "recurso extraordinário o recorrente deverá demonstrar a repercussão geral das questões constitucionais discutidas no caso, nos termos da lei, a fim de que o Tribunal examine a admissão do recurso, somente podendo recusá-lo pela manifestação de dois terços de seus membros". É tarefa do recorrente, em preliminar formal, demonstrar a existência de repercussão geral no caso concreto, pena de inadmissibilidade recursal.

2. O procedimento de análise da repercussão geral encontra-se disciplinado pelo RISTF, que, acerca do tema, prevê: "Art. 322. O Tribunal recusará recurso extraordinário cuja questão constitucional não oferecer repercussão geral, nos termos deste capítulo. Parágrafo único. Para efeito da repercussão geral, será considerada a existência, ou não, de questões que, relevantes do ponto de vista econômico, político, social ou jurídico, ultrapassem os interesses subjetivos das partes. Art. 323. Quando não for caso de inadmissibilidade do recurso por outra razão, o(a) Relator(a) ou o Presidente submeterá, por meio eletrônico, aos demais Ministros, cópia de sua manifestação sobre a existência, ou não, de repercussão geral. § 1º Nos processos em que o Presidente atuar como Relator, sendo reconhecida a existência de repercussão geral, seguir-se-á livre distribuição para o julgamento de mérito. § 2º Tal procedimento não terá lugar, quando o recurso versar questão cuja repercussão já houver sido reconhecida pelo Tribunal, ou quando impugnar decisão contrária a súmula ou a jurisprudência dominante, casos em que se presume a existência de repercussão geral. § 3º Mediante decisão irrecorrível, poderá

o(a) Relator(a) admitir de ofício ou a requerimento, em prazo que fixar, a manifestação de terceiros, subscrita por procurador habilitado, sobre a questão da repercussão geral. Art. 323-A. O julgamento de mérito de questões com repercussão geral, nos casos de reafirmação de jurisprudência dominante da Corte, também poderá ser realizado por meio eletrônico. Art. 324. Recebida a manifestação do(a) Relator(a), os demais Ministros encaminhar-lhe-ão, também por meio eletrônico, no prazo comum de vinte dias, manifestação sobre a questão da repercussão geral. § 1º Decorrido o prazo sem manifestações suficientes para recusa do recurso, reputar-se-á existente a repercussão geral. § 2º Não incide o disposto no parágrafo anterior quando o Relator declare que a matéria é infraconstitucional, caso em que a ausência de pronunciamento no prazo será considerada como manifestação de inexistência de repercussão geral, autorizando a aplicação do art. 543-A, § 5º, do Código de Processo Civil, se alcançada a maioria de dois terços de seus membros. § 3º No julgamento realizado por meio eletrônico, se vencido o Relator, redigirá o acórdão o Ministro sorteado na redistribuição, dentre aqueles que divergiram ou não se manifestaram, a quem competirá a relatoria do recurso para exame do mérito e de incidentes processuais. Art. 325. O(A) Relator(a) juntará cópia das manifestações aos autos, quando não se tratar de processo informatizado, e, uma vez definida a existência da repercussão geral, julgará o recurso ou pedirá dia para seu julgamento, após vista ao Procurador-Geral, se necessária; negada a existência, formalizará e subscreverá decisão de recusa do recurso. Parágrafo único. O teor da decisão preliminar sobre a existência da repercussão geral, que deve integrar a decisão monocrática ou o acórdão, constará sempre das publicações dos julgamentos no Diário Oficial, com menção clara à matéria do recurso. Art. 325-A. Reconhecida a repercussão geral, serão distribuídos ou redistribuídos ao Relator do recurso paradigma, por prevenção, os processos relacionados ao mesmo tema. Art. 326. Toda decisão de inexistência de repercussão geral é irrecorrível e, valendo para todos os recursos sobre questão idêntica, deve ser comunicada, pelo(a) Relator(a), à Presidência do Tribunal, para os fins do artigo subsequente e do art. 329. Art. 327. A Presidência do Tribunal recusará recursos que não apresentem preliminar formal e fundamentada de repercussão geral, bem como aqueles cuja matéria carecer de repercussão geral, segundo precedente do Tribunal, salvo se a tese tiver sido revista ou estiver em procedimento de revisão. § 1º Igual competência exercerá o(a) Relator(a) sorteado(a), quando o recurso não tiver sido liminarmente recusado pela Presidência. § 2º Da decisão que recusar recurso, nos termos deste artigo, caberá agravo. Art. 328. Protocolado ou distribuído recurso cuja questão for suscetível de reproduzir-se em múltiplos feitos, a Presidência do Tribunal ou o(a) Relator(a), de ofício ou a requerimento da parte interessada, comunicará o fato aos tribunais ou turmas de juizado especial, a fim de que observem o disposto no art. 543-B do Código de Processo Civil, podendo pedir-lhes informações, que deverão ser prestadas em cinco dias, e sobrestar todas as demais causas com questão idêntica. Parágrafo único. Quando se verificar subida ou distribuição de múltiplos recursos com fundamento em idêntica controvérsia, a Presidência do Tribunal ou o(a) Relator(a) selecionará um ou mais representativos da questão e determinará a devolução dos demais aos tribunais ou turmas de juizado especial de origem, para aplicação dos parágrafos do art. 543-B do Código de Processo Civil. Art. 328-A. Nos casos previstos no art. 543-B, *caput*, do Código de Processo Civil, o Tribunal de origem não emitirá juízo de admissibilidade sobre os recursos extraordinários já sobrestados, nem sobre os que venham a ser interpostos, até que o Supremo Tribunal Federal decida os que tenham sido selecionados nos termos do § 1º daquele artigo. § 1º Nos casos anteriores, o Tribunal de origem sobrestará os agravos de instrumento contra decisões que não tenham admitido os recursos extraordinários, julgando-os prejudicados nas hipóteses do art. 543-B, § 2º, e, quando coincidente o teor dos julgamentos, § 3º. § 2º Julgado o mérito do recurso extraordinário em sentido contrário ao dos acórdãos recorridos, o Tribunal de origem remeterá ao Supremo Tribunal Federal os agravos em que não se retratar. Art. 329. A Presidência do Tribunal promoverá ampla e específica divulgação do teor das decisões sobre repercussão geral, bem como formação e atualização de banco eletrônico de dados a respeito". O Regimento Interno do STF, ao menos no que tange ao tema, haverá, uma vez que faz apontamentos expressos ao CPC/73, de ser revisado.

3. Antes da análise da repercussão geral propriamente dita, incumbe ao relator, visando a identificar o respeito à integralidade dos demais requisitos de admissão recursal (intrínsecos e extrínsecos), realizar juízo de admissibilidade. Apenas após resposta positiva no concernente, é que se passará, a rigor, à análise dos elementos que caracterizam a repercussão geral da causa *sub judice*: a *relevância* e a *transcendência*.

4. Relevância. Considera-se relevante o fundamento que serve de alicerce ao recurso extraordinário, segundo o ordenamento pátrio, quando, do ponto de vista econômico, político, social ou jurídico, revele magnitude tamanha, capaz de, inobservado, causar considerável intranquilidade social. Consoante denuncia o próprio *nomen iuris* atribuído ao "filtro", o tema não pode ser "comezinho". Há de se revelar, pelo contrário, de repercussão geral. Vide, acerca do tema, o art. 322 do RISTF.

5. Transcendência. Embora certo debate, pela via do controle difuso de constitucionalidade (processo subjetivo; conflito entre os contendores), possa alcançar o STF, o interesse na resolução do impasse social (e o enfrentamento da matéria pela mais alta Corte nacional), deve, bem

compreendida a afirmativa, mostrar-se de interesse da sociedade como um todo, ou de parte considerável dela, não se limitando (o interesse na) sua apreciação, ao querer, tão somente, das partes processuais *in concreto*.

6. *Amicus Curiae*. O relator poderá admitir, na análise da repercussão geral, manifestação de terceiros, subscrita por procurador habilitado, nos termos do Regimento Interno do Supremo Tribunal Federal (vide, Art. 323, § 3º, do RISTF). O instituto, no âmbito da legislação federal, encontra amparo no art. 138 do CPC/2015.

7. Repercussão Geral. Reconhecimento. Consequências. Reconhecida a *relevância* e a *transcendência* do fundamento do recurso extraordinário, o relator determinará a suspensão do processamento de todos os feitos pendentes (individuais e/ou coletivos), em tramitação no país, que versem sobre a questão acerca da qual fora reconhecida a repercussão.

8. A tempestividade é, por definição, requisito extrínseco de admissibilidade recursal. O pleito recursal manejado a destempo não pode, apesar de se ter reconhecido repercussão geral à matéria que o fundamenta, ser admitido. Não é por outra razão, pois, que o interessado em fulminá-lo, nos casos em que se tenha determinado o sobrestamento dos recursos que versam sobre determinada matéria, poderá endereçar requerimento ao tribunal de origem (juízo *a quo*), postulando a retirada do recurso intempestivo da lista de feitos sobrestados, para que seja, o quanto antes, inadmitido. Face ao requerimento, em homenagem ao direito fundamental ao contraditório, o recorrente será intimado para, querendo, insurgir-se à tese da intempestividade suscitada pelo recorrido.[165] A decisão (prolatada pelo tribunal de origem) que indeferir o requerimento de inadmissão por intempestividade comporta, segundo expresso texto de lei, agravo interno. Em relação ao tema, o CPC/2015 (art. 1.035, § 7º) fora alterado pela Lei 13.256/2016.

9. Negativa de repercussão geral. Decisão. Efeitos. Declarada a inexistência de repercussão geral da causa, o tribunal de origem, devidamente comunicado da decisão proferida pelo Supremo, "negará seguimento" aos pleitos recursais sobrestados (recursos extraordinários fundados na matéria renegada – quer dizer: deixará de admiti-los), fulminando-os. Acerca da possibilidade, outrossim, é expresso o teor do art. 1.030, I, *a*.

10. O recurso extraordinário eleito para análise da repercussão geral da matéria, sendo ela reconhecida, deve ser julgado em até 01 (um) ano. A Lei 13.256/2016, acabou por extirpar do ordenamento jurídico a

---

[165] Acerca do *direito fundamental ao contraditório*, vide TORRES, Artur. *Fundamentos de um direito processual civil contemporâneo* (parte I). Porto Alegre: Arana, 2016.

"pena" para a inobservância do lapso temporal acima aludido. O § 10 do artigo sob comento previa, originariamente, que, não "ocorrendo o julgamento no prazo de 1 (um) ano a contar do reconhecimento da repercussão geral" os processos suspensos, em todo o território nacional, retomariam o seu curso normal. O referido parágrafo foi, contudo, revogado expressamente.

11. A "súmula" destinada a retratar o teor da decisão que reconheça a existência de repercussão geral "constará de ata", que, devidamente publicada no diário oficial, "valerá como acórdão", vinculando, inclusive, o próprio Supremo.

12. Inexiste falar no expediente de reconhecimento, ou não, de repercussão geral, quando o recurso extraordinário atacar decisão que (a) contrarie súmula ou jurisprudência dominante do Supremo Tribunal Federal ou (b) tenha reconhecido a inconstitucionalidade de tratado ou de lei federal, nos termos do art. 97 da Constituição Federal. Nesses casos, pois, presume-se haver repercussão geral da matéria.

13. Para consulta acerca das matérias as quais se reconheceu *repercussão geral*, vide:

6.5.2.2. Da técnica processual dos Recursos Repetitivos

(...)

Subseção II

Do Julgamento dos Recursos Extraordinário e Especial Repetitivos

Art. 1.036. Sempre que houver multiplicidade de recursos extraordinários ou especiais com fundamento em idêntica questão de direito, haverá afetação para julgamento de acordo com as disposições desta Subseção, observado o disposto no Regimento Interno do Supremo Tribunal Federal e no do Superior Tribunal de Justiça.

§ 1º O presidente ou o vice-presidente de tribunal de justiça ou de tribunal regional federal selecionará 2 (dois) ou mais recursos representativos da controvérsia, que serão encaminhados ao Supremo Tribunal Federal ou ao Superior Tribunal de Justiça para fins de afetação, determinando a suspensão do trâmite de todos os processos pendentes, individuais ou coletivos, que tramitem no Estado ou na região, conforme o caso.

§ 2º O interessado pode requerer, ao presidente ou ao vice-presidente, que exclua da decisão de sobrestamento e inadmita o recurso especial ou o recurso extraordinário que tenha sido interposto intempestivamente, tendo o recorrente o prazo de 5 (cinco) dias para manifestar-se sobre esse requerimento.

§ 3º Da decisão que indeferir o requerimento referido no § 2º caberá apenas agravo interno. (Redação dada pela Lei 13.256/2016)

§ 4º A escolha feita pelo presidente ou vice-presidente do tribunal de justiça ou do tribunal regional federal não vinculará o relator no tribunal superior, que poderá selecionar outros recursos representativos da controvérsia.

§ 5º O relator em tribunal superior também poderá selecionar 2 (dois) ou mais recursos representativos da controvérsia para julgamento da questão de direito independentemente da iniciativa do presidente ou do vice-presidente do tribunal de origem.

§ 6º Somente podem ser selecionados recursos admissíveis que contenham abrangente argumentação e discussão a respeito da questão a ser decidida.

1. O artigo 1.036 inaugura o trato da *técnica processual* eleita pelo ordenamento processual civil pátrio no afã de, entre outras, permitir a conformação da função precípua dos tribunais superiores (uniformização da aplicação do direito). Face à multiplicidade de recursos (especial e/ou extraordinário) fundados em idêntica questão de direito, autoriza-se o Estado-juiz (juízo *a quo* ou juízo *ad quem*) a eleger dois ou mais pleitos recursais (dentre os inúmeros manejados – embora o legislador não especifique o que entende por "multiplicidade" (2, 10, 20, 100, 1.000?)), capazes de bem elucidar, com profundidade, a essência da questão *sub judice*. Tais recursos servirão de base à análise da matéria suscitada, aplicando-se o teor do "acórdão paradigma" (art. 1.040) à integralidade dos recursos "assemelhados".

2. A sugestão de aplicação da *técnica processual* sob comento pode se dar por iniciativa dos "tribunais locais" (juízo *a quo*) ou do próprio tribunal superior competente para processar e julgar o recurso de jurisdição extraordinária (especial/STJ; extrordinário/STF; juízo *ad quem*). É intuitivo, pois, que, considerado o regramento procedimental aplicável aos recursos sob comento (que determina seja sua interposição direcionada ao juízo *a quo*), a percepção primeira acerca da multiplicidade de recursos (que versem sobre idêntica questão de direito) ocorrerá, naturalmente, nesse cenário. Não é por outro motivo, ao fim e ao cabo, que o tribunal de origem, na figura de seus representantes, encontra-se autorizado a eleger os casos concretos que servirão à aplicação da técnica processual em tela (sem que a eles estejam vinculados os tribunais superiores). Ao elegê-los, no afã de aguardar o resultado da aplicação da técnica dos recursos repetitivos, o juízo *a quo* deve, por definição, determinar a suspensão de todos os demais feitos (e não só os recursos) fundados em idêntica matéria, respeitados, à evidência, os limites de sua jurisdição.

3. A tempestividade é, por definição, requisito geral extrínseco de admissibilidade recursal. O pleito recursal manejado a destempo não pode, em última análise, ser admitido. Por tal razão, o interessado em fulminá-lo, nos casos em que se tenha determinado o sobrestamento inerente ao expediente, poderá endereçar requerimento ao tribunal de origem (juízo *a quo*), postulando, com fulcro na intempestividade, a retirada do recurso *in concreto* da lista daqueles que aguardam o julgamento da causa pelo tribunal superior competente, inadmitindo-o. Face ao requerimento, em homenagem ao direito fundamental ao contraditório,

o recorrente (aquele que manejou o recurso de jurisdição extraordinária supostamente intempestivo) será intimado para, querendo, insurgir-se à tese da intempestividade suscitada pelo recorrido. A decisão (prolatada pelo tribunal de origem) que indeferir o requerimento de inadmissão por intempestividade é impugnável por agravo interno (inteligência do art. 1.036, § 3º, do CPC/2015).

4. O tribunal superior competente, a despeito da inércia do "tribunal local", poderá, respeitados os requisitos legais, lançar mão da *técnica processual* sob comento, independentemente da atuação de tribunal alheio. Como regra, os tribunais locais sugerirão aos tribunais superiores a aplicação técnica processual, por terem o primeiro contato com a "multiplicidade" exigida por lei. Nos casos em que o juízo *a quo* não o fizer, permite-se ao tribunal superior competente aplicar o art. 1.036.

5. É da essência do instituto que sejam tomados por paradigmas recursos que, ao fim e ao cabo, retratem com a clareza e a profundidade necessárias a causa *sub judice*. Consoante o Enunciado n. 615 do Fórum Permanente de Processualistas Civis, na "escolha dos casos paradigmas, devem ser preferidas, como representativas da controvérsia, demandas coletivas às individuais, observados os requisitos do art. 1.036, especialmente do § 6º".

Art. 1.037. Selecionados os recursos, o relator, no tribunal superior, constatando a presença do pressuposto do *caput* do art. 1.036, proferirá decisão de afetação, na qual:

I – identificará com precisão a questão a ser submetida a julgamento;

II – determinará a suspensão do processamento de todos os processos pendentes, individuais ou coletivos, que versem sobre a questão e tramitem no território nacional;

III – poderá requisitar aos presidentes ou aos vice-presidentes dos tribunais de justiça ou dos tribunais regionais federais a remessa de um recurso representativo da controvérsia.

§ 1º Se, após receber os recursos selecionados pelo presidente ou pelo vice-presidente de tribunal de justiça ou de tribunal regional federal, não se proceder à afetação, o relator, no tribunal superior, comunicará o fato ao presidente ou ao vice-presidente que os houver enviado, para que seja revogada a decisão de suspensão referida no art. 1.036, § 1º.

§ 2º Revogado.

§ 3º Havendo mais de uma afetação, será prevento o relator que primeiro tiver proferido a decisão a que se refere o inciso I do *caput.*

§ 4º Os recursos afetados deverão ser julgados no prazo de 1 (um) ano e terão preferência sobre os demais feitos, ressalvados os que envolvam réu preso e os pedidos de habeas corpus.

§ 5º Revogado.

§ 6º Ocorrendo a hipótese do § 5º, é permitido a outro relator do respectivo tribunal superior afetar 2 (dois) ou mais recursos representativos da controvérsia na forma do art. 1.036.

§ 7º Quando os recursos requisitados na forma do inciso III do *caput* contiverem outras questões além daquela que é objeto da afetação, caberá ao tribunal decidir esta em primeiro lugar e depois as demais, em acórdão específico para cada processo.

§ 8º As partes deverão ser intimadas da decisão de suspensão de seu processo, a ser proferida pelo respectivo juiz ou relator quando informado da decisão a que se refere o inciso II do *caput*.

§ 9º Demonstrando distinção entre a questão a ser decidida no processo e aquela a ser julgada no recurso especial ou extraordinário afetado, a parte poderá requerer o prosseguimento do seu processo.

§ 10. O requerimento a que se refere o § 9º será dirigido:

I – ao juiz, se o processo sobrestado estiver em primeiro grau;

II – ao relator, se o processo sobrestado estiver no tribunal de origem;

III – ao relator do acórdão recorrido, se for sobrestado recurso especial ou recurso extraordinário no tribunal de origem;

IV – ao relator, no tribunal superior, de recurso especial ou de recurso extraordinário cujo processamento houver sido sobrestado.

§ 11. A outra parte deverá ser ouvida sobre o requerimento a que se refere o § 9º, no prazo de 5 (cinco) dias.

§ 12. Reconhecida a distinção no caso:

I – dos incisos I, II e IV do § 10, o próprio juiz ou relator dará prosseguimento ao processo;

II – do inciso III do § 10, o relator comunicará a decisão ao presidente ou ao vice-presidente que houver determinado o sobrestamento, para que o recurso especial ou o recurso extraordinário seja encaminhado ao respectivo tribunal superior, na forma do art. 1.030, parágrafo único.

§ 13. Da decisão que resolver o requerimento a que se refere o § 9º caberá:

I – agravo de instrumento, se o processo estiver em primeiro grau;

II – agravo interno, se a decisão for de relator.

1. Decisão de afetação. Pertence à competência do relator eleito no tribunal superior responsável pelo enfrentamento meritório do recurso (de jurisdição extraordinária), prolatar decisão que, acolhendo sugestão oriunda do tribunal de origem (ou, motivada pela própria atuação do tribunal superior), dentre outros, (a) delimite, de maneira límpida, a questão a ser submetida a julgamento (repetitivo); (b) determine a suspensão de todos os processos pendentes, individuais ou coletivos, que versem sobre a questão; (c) ordene aos tribunais locais, na pessoa de seus representantes, a remessa, sendo o caso, de recurso representativo da controvérsia. Denomina-se tal pronunciamento, consoante o CPC/2015, "decisão de afetação", que não pode ser baralhada, sob quaisquer hipóteses, com o pronunciamento judicial proferido pelo juízo *a quo* (no caso, tribunais locais) que sugira a aplicação da técnica processual sob comento.

160 Artur Torres

2. Nos casos em que houver sugestão de aplicação da técnica processual dos recursos repetitivos por tribunal local, o relator, no tribunal superior, entendendo impertinente/inoportuna a mesma, notificará o tribunal de origem de sua decisão, determinando, pois, que se proceda na revogação da decisão (prolatada pelo tribunal local) que determinou a suspensão dos demais feitos que versem sobre a matéria, seguindo, os recursos outrora sobrestados, seu processamento normal.

3. Admitida a aplicação da técnica, o julgamento deverá ser concluído em até 01 (um) ano, contado da data de publicação da decisão de afetação, priorizando-se, pois, sua apreciação. A Lei 13.256/2016 (que alterou o texto originário sancionado) extirpou do ordenamento jurídico processual os efeitos da limitação temporal sob comento, outrora prevista pelo § 5º do art. 1.037. O § 6º, considerada a alteração ora anunciada, ficou sem sentido. Hoje, reflete, nada mais nada menos, do que mero esquecimento do legislador.

4. As partes (dos feitos alcançados pela aplicação da técnica processual sob comento) serão, necessariamente, intimadas acerca da suspensão de seus processos, independentemente do tribunal que tenha tomado a iniciativa de aplicá-la.

5. Visa-se, mediante aplicação da técnica processual em epígrafe, dentre outros, a dar, do ponto de vista da tese jurídica que deva preponderar *in concreto*, tratamento isonômico aos jurisdicionados, decidindo-se todos os casos "idênticos" de maneira isonômica. Há casos, porém, que, a despeito da aparente "semelhança", retratam causas distintas. Neles, incumbe à parte, demonstrando haver distinção entre a questão a ser decidida em seu recurso e aquela a ser julgada mediante aplicação da técnica dos recursos repetitivos, requerer o prosseguimento de seu pleito (trata-se de pedido de distinção). O requerimento de "distinção da causa" há de ser formulado perante (a) o juiz, se o processo sobrestado estiver em primeiro grau; (b) o relator, se o processo sobrestado estiver no tribunal de origem; (c) o relator do acórdão recorrido, se for sobrestado recurso especial ou recurso extraordinário no tribunal de origem; (d) o relator, no tribunal superior, de recurso especial ou de recurso extraordinário cujo processamento houver sido sobrestado. Acerca da postulação de "distinção da causa" a parte adversa, em homenagem ao direito fundamental ao contraditório, será intimada para, querendo, no prazo de 05 (cinco) dias, exercer o direito de influenciar na construção da manifestação judicial destinada a resolver o aludido pleito.

6. Acolhida a "distinção da causa", observar-se-á, no que diz com o prosseguimento do feito, as prescrições do § 12 do artigo 1.037. A impugnação à aludida decisão será feita, nos casos em que o processo

tramite em primeiro grau de jurisdição, por agravo de instrumento; se a decisão houver sido prolatada por relator, mediante agravo interno.

7. "É obrigatória a determinação de suspensão dos processos pendentes, individuais e coletivos, em trâmite nos Estados ou regiões, nos termos do § 1º do art. 1.036 do CPC/2015, bem como nos termos do art. 1.037 do mesmo código." Enunciado n. 23, ENFAM.

Art. 1.038. O relator poderá:

I – solicitar ou admitir manifestação de pessoas, órgãos ou entidades com interesse na controvérsia, considerando a relevância da matéria e consoante dispuser o regimento interno;

II – fixar data para, em audiência pública, ouvir depoimentos de pessoas com experiência e conhecimento na matéria, com a finalidade de instruir o procedimento;

III – requisitar informações aos tribunais inferiores a respeito da controvérsia e, cumprida a diligência, intimará o Ministério Público para manifestar-se.

§ 1º No caso do inciso III, os prazos respectivos são de 15 (quinze) dias, e os atos serão praticados, sempre que possível, por meio eletrônico.

§ 2º Transcorrido o prazo para o Ministério Público e remetida cópia do relatório aos demais ministros, haverá inclusão em pauta, devendo ocorrer o julgamento com preferência sobre os demais feitos, ressalvados os que envolvam réu preso e os pedidos de *habeas corpus*.

§ 3º O conteúdo do acórdão abrangerá a análise dos fundamentos relevantes da tese jurídica discutida. (Redação dada pela Lei 13.256/2016)

1. A aplicação da técnica processual sob comento é, à evidência, compatível com o instituto do *Amicus Curiae*. Pode o relator da causa, de ofício ou a requerimento, admitir que se manifestem os que, grosso modo, possam colaborar para com a prestação da melhor jurisdição possível, designando, por exemplo, data para audiência pública. Pode o relator, outrossim, requisitar, entendendo pertinente, informações aos tribunais inferiores acerca da controvérsia objeto da aplicação da técnica processual.

2. O Ministério Público será intimado para participar do expediente processual em que se pretender operacionalizar a técnica processual sob comento.

3. O acórdão que enfrentar a questão que deu ensejo à aplicação da técnica dos recursos repetitivos versará, consoante alteração promovida pela Lei 13.256/2016, apenas, sobre os fundamentos relevantes da tese jurídica discutida. O texto originário previa, em linha diversa, a obrigatoriedade de enfrentamento de "todos os fundamentos" inerentes ao tema *sub judice*.

Art. 1.039. Decididos os recursos afetados, os órgãos colegiados declararão prejudicados os demais recursos versando sobre idêntica controvérsia ou os decidirão aplicando a tese firmada.

Parágrafo único. Negada a existência de repercussão geral no recurso extraordinário afetado, serão considerados automaticamente inadmitidos os recursos extraordinários cujo processamento tenha sido sobrestado.

1. Recurso repetitivo. Julgamento. Consequência processual. A decisão que contemplar a resolução meritória da causa submetida à técnica dos recursos repetitivos vincula o tribunal prolator (STJ/STJ – vinculação horizontal), os "tribunais locais", bem como os julgadores singulares (vinculação vertical), que, face à sua publicação, observarão, no julgamento das "causas idênticas" (em tramitação ou porvir), a tese jurídica que, segundo o tribunal superior competente, deva prevalecer no enfrentamento judicial de casos análogos.

2. Quando a aplicação da técnica processual sob comento tiver por base recurso extraordinário, negada a existência de repercussão geral à matéria (requisito de admissibilidade recursal específico), os recursos sobrestados serão, consoante expressa disposição legal, automaticamente inadmitidos. A expressão "automaticamente" (que não é, nem de longe, a melhor) utilizada pela lei, não dispensa, contudo, a publicação de decisão destinada a dar ciência ao recorrente acerca do não conhecimento do pleito recursal por ele manejado.

Art. 1.040. Publicado o acórdão paradigma:

I – o presidente ou o vice-presidente do tribunal de origem negará seguimento aos recursos especiais ou extraordinários sobrestados na origem, se o acórdão recorrido coincidir com a orientação do tribunal superior;

II – o órgão que proferiu o acórdão recorrido, na origem, reexaminará o processo de competência originária, a remessa necessária ou o recurso anteriormente julgado, se o acórdão recorrido contrariar a orientação do tribunal superior;

III – os processos suspensos em primeiro e segundo graus de jurisdição retomarão o curso para julgamento e aplicação da tese firmada pelo tribunal superior;

IV – se os recursos versarem sobre questão relativa a prestação de serviço público objeto de concessão, permissão ou autorização, o resultado do julgamento será comunicado ao órgão, ao ente ou à agência reguladora competente para fiscalização da efetiva aplicação, por parte dos entes sujeitos a regulação, da tese adotada.

§ 1º A parte poderá desistir da ação em curso no primeiro grau de jurisdição, antes de proferida a sentença, se a questão nela discutida for idêntica à resolvida pelo recurso representativo da controvérsia.

§ 2º Se a desistência ocorrer antes de oferecida contestação, a parte ficará isenta do pagamento de custas e de honorários de sucumbência.

§ 3º A desistência apresentada nos termos do § 1º independe de consentimento do réu, ainda que apresentada contestação.

1. Publicado o decisório que, mediante utilização da técnica sob comento, retrate o enfrentamento da matéria pelo tribunal superior competente, incumbe ao tribunal de origem, nos casos em que *acórdão recorrido* e "*acórdão paradigma*" convergirem inadmitir os recursos sobrestados.

SENTENÇA, COISA JULGADA E RECURSOS CÍVEIS CODIFICADOS

2. Divergindo as teses jurídicas vencedoras contidas no *acórdão recorrido* e no *"acórdão paradigma"*, o juízo *a quo* reexaminará a orientação por ele adotada, visando a, grosso modo, adaptá-la a adotada pelo tribunal superior, cuja função precípua diz com o zelo pela uniformização da aplicação do direito.

3. A publicação do acórdão paradigma, em relação aos processos suspensos, tem o condão de desobstruir o andamento dos feitos, aos quais serão aplicados à solução jurídica alcançada pelo tribunal superior, prolator da decisão paradigma, em observância ao sistema das "técnicas de vinculatividade".

4. Nas hipóteses em que a técnica processual tenha sido utilizada para o enfrentamento de questões relativas "a prestação de serviço público objeto de concessão, permissão ou autorização", o resultado do julgamento haverá de ser, de imediato, comunicado "ao ente ou à agência reguladora competente" no afã de permitir-lhes a fiscalização do cumprimento da tese adotada (vencedora), por quem, de direito, a ela estiver submetida.

5. Da desistência da ação que tenha por objeto questão idêntica à enfrentada pelo recurso representativo da controvérsia. O autor pode, antes de proferida a sentença, independentemente da anuência do demandado, desistir da ação em curso no primeiro grau de jurisdição, nos casos em que o objeto do processo verse sobre matéria idêntica à resolvida pelo recurso representativo da controvérsia, restando, inclusive, dispensado de promover o pagamento de custas e honorários quando a desistência ocorrer antes de oferecida a contestação. Após o protocolo da defesa, embora dispensável, nesses casos, a anuência do demandado, acolhido o pedido de desistência, restará obrigado o desistente a arcar com custas processuais e honorários, nos termos do pronunciamento judicial que extinguir o feito.

Art. 1.041. Mantido o acórdão divergente pelo tribunal de origem, o recurso especial ou extraordinário será remetido ao respectivo tribunal superior, na forma do art. 1.036, § 1º.

§ 1º Realizado o juízo de retratação, com alteração do acórdão divergente, o tribunal de origem, se for o caso, decidirá as demais questões ainda não decididas cujo enfrentamento se tornou necessário em decorrência da alteração.

§ 2º Quando ocorrer a hipótese do inciso II do *caput* do art. 1.040 e o recurso versar sobre outras questões, caberá ao presidente ou ao vice-presidente do tribunal recorrido, depois do reexame pelo órgão de origem e independentemente de ratificação do recurso, sendo positivo o juízo de admissibilidade, determinar a remessa do recurso ao tribunal superior para julgamento das demais questões. (Redação dada pela Lei 13.256/2016)

1. Nos casos em que, a despeito do efeito vinculativo (e, essa é a regra), o tribunal de origem, por essa ou aquela razão optar por manter o acórdão recorrido (ignorando o entendimento adotado pelo tribunal superior), o recurso sobrestado será remetido à superior instância para

análise individualizada. Realizado, de outro giro, juízo de retratação, o tribunal de origem enfrentará, sendo o caso, as demais questões pendentes que, face à alteração de posicionamento (adoção da tese vencedora – alcançada mediante utilização da técnica de julgamento sob análise), tornaram-se de enfrentamento necessário.

6.6. Agravo em Recurso Especial e Agravo em Recurso Extraordinário

(...)

Seção III

Do Agravo em Recurso Especial e em Recurso Extraordinário

Art. 1.042. Cabe agravo contra decisão do presidente ou do vice-presidente do tribunal recorrido que inadmitir recurso extraordinário ou recurso especial, salvo quando fundada na aplicação de entendimento firmado em regime de repercussão geral ou em julgamento de recursos repetitivos.

I – (Revogado);

II – (Revogado);

III – (Revogado).

§ 1º (Revogado):

I – (Revogado);

II – (Revogado):

a) (Revogada);

b) (Revogada).

§ 2º A petição de agravo será dirigida ao presidente ou ao vice-presidente do tribunal de origem e independe do pagamento de custas e despesas postais, aplicando-se a ela o regime de repercussão geral e de recursos repetitivos, inclusive quanto à possibilidade de sobrestamento e do juízo de retratação. (Redação dada pela Lei 13.256/2016)

§ 3º O agravado será intimado, de imediato, para oferecer resposta no prazo de 15 (quinze) dias.

§ 4º Após o prazo de resposta, não havendo retratação, o agravo será remetido ao tribunal superior competente.

§ 5º O agravo poderá ser julgado, conforme o caso, conjuntamente com o recurso especial ou extraordinário, assegurada, neste caso, sustentação oral, observando-se, ainda, o disposto no regimento interno do tribunal respectivo.

§ 6º Na hipótese de interposição conjunta de recursos extraordinário e especial, o agravante deverá interpor um agravo para cada recurso não admitido.

§ 7º Havendo apenas um agravo, o recurso será remetido ao tribunal competente, e, havendo interposição conjunta, os autos serão remetidos ao Superior Tribunal de Justiça.

§ 8º Concluído o julgamento do agravo pelo Superior Tribunal de Justiça e, se for o caso, do recurso especial, independentemente de pedido, os autos serão remetidos ao

Supremo Tribunal Federal para apreciação do agravo a ele dirigido, salvo se estiver prejudicado.

1. O recurso previsto pelo *caput* do artigo 1.042, a despeito de contar com nomenclatura diversa, cumpre, em boa medida, com a função atribuída ao agravo do artigo 544, no sistema revogado (CPC/73).[166] Trata-se de expediente recursal hábil a impugnar o não conhecimento do recurso de jurisdição extraordinária pelo tribunal de origem. Sua tarefa é, pois, fazer com que os autos cheguem ao tribunal superior competente para apreciar o pleito inadmitido, no afã de ver refeito o juízo de admissibilidade (realizado pelo tribunal de origem) e, em caso de sucesso, permitir o enfrentamento meritório do pleito recursal de natureza extraordinária.

2. Não cabe o agravo sob comento quando a inadmissão do recurso de jurisdição extraordinária (havida no tribunal de origem) fundar-se na aplicação de entendimento fixado em sede de análise de repercussão geral (por exemplo, o Supremo já decidiu que a matéria *sub judice* não tem repercussão geral) ou mediante aplicação da técnica dos recursos repetitivos (por exemplo, a tese defendida no recurso especial contraria a que preponderou por ocasião da aplicação da técnica processual de vinculatividade).

3. Ao recurso em tela aplica-se, inclusive quanto à possibilidade de sobrestamento, os regimes da repercussão geral (sendo ele apresentado em face de decisão que inadmita recurso extraordinário) e dos recursos repetitivos (atacando ele decisão que tenha inadmitido recurso especial ou recurso extraordinário).

4. Procedimento. O agravo sob comento será endereçado ao tribunal de origem, independentemente de preparo; o agravado, em homenagem ao direito fundamental ao contraditório, será intimado para, querendo, no prazo de 15 (quinze) dias, apresentar contrarrazões; transcorrido o prazo para resposta, com ou sem manifestação do recorrido, não se retratando o tribunal de origem, o recurso subirá ao tribunal superior competente; é assegurado aos procuradores das partes, nos casos em que o agravo vier a ser julgado conjuntamente com o recurso especial/extraordinário, o uso da palavra (sustentação oral).

5. Quando a parte oferecer, em face de um mesmo acórdão, recurso especial e recurso extraordinário, restando ambos inadmitidos, o recorrente, no afã de "destrancá-los", deverá ofertar um agravo para cada recurso inadmitido. Interpostos os agravos, os autos serão, por determinação legal, primeiramente, remetidos ao STJ.

---

[166] Nesse mesmo sentido, aduz Felipe Waquil Ferraro: "O art. 1.042, (...) vem em aparente substituição ao art. 544 do Código de Processo Civil de 1973". FERRARO, Felipe Waquil. In: *Novo Código de Processo Civil anotado*. Porto Alegre: OAB/RS, 2015. p. 384.

6.7. Embargos de Divergência

(...)

Seção IV

Dos Embargos de Divergência

Art. 1.043. É embargável o acórdão de órgão fracionário que:

I – em recurso extraordinário ou em recurso especial, divergir do julgamento de qualquer outro órgão do mesmo tribunal, sendo os acórdãos, embargado e paradigma, de mérito;

II – Revogado.

III – em recurso extraordinário ou em recurso especial, divergir do julgamento de qualquer outro órgão do mesmo tribunal, sendo um acórdão de mérito e outro que não tenha conhecido do recurso, embora tenha apreciado a controvérsia;

IV – Revogado.

§ 1º Poderão ser confrontadas teses jurídicas contidas em julgamentos de recursos e de ações de competência originária.

§ 2º A divergência que autoriza a interposição de embargos de divergência pode verificar-se na aplicação do direito material ou do direito processual.

§ 3º Cabem embargos de divergência quando o acórdão paradigma for da mesma turma que proferiu a decisão embargada, desde que sua composição tenha sofrido alteração em mais da metade de seus membros.

§ 4º O recorrente provará a divergência com certidão, cópia ou citação de repositório oficial ou credenciado de jurisprudência, inclusive em mídia eletrônica, onde foi publicado o acórdão divergente, ou com a reprodução de julgado disponível na rede mundial de computadores, indicando a respectiva fonte, e mencionará as circunstâncias que identificam ou assemelham os casos confrontados.

§ 5º Revogado.

1. A função precípua dos tribunais superiores (enquanto cortes superiores) consiste, bem compreendida a afirmativa, em diligenciar na uniformização da aplicação do direito objetivo (trata-se de tema pertencente ao campo do direito material; trate-se de tema inerente ao espectro processual), definindo, pois, as teses jurídicas que devam prevalecer na resolução dos conflitos sujeitos à apreciação do Judiciário pátrio. Dada a conformação estrutural dos mesmos (compostos por órgãos fracionários), há, em tese, a possibilidade de que, dentro de um mesmo tribunal superior, coexistam decisões (prolatadas, não raro, por órgãos fracionários diversos) antagônicas entre si. Considerada a função precípua dos tribunais, alhures anunciada, o ordenamento pátrio disponibiliza ao jurisdicionado instrumento recursal capaz de pôr em xeque tal contradição: os embargos de divergência.

2. Hipóteses de cabimento. Cabe embargos de divergência quando (a) em recurso extraordinário ou em recurso especial, a decisão prolatada por órgão fracionário divergir de julgamento prolatado por órgão

integrante do mesmo tribunal, sendo os acórdãos, embargado e paradigma, de mérito ou; quando (b) em recurso extraordinário ou em recurso especial, o decisório atacado divergir do julgamento de qualquer outro órgão do mesmo tribunal, sendo um acórdão de mérito e outro que não tenha conhecido do recurso, embora tenha apreciado a controvérsia. As duas outras hipóteses de cabimento previstas na redação originária do CPC/2015 (incisos II e IV do art. 1.043) foram revogadas pela Lei 13.256/2016.

3. Denomina-se acórdão paradigma aquele utilizado para fundamentar a existência da divergência que autoriza o oferecimento dos embargos.

4. O CPC/2015, atento ao escopo de que o valor maior a ser preservado pela atuação dos tribunais superiores (enquanto cortes superiores) é o da unidade de convicção (corolário da segurança jurídica), autoriza que o cotejo relativo à divergência anunciada tenha assento em pleitos judiciários de natureza diversa. Consoante o teor do primeiro parágrafo do artigo sob comento, nada obsta que sejam confrontadas teses contidas em julgamentos de recursos e de ações de competência originária dos tribunais superiores.

5. Quando a divergência constar de acórdão prolatado pela mesma turma que examinou o caso *sub judice*, admitir-se-á o oferecimento dos embargos sob comento se, e somente se, o órgão fracionário julgador houver enfrentado reestruturação mediante substituição de, pelo menos, metade de seus integrantes.

6. A divergência suscitada será necessariamente (com)provada nos autos dos embargos mediante apresentação de certidão, cópia ou citação de repositório oficial ou credenciado de jurisprudência, inclusive em mídia eletrônica, onde foi publicado o acórdão divergente, ou mediante a reprodução de julgado disponível na rede mundial de computadores, indicada sua fonte. Compete ao recorrente, ainda, realizar um cotejo entre os casos concretos, destacando os elementos "que identificam ou assemelham" os casos confrontados.

7. O § 5º do artigo sob comento, em homenagem ao direito fundamental à motivação (atual e concreta), impedia, em sua redação originária, que pleito recursal (os embargos de divergência) fosse inadmito sob o fundamento genérico "de que as circunstâncias fáticas" do acórdão paradigma e do acórdão recorrido eram "diferentes". O texto, revogado, incumbia o tribunal de realizar cotejo analítico entre os casos confrontados, esmiuçando as razões pelas quais entendia diversos os mesmos. A Lei 13.256/2016, a nosso juízo inadequadamente, revogou o teor do parágrafo em epígrafe antes mesmo de o CPC/2015 entrar em vigor.

Art. 1.044. No recurso de embargos de divergência, será observado o procedimento estabelecido no regimento interno do respectivo tribunal superior.

§ 1º A interposição de embargos de divergência no Superior Tribunal de Justiça interrompe o prazo para interposição de recurso extraordinário por qualquer das partes.

§ 2º Se os embargos de divergência forem desprovidos ou não alterarem a conclusão do julgamento anterior, o recurso extraordinário interposto pela outra parte antes da publicação do julgamento dos embargos de divergência será processado e julgado independentemente de ratificação.

1. O Regimento Interno do tribunal superior competente para processar e julgar os embargos de divergência disciplinará o procedimento a ele aplicável. Vide, no âmbito do STJ, o conteúdo dos artigos 266/267; no STF, artigos 330/336, todos pertencentes aos respectivos regimentos.

2. RISTJ. Em 08.04.2014. "SEÇÃO IV. Dos Embargos de Divergência. Art. 266. Das decisões da Turma, em recurso especial, poderão, em quinze dias, ser interpostos embargos de divergência, que serão julgados pela Seção competente, quando as Turmas divergirem entre si ou de decisão da mesma. Seção. Se a divergência for entre Turmas de Seções diversas, ou entre Turma e outra Seção ou com a Corte Especial, competirá a esta o julgamento dos embargos. § 1º A divergência indicada deverá ser comprovada na forma do disposto no art. 255, §§ 1º e 2º, deste Regimento. § 2º Os embargos serão juntados aos autos independentemente de despacho e não terão efeito suspensivo. § 3º Sorteado o relator, este poderá indeferi-los, liminarmente, quando intempestivos, ou quando contrariarem Súmula do Tribunal, ou não se comprovar ou não se configurar a divergência jurisprudencial. § 4º Se for caso de ouvir o Ministério Público, este terá vista dos autos por vinte dias. Art. 267. Admitidos os embargos em despacho fundamentado, promover-se-á a publicação, no "Diário da Justiça", do termo de "vista" ao embargado para apresentar impugnação nos quinze dias subsequentes. Parágrafo único. Impugnados ou não os embargos, serão os autos conclusos ao relator, que pedirá a inclusão do feito na pauta de julgamento".

3. RISTF. Em 08.04.2014. "Capítulo VI. DOS EMBARGOS. Seção I. DOS EMBARGOS DE DIVERGÊNCIA E DOS EMBARGOS INFRINGENTES. Art. 330. Cabem embargos de divergência à decisão de Turma que, em recurso extraordinário ou em agravo de instrumento, divergir de julgado de outra Turma ou do Plenário na interpretação do direito federal. Art. 331. A divergência será comprovada mediante certidão, cópia autenticada ou pela citação do repositório de jurisprudência, oficial ou credenciado, inclusive em mídia eletrônica, em que tiver sido publicada a decisão divergente, ou ainda pela reprodução de julgado disponível na internet, com indicação da respectiva fonte, mencionando, em qualquer caso, as circunstâncias que identifiquem ou assemelhem os casos con-

SENTENÇA, COISA JULGADA E RECURSOS CÍVEIS CODIFICADOS

frontados. Parágrafo único. (Revogado.) Art. 332. Não cabem embargos, se a jurisprudência do Plenário ou de ambas as Turmas estiver firmada no sentido da decisão embargada, salvo o disposto no art. 103. Art. 333. Cabem embargos infringentes à decisão não unânime do Plenário ou da Turma: I – que julgar procedente a ação penal; II – que julgar improcedente a revisão criminal; III – que julgar a ação rescisória; IV – que julgar a representação de inconstitucionalidade; V – que, em recurso criminal ordinário, for desfavorável ao acusado. O cabimento dos embargos, em decisão do Plenário, depende da existência, no mínimo, de quatro votos divergentes, salvo nos casos de julgamento criminal em sessão secreta Art. 334. Os embargos de divergência e os embargos infringentes serão opostos no prazo de quinze dias, perante a Secretaria, e juntos aos autos, independentemente de despacho. Art. 335. Interpostos os embargos, o Relator abrirá vista ao recorrido, por quinze dias, para contrarrazões. § 1º Transcorrido o prazo do *caput*, o Relator do acórdão embargado apreciará a admissibilidade do recurso. § 2º Da decisão que não admitir os embargos, caberá agravo, em cinco dias, para o órgão competente para o julgamento do recurso. § 3º Admitidos os embargos, proceder-se-á à distribuição nos termos do art. 76. Art. 336. Na sessão de julgamento, aplicar-se-ão, supletivamente, as normas do processo originário, observado o disposto no art. 146. Parágrafo único. Recebidos os embargos de divergência, o Plenário julgará a matéria restante, salvo nos casos do art. 313, I e II, quando determinará a subida do recurso principal".

4. Protocolizados os embargos de divergência junto ao STJ, considerar-se-á interrompido, para ambas as partes, o prazo para oferecimento de eventual recurso extraordinário cabível. O recurso extraordinário ofertado pela parte embargada anteriormente à publicação da decisão referente aos embargos de divergência, inalterado o posicionamento da Corte por ocasião de sua apreciação, será processado e julgado independentemente de ratificação pelo recorrente.

5. "Nos embargos de divergência não servem como padrão de discordância os mesmos paradigmas invocados para demonstrá-la mas repelidos como não dissidentes no julgamento do recurso extraordinário." Súmula 598 do STF.

7. Temas recursais polêmicos: reflexões

7.1. Decisões interlocutórias apeláveis e sentenças agraváveis?

A indagação, considerada a lógica do sistema processual revogado, segue, em boa medida, a causar espanto.

Explicamo-nos, brevemente: ao menos no âmbito da jurisdição ordinária, à luz do CPC/73, o critério a ser examinado, no afã de descobrir o recurso hábil a impugnar certo pronunciamento judicial, era, única e exclusivamente, o da natureza jurídica da decisão.

Nessa quadra, identificando-se, pois, o pronunciamento judicial como *sentença*, ter-se-ia como recurso adequado à impugnação do julgado, como regra, a *apelação*; em se tratando de decisão interlocutória, por sua vez, o recurso seria o agravo. Neste último caso, elementos outros mostravam-se relevantes apenas para que se pudesse aferir se o mesmo tramitaria em sua forma *instrumental* ou *retida*, situação que, por óbvio, não vem ao caso momentaneamente.

O CPC/2015, contudo, rompeu com a anunciada lógica.

Não há dúvida, pois, que se possa/deva extrair do § 1º do art. 1.009, que o instrumento recursal hábil a impugnar determinadas decisões interlocutórias seja, doravante, a *apelação*. Os pronunciamentos interlocutórios não sujeitos ao regime da preclusão imediata, havendo interesse recursal, devem, segundo o Código, ser atacados ou em preliminares de apelação, ou em preliminares de contrarrazões desse mesmo recurso.

Como é intuitivo, embora diferente do sistema pretérito, não há negar, entre nós, a existência de *decisões interlocutórias apeláveis*.

A segunda parte da indagação que motivou o título do presente tópico (*sentenças agraváveis?*), embora exija do estudioso compreensão mais profunda acerca, por exemplo, do conceito de *sentença* e das características a ela inerentes, merece, segundo pensamos, ser respondida positivamente.

O Código, em certas passagens, elege o recurso hábil a impugnar certo pronunciamento judicial, sem, contudo, qualificá-lo, exigindo do intérprete tal tarefa, ou seja, embora aponte o recurso cabível, limita-se a tratar o pronunciamento judicial como *decisão*, critério, à evidência, insuficiente, para, exemplificativamente, discernir as sentenças das decisões interlocutórias. É o caso, pois, dos artigos 354 e 356.

Dissemos alhures:

O art. 356, sepultando controvérsia doutrinária de outrora, autoriza, expressamente, o julgamento antecipado parcial de mérito.

A aplicação do instituto tem espaço, segundo o Código, "quando um ou mais dos pedidos formulados ou parcela deles" "mostrar-se incontroverso" ou "estiver em condições de imediato julgamento". Subjaz a ideia, traduzindo em miúdos, a necessidade de que a demanda, ao menos em parte, encontre-se madura para julgamento.

Trata-se o julgamento antecipado parcial do mérito de técnica processual comprometida, dentre outros, com o direito fundamental à duração razoável do processo.

Embora louvável a intenção do legislador, uma primeira crítica, segundo pensamos, deva recair sob a nomenclatura utilizada, uma vez que, se ao menos em parte o feito mostra-se apto para ser julgado, inexiste, na linha do modelo constitucional do processo civil pátrio, qualquer espécie de antecipação (nada será julgado antes do momento adequado), sendo este mesmo o espaço próprio à composição do conflito de interesses, ainda que parcialmente. Não se pode perder de vista, jamais, que o instituto sob comento representa hipótese de julgamento conforme o estado do processo.

Seja como for, considerado o que importa para o momento, cumpre destacar o teor do § 5º, do art. 356, assim redigido: "A decisão proferida com base neste artigo é impugnável por agravo de instrumento".

Causa estranhamento, desde logo, que o legislador, nada obstante tenha apontado as sentenças, as decisões interlocutórias e os despachos como pronunciamentos judiciais típicos inerentes ao campo da jurisdição singular (art. 203), refira-se ao julgado proferido com base no art. 356 como "decisão", uma vez que, consoante sabido aos quatro cantos, a existência de carga decisória revela-se critério insuficiente para afastar as sentenças das decisões interlocutórias (ambas são decisões).

Deriva daí, pois, uma dúvida: o pronunciamento judicial proferido com base no art. 356 é decisão interlocutória ou sentença?

(...)

Parece-nos indispensável ao enfrentamento da indagação, sobretudo, examinar, ainda que brevemente, as características do ato judicial em epígrafe.

Primeiro, as hipóteses autorizativas de aplicação do instituto, ao que tudo indica, apontam para a realização, do ponto de vista de sua profundidade, de cognição exauriente, uma vez que, o julgamento oriundo da aplicação do instituto (art. 356) deverá, necessariamente, estar calcado em juízo de certeza, vale dizer, ou a questão sub judice é incontroversa, ou, não sendo, haverá o julgador de entender que se encontra madura (pronta) para julgamento.[167]

---

[167] Acerca do tema, com grande proveito, WATANABE, Kazuo. *Da cognição no processo civil.* 4ª ed. São Paulo: RT, 2012; PORTO, Sérgio Gilberto. *Cidadania Processual. Processo constitucional e o novo processo civil.* Porto Alegre: Livraria do Advogado, 2016. p. 71/78.

Segundo, não nos parece viável crer que, uma vez prolatado, o juiz, mediante provocação feita por petição simples nos próprios autos, possa, simplesmente, expurgar o pronunciamento judicial oriundo da aplicação do artigo sob comento do mundo jurídico. Há, consoante denuncia o texto legal, uma forma adequada a combatê-lo: a interposição do agravo de instrumento.

Terceiro, ao que transparece, o legislador, ao admitir o instituto, permitiu ao julgador que, no concernente, julgue em definitivo a questão, dando por prestada a jurisdição.

Ao que tudo indica, gostemos ou não, o pronunciamento judicial prolatado com base no art. 356 possui, como se tem dito por aí, "alma" de sentença!

(...)

Sentenças agraváveis? E o que há de errado nisso? Nada, à evidência, nada!

Tanto a apelação, como o agravo de instrumento, consoante abaixo explicado, enquadram-se no grupo dos recursos de jurisdição ordinária e se destinam, imediatamente, a operacionalização do duplo grau de jurisdição, isto é, possuem idêntica função.

A eleição do agravo de instrumento como recurso hábil a impugnar o pronunciamento fundado na aplicação do art. 356, em nada altera sua natureza (a natureza do pronunciamento). Trata-se, pois, de política legislativa que considerou a dificuldade de exame imediato das razões recursais, uma vez que os autos do processo (ao menos daqueles que tramitam pela plataforma física) haverão de ser mantidos perante o juízo *a quo*.

Evitou-se, apenas, a criação de algo na linha de uma "apelação de instrumento" para que se mantivesse, ao menos num primeiro olhar, certa identidade com o rol de recursos de outrora (o novo assusta!) (...).[168]

Ora, se, primeiro, o CPC/2015 outorga ao agravo de instrumento a tarefa de funcionar como o recurso hábil à impugnação do pronunciamento judicial prolatado com base no art. 356 (como realmente o faz); segundo, se o aludido pronunciamento possui as características acima apontadas, imperioso admitir que o só exemplo já serviria a resposta positiva da segunda parte da indagação que dá título ao presente tópico.

Nada obstante o "novo" (por definição, diríamos) cause espanto, é tarefa do processualista do século XXI compreendê-lo e, acima de tudo, a ele adaptar-se.

Não, não nos furtaremos de apresentar uma resposta: temos, sim, à luz do CPC/2015, um sistema recursal que labora com *decisões interlocutórias apeláveis* e *sentenças agraváveis*, nada obstante tal afirmativa cause, ao menos nestes primeiros anos de vigência do Código, certo desconforto.

Ou não? ...

---

[168] Passagem extraída do item "O art. 356: decisão interlocutória ou sentença?", *supra* (item 2.2.4.2.).

7.2. A inadmissão do agravo de instrumento gera a preclusão da faculdade de impugnar decisão interlocutória (já atacada) em sede de apelação?

Optou-se, consoante acima anunciado, enquanto regime de impugnação às interlocutórias, pela eleição de um rol taxativo de hipóteses de cabimento do agravo de instrumento (arts. 1.015 e outros), sendo os demais pronunciamentos dessa categoria impugnáveis em sede de apelação. O problema ora enfrentado, bem compreendido, diz com o inadequado manejo do agravo de instrumento e suas consequências.

Imagine-se, exemplificativamente, que agravante tenha ofertado seu pleito recursal (o agravo de instrumento) no afã de combater decisão interlocutória apelável, sendo o mesmo inadmitido por manifesto descabimento, tal e qual no exemplo abaixo:

(...) As hipóteses de cabimento do Recurso de Agravo de Instrumento são taxativas. O caso de indeferimento de oitiva de testemunha não está dentre tais hipóteses (...) O cabimento recursal é requisito intrínseco ao recurso, por corresponder à própria existência do poder e/ou direito de recorrer. O vício ocorrente com o seu não preenchimento – assim como qualquer outro vício que decorra da ausência de qualquer um dos demais requisitos intrínsecos de admissibilidade recursal – constitui problema impassível de correção ou convalidação, mesmo em tempos de colaboração ou cooperação processual, cujo reconhecimento naturalmente conduz à inadmissibilidade recursal. Diante disso, é manifesta a inadmissibilidade do presente recurso.

RECURSO DE AGRAVO DE INSTRUMENTO. AÇÃO DE INDENIZAÇÃO POR DANOS MORAIS. INDEFERIMENTO DA OITIVA DE TESTEMUNHA EM AUDIÊNCIA DE INSTRUÇÃO E JULGAMENTO. DESCABIMENTO DO RECURSO. MANIFESTA INADMISSIBILIDADE. RECURSO MONOCRATICAMENTE NÃO CONHECIDO. (Agravo de Instrumento nº 70071014922, Décima Câmara Cível, Tribunal de Justiça do RS, Relator: Catarina Rita Krieger Martins, Julgado em 16/09/2016)

Trazido à baila o exemplo, vale lembrar, desde logo, que o princípio da *unirrecorribilidade,* bem como o instituto da *preclusão consumativa,* dentre outros, seguem a nortear a aplicabilidade do sistema jurídico pátrio.

Sobre o primeiro, apontamos acima:

Tem-se por regra no sistema recursal civil pátrio que cada decisão judicial comporte, como regra, um único recurso. Admitem-se, pois, exceções à regra. (...) Vale sublinhar, contudo, que, a despeito da exceção destacada, o sistema recursal toma, por regra, que cada decisão comporte, enquanto meio de "revisá-la" meritoriamente, uma única ferramenta processual, isto é, único recurso principal. (...)

Em relação ao derradeiro, dissemos alhures:

Preclusão consumativa. Quando a perda do direito de praticar certo ato processual deriva de sua já realização, a preclusão é adjetivada de consumativa. Imagine-se que o demandado, inexitosa a tentativa conciliatória, protocoliza sua contestação no 5º dia do prazo.

Alguns dias depois, por hipótese, certo da deficiência dos fundamentos apresentados, ainda que dentro dos 15 dias previstos em lei, protocoliza nova contestação. O segundo ato, por ocasião da consumação do primeiro (protocolo da contestação), não pode produzir o efeito desejado. A contestação já havia sido apresentada.

Indaga-se, então: qual a consequência processual do manejo inadequado do agravo de instrumento? Há preclusão da matéria objeto do recurso inoportunamente ofertado ou poderá a mesma, sem problema, ser devolvida ao tribunal por ocasião da interposição da apelação (o recurso cabível)?

No sistema pretérito, tal situação, *mutatis mutandis*, revelava-se rotineira. O agravante manejava seu recurso pretendendo vê-lo tramitar pela via *instrumental*; o relator, entendendo inexistir grave dano a ser suportado pelo recorrente, determinava, respaldado pela legislação vigente à época, a observância, para a sua tramitação, da forma *retida*, encaminhado os autos ao juízo *a quo* (art. 527, II, CPC/73 – falava-se em "conversão" do agravo de instrumento em retido).

Diz-se, pois, "guardadas as devidas proporções" uma vez que, no caso, o recurso manejado era o mesmo (o agravo), ensejando debate apenas acerca da forma mediante a qual o mesmo deveria tramitar. No cenário atual, entretanto, o manejo de agravo de instrumento em face de pronunciamento judicial que escape do rol legal, reflete, pois, erro, inclusive, no que diz com o recurso manejável (que seria a apelação).

Para ilustrar o debate, imagine-se, noutro cenário, que, diante do julgamento colegiado de certa apelação uma das partes viesse a manejar um *agravo interno*. Sendo ele manifestamente inadmissível (como é!), parece-nos que a matéria objeto do recurso ofertado não mais poderia ser examinada mediante a interposição de recurso diverso, uma vez que a faculdade recursal fora objeto de consumação (ainda que a apelação não tivesse examinado o mérito recursal), nada obstante tenha o recorrido pecado ao gozá-la. Ou haveria de se admitir o enfrentamento da matéria (seja ela qual for) pelo simples fato de, agora (depois do erro), manejar-se novo pleito recursal (interpondo-se o recurso adequado)?

Mas, tal lógica tem aplicabilidade ao cenário do agravo de instrumento mal manejado?

Saliente-se que, estruturalmente, o erro cometido (e retratado no julgado supra) é idêntico ao do exemplo acima: o recorrente manejou recurso descabido, no caso, agravo de instrumento para atacar pronunciamento judicial apelável.

Sabe-se, todavia, que, segundo a novel sistemática, as decisões interlocutórias não sujeitas ao regime da preclusão imediata são impugnáveis via apelação. Pense-se, então, que, no caso concreto retratado pela decisão acima transcrita, o agravante viesse, em sede de apelação, a suscitar o mesmo debate (o que tentou, sem êxito, em sede de agravo de instrumento – inadmitido por manifestamente incabível). Como deveria o tribunal comportar-se? Admiti-lo no concernente? Inadmiti-lo?

Poder-se-ia, de um lado, seguindo linha de pensamento *"inclusiva"*, admitir a impugnação à decisão interlocutória sob o argumento de que a preclusão temporal apenas se concretizaria por ocasião do não oferecimento do apelo, nos termos do § 1º do art. 1.009, privilegiando-se, *lato sensu*, a primazia do enfrentamento meritório.

De outro, com paridade de fundamento, que a preclusão *consumativo-recursal*, operou-se já ao tempo do oferecimento do agravo de instrumento inadmitido, bem como, que cada pronunciamento judicial, como regra, apenas pode ser atacado uma única vez.

Debate-se, ao fim e ao cabo, a indagação, a saber: É possível manejar dois recursos (principais) em face de uma mesma decisão interlocutória?

Eis a questão!

7.3. Então, obscuridade, contradição, omissão e erro material não são hipóteses de cabimento recursal?

Consoante afirmamos no item 4.5 do presente livro, não é dado ao jurista contemporâneo baralhar os planos da *admissibilidade* e do *juízo meritório recursal*, por um sem número de razões. Aquele, sempre, precederá a este, não podendo, por definição, haver enfrentamento meritório de recurso inadmitido.

Rememore-se: em sede de juízo de admissibilidade, a tarefa do órgão judicial competente para tanto consiste, grosso modo, em verificar se estão presentes, *in concreto,* os denominados requisitos/pressupostos que permitam, oportunamente, o enfrentamento meritório do pleito recursal.

Podem os requisitos de admissibilidade, como dito alhures, serem classificados em dois grandes grupos: (a) gerais, com aplicação a todo e qualquer recurso; (b) específicos, inerentes a certo recurso. Importa relembrar, pois, que, dentre os gerais, encontram-se o *cabimento, a legitimação, o interesse, a inexistência de fato impeditivo do direito de recorrer, a motivação atual* (estes, intrínsecos), *o preparo, a tempestividade e a regularidade formal* (estes, extrínsecos).[169]

---

[169] "Parece-nos oportuno, antes de dar início ao exame microscópico do tema, classificar os requisitos de admissibilidade recursal a partir de dois grandes grupos, a saber: (a) gerais/genéricos e (b) específicos/próprios. Em relação ao primeiro grupo (gerais/genéricos), há de se observar, para fins didáticos, a existência de subgrupos. Classificam-se, pois, os pressupostos/requisitos gerais/gené-

No afã de fundamentar a indagação em tela, vale lembrar:

Compreenda-se, por oportuno, que, segundo o sistema pátrio, aos interessados incumbe identificar, in concreto, o recurso manejável face ao pronunciamento que lhe é desfavorável. Realizada tal escolha, ao órgão judiciário (competente) tocará, oportunamente, confirmar sua corretude, respondendo, em última análise, o quesito, a saber: o recurso manejado pelo interessado é o adequado para impugnar o ato atacado?

Alcançando-se resposta positiva, prosseguir-se-á, um a um, na análise dos demais pressupostos/requisitos de admissibilidade; sendo ela negativa, e, não se estando diante de cenário em que se imponha a aplicação do princípio da fungibilidade (acima enfrentado), o recurso manejado haverá, salvo expressa disposição legal em sentido contrário, de ser declarado inadmissível.

Seja como for, o art. 1.022 do CPC/2015 aponta, em "alto e bom tom", que "cabem embargos de declaração" para *esclarecer obscuridade ou contradição, suprir omissão ou corrigir erro material*.

Indaga-se: a obscuridade, a contradição, a omissão e o erro material, no caso, figuram como *requisito de admissibilidade* ou se confundem com o *mérito* recursal?

Não são episódicos pronunciamentos judiciais na linha da decisão abaixo transcrita:

EMBARGOS DE DECLARAÇÃO. OMISSÃO. CONTRADIÇÃO. OBSCURIDADE. INEXISTENTES. PREQUESTIONAMENTO. AUSÊNCIA DE CABIMENTO. Devem estar presentes os requisitos do art. 1.022 do CPC, a fim de que mereça ser acolhido o recurso, o que não ocorre in casu. Não se verifica qualquer omissão, contradição ou obscuridade no aresto que justifique a interposição de embargos declaratórios. Os embargos de declaração não se prestam para rediscussão do mérito, assim como o Julgador não está adstrito a rebater todas as teses levantadas pelas partes, mas sim a demonstrar logicamente o caminho pelo qual chegou à conclusão. Mesmo na hipótese de prequestionamento da matéria, devem estar presentes os requisitos do art. 1.022 do CPC, a fim de que mereça ser acolhido o recurso, o que não ocorre in casu. A fundamentação do acórdão embargado é suficiente, sendo impositiva seja mantida. EMBARGOS DE DECLARAÇÃO DESACOLHIDOS. (Embargos de Declaração nº 70070264528, Segunda Câmara Cível, Tribunal de Justiça do RS, Relator: João Barcelos de Souza Junior, Julgado em 30/08/2016)

---

ricos de admissibilidade (recursal), sem maiores controvérsias, em *intrínsecos* e *extrínsecos*. Diz-se que o primeiro subgrupo (o dos pressupostos recursais gerais/genéricos intrínsecos) é composto pelos itens, a saber: *cabimento, legitimidade, interesse e inexistência fato impeditivo do direito de recorrer* (*insere-se, aqui, segundo nosso entendimento, ainda, a motivação atual, por força da redação atribuída ao art. 932, III, do CPC/2015*); o segundo (o dos pressupostos recursais gerais/genéricos extrínsecos), por sua vez, pela *tempestividade, preparo e regularidade formal*. O que se pretende com a nomenclatura "*gerais/genéricos*" é demonstrar que os pressupostos acima aludidos aplicam-se à admissibilidade de todo e qualquer pleito recursal. De outro giro, é possível afirmar que alguns recursos cíveis, por determinação legal, submetem-se, no que diz com o juízo de admissibilidade, a requisitos *específicos/próprios*. Retratam essa realidade, exemplificativamente, a necessidade de comprovação de *repercussão geral* no recurso extraordinário, a existência de "causa decidida" nos recursos de jurisdição extraordinária, a juntada de peças obrigatórias no agravo de instrumento e etc. Os requisitos/pressupostos gerais/genéricos serão, um a um, examinados, logo abaixo; os específicos/próprios, apenas por ocasião do enfrentamento do recurso em que se faça necessário." (item 4.5.1)

Os embargos acima, percebe-se, foram *desacolhidos* (significa dizer: houve, segundo o órgão julgador, enfrentamento meritório) por não constatadas as omissões, contradições e obscuridades alegadas pelo embargante. Acerca do julgado, dúvida inexiste: o teor dos incisos do art. 1.022 do CPC/2015, no caso, não foram examinados enquanto pressupostos de admissibilidade recursal, mas, como mérito.

Duas, segundo pensamos, afiguram-se as principais linhas de raciocínio capazes de trazer uma solução à indagação supra:

Numa delas, atenta a redação do *caput* do art. 1.022, em especial a expressão "Cabem", toma-se o quarteto (obscuridade, contradição, omissão e erro material) por requisito de admissibilidade geral, enquadrando-os na figura do *cabimento,* pertencente ao grupo dos pressupostos gerais intrínsecos.[170]

Adotada tal tese, a constatação da inexistência das hipóteses legais, tal e qual manifestado no aresto acima transcrito, conduzirá a inadmissibilidade do pleito recursal, não ao seu desacolhimento, uma vez que não é possível passar à análise do mérito recursal sem juízo positivo de admissibilidade do mesmo.

Em suma: não estando presentes *in concreto* as hipóteses previstas em lei, garantidoras do cabimento dos embargos de declaração, o recurso, necessariamente, deverá ser inadmitido.

Noutra, pois, considera-se suficiente à superação do requisito de admissibilidade sob comento, a mera alegação de existir, no julgado, obscuridade, contradição, omissão ou erro material a ser corrigido. Segundo tal linha, a averiguação *in concreto* da alegação se dá em sede meritória recursal, devendo-se admitir o recurso e, em não se constando quaisquer dos elementos do quarteto acima referido (incisos do art. 1.022), desacolhê-lo. Ao que tudo indica, fora esta a linha adotada no pronunciamento judicial acima transcrito.

Reitera-se: afinal, obscuridade, contradição, omissão e erro material são (ou não são) hipóteses de *cabimento recursal*? Há como dissociá--las do *mérito recursal* propriamente dito?

Por hora, pois, é possível afirmar, apenas, tratar-se de tema recursal polêmico!

7.4. Sustentação e agravo interno

O enfrentamento do tema merece, como ponto de partida, reflexão acerca da razão de ser do *agravo interno.*

---

[170] Vide tópico 4.5.1.1, *supra.*

Diz-se, sem maiores controvérsias, que, no âmbito da jurisdição ordinária, a prestação jurisdicional, no primeiro grau, é, como regra, prestada mediante enfrentamento singular da causa (ou seja, o julgamento do feito compete a único juiz – "exército de um homem só"); em grau recursal, nesse mesmo âmbito de jurisdição, o juiz natural, por sua vez, é colegiado (em contraposição a noção de juízo singular), sendo o órgão julgador composto por mais de um juiz (em sentido largo – como regra, desembargadores).

A legislação processual admite, excepcionando tal regra, que, em certos casos, um dos integrantes do órgão colegiado, exercendo os denominados "poderes do relator", decida, monocraticamente, a causa que deveria ser enfrentada de maneira colegiada. São exemplos disso os julgamentos monocráticos das apelações e dos agravos de instrumento (vide art. 932, IV e V).

O agravo interno, oriundo dos denominados agravos regimentais (ou, "agravinhos"), cumpre, teleologicamente, com a função de facultar ao prejudicado pela decisão monocrática, acesso ao juízo colegiado, no afã de ver o pleito recursal que lhe interessa examinado pelo juízo natural recursal, fundamento que, por si só, põe em xeque a legitimidade do sistema de multas acolhido pelo Código.

Imagine-se, em termos práticos, o caso do apelante que pretende ver a sentença impugnada reformada, e que tem seu pleito recursal desacolhido monocraticamente. Ao impugnar a decisão monocrática, via agravo interno, é intuitivo que sua intenção, ao fim e ao cabo, é de que as razões de sua inconformidade com a sentença preponderem (e elas foram lançadas no recurso de apelação). Logo, nada obstante esteja obrigado a impugnar de maneira específica a decisão monocrática em sede de agravo interno (sendo essa, doravante, a decisão atacada), o aludido recurso, reitere-se, teleologicamente, serve, por definição, a reavaliação, agora pelo juízo colegiado (que, inclusive, figurava na condição de juízo natural recursal), da possibilidade de acolhimento de suas razões recursais originárias.

Dito isto, pois, não é difícil compreender, na guisa do exemplo, que, o gozo, pelo apelante, da faculdade de sustentar oralmente, face ao julgamento monocrático da apelação, restou prejudicado.

Interposto o agravo interno, uma vez considerada sua razão de ser, indaga-se: com qual legitimidade poder-se-ia tolher o recorrente (e até mesmo o recorrido) de fazer uso da palavra na sessão de julgamento do aludido recurso?

À evidência, com nenhuma!

A despeito do silêncio legal, no sentido de não prever, como regra, a possibilidade de sustentação oral em sede de agravo de interno, parece-nos impensável admitir que, nos casos em que o recurso julgado monocraticamente a permitisse, seja legítima sua negativa no cenário sob comento.

Ora, no exemplo utilizado, o apelante poderia, caso seu pleito recursal fosse examinado pelo juiz natural em sede recursal, fazer uso da "palavra falada" na sessão de julgamento. Aplicada medida excepcional (leia-se: julgamento monocrático do apelo), o instrumento recursal hábil a permitir o enfrentamento colegiado de seus interesses é o agravo interno, de tal sorte que, havendo vedação ao gozo da faculdade de sustentar oralmente por ocasião do julgamento do mesmo, tal prerrogativa seria fulminada, com evidente violação aos direitos processuais do recorrente.

Ademais, em se admitindo tal vedação, a técnica do julgamento monocrático, em curto lapso de tempo, teria, bem compreendida a afirmativa, o poder de expurgar do mundo jurídico a própria ideia de *sustentação oral* (bastaria que todos os julgamentos fossem feitos de maneira monocrática, ainda que mediante violação às hipóteses legais em que tal atuação está autorizada; eventual inconformidade haveria de ser realizada em sede de agravo interno, *sem a possibilidade de sustentação oral* – elas, simplesmente, desapareceriam!).

Nem mesmo o expresso apontamento legal no sentido de que compete aos regimentos internos determinar as regras de processamento do agravo interno (art. 1.021, *caput*), autoriza, segundo pensamos, os tribunais a vedar a realização de sustentação oral em sede de agravo interno, ao menos nos casos em que o recurso julgado monocraticamente a admita.

Vale lembrar que, expressamente, ao menos em uma passagem, o CPC/2015 admite a utilização do uso da palavra falada em sede de agravo interno.

Consoante o teor do § 3º do art. 936, nos "processos de competência originária previstos no inciso VI, caberá sustentação oral no agravo interno interposto contra decisão de relator que o extinga".

A adaptação dos regimentos internos, na linha das razões acima expostas, é, em homenagem e respeito ao devido processo de direito, tarefa que se impõe.

8. Súmulas do STF e do STJ acerca de questões recursais

8.1. Supremo Tribunal Federal (STF)[171]

Súmula 735

Não cabe recurso extraordinário contra acórdão que defere medida liminar.

Súmula 734

Não cabe reclamação quando já houver transitado em julgado o ato judicial que se alega tenha desrespeitado decisão do Supremo Tribunal Federal.

Súmula 733

Não cabe recurso extraordinário contra decisão proferida no processamento de precatórios.

Súmula 727

Não pode o magistral deixar de encaminhar ao Supremo Tribunal Federal o agravo de instrumento interposto da decisão que não admite recurso extraordinário, ainda que referente a causa instaurada no âmbito dos juizados especiais.

Súmula 705

A renúncia do réu ao direito de apelação, manifestada sem a assistência de defensor, não impede o conhecimento da apelação por este interposta.

Súmula 641

Se conta em dobro o prazo para recorrer, quando só um dos litisconsortes haja sucumbido.

Súmula 640

É cabível recurso extraordinário contra decisão proferida por juiz de primeiro grau nas causas de alçada, ou por turma recursal de juizado especial cível e criminal.

Súmula 639

Aplica-se a súmula 288 quando não constarem do traslado do agravo de instrumento as cópias das peças necessárias à verificação da tempestividade do recurso extraordinário não admitido pela decisão agravada.

Súmula 638

A controvérsia sobre a incidência, ou não, de correção monetária em operações de crédito rural é de natureza infraconstitucional, não viabilizando recurso extraordinário.

Súmula 637

Não cabe recurso extraordinário contra acórdão de tribunal de justiça que defere pedido de intervenção estadual em município.

Súmula 636

Não cabe recurso extraordinário por contrariedade ao princípio constitucional da legalidade, quando a sua verificação pressuponha rever a interpretação dada a normas infraconstitucionais pela decisão recorrida.

---

[171] Consulta realizada em 14/04/2016.

Súmula 635

Cabe ao presidente do tribunal de origem decidir o pedido de medida cautelar em recurso extraordinário ainda pendente do seu juízo de admissibilidade.

Súmula 634

Não compete ao Supremo Tribunal Federal conceder medida cautelar para dar efeito suspensivo a recurso extraordinário que ainda não foi objeto de juízo de admissibilidade na origem.

Súmula 622

Não cabe agravo regimental contra decisão do relator que concede ou indefere liminar em mandado de segurança.

Súmula 598

Nos embargos de divergência não servem como padrão de discordância os mesmos paradigmas invocados para demonstrá-la mas repelidos como não dissidentes no julgamento do recurso extraordinário.

Súmula 528

Se a decisão contiver partes autônomas, a admissão parcial, pelo Presidente do Tribunal a quo, de recurso extraordinário que, sobre qualquer delas se manifestar, não limitará a apreciação de todas pelo Supremo Tribunal Federal, independentemente de interposição de agravo de instrumento.

Súmula 518

A intervenção da União, em feito já julgado pela segunda instância e pendente de embargos, não desloca o processo para o Tribunal Federal de Recursos.

Súmula 515

A competência para a ação rescisória não é do Supremo Tribunal Federal, quando a questão federal, apreciada no recurso extraordinário ou no agravo de instrumento, seja diversa da que foi suscitada no pedido rescisório.

Súmula 514

Admite-se ação rescisória contra sentença transitada em julgado, ainda que contra ela não se tenha esgotado todos os recursos.

Súmula 513

A decisão que enseja a interposição de recurso ordinário ou extraordinário não é a do plenário, que resolve o incidente de inconstitucionalidade, mas a do órgão (Câmaras, Grupos ou Turmas) que completa o julgamento do feito.

Súmula 506

A ampliação dos prazos a que se refere o art. 32 do Código de Processo Civil aplica-se aos executivos fiscais.

Súmula 456

O Supremo Tribunal Federal, conhecendo do recurso extraordinário, julgará a causa, aplicando o direito à espécie.

Súmula 455

Da decisão que se seguir ao julgamento de constitucionalidade pelo Tribunal Pleno, são inadmissíveis embargos infringentes quanto à matéria constitucional.

Súmula 454

Simples interpretação de cláusulas contratuais não dá lugar a recurso extraordinário.

Súmula 429

A existência de recurso administrativo com efeito suspensivo não impede o uso do mandado de segurança contra omissão da autoridade.

Súmula 428

Não fica prejudicada a apelação entregue em cartório no prazo legal, embora despachada tardiamente.

Súmula 427

A falta de petição de interposição não prejudica o agravo no auto do processo tomado por termo.

Súmula 426

A falta do termo específico não prejudica o agravo no auto do processo, quando oportuna a interposição por petição ou no termo da audiência.

Súmula 425

O agravo despachado no prazo legal não fica prejudicado pela demora da juntada, por culpa do cartório; nem o agravo entregue em cartório no prazo legal, embora despachado tardiamente.

Súmula 424

Transita em julgado o despacho saneador de que não houve recurso, excluídas as questões deixadas, explícita ou implicitamente, para a sentença.

Súmula 405

Denegado o mandado de segurança pela sentença, ou no julgamento do agravo, dela interposto, fica sem efeito a liminar concedida, retroagindo os efeitos da decisão contrária.

Súmula 399

Não cabe recurso extraordinário, por violação de lei federal, quando a ofensa alegada for a regimento de tribunal.

Súmula 392

O prazo para recorrer de acórdão concessivo de segurança conta-se da publicação oficial de suas conclusões, e não da anterior ciência à autoridade para cumprimento da decisão.

Súmula 369

Julgados do mesmo Tribunal não servem para fundamentar o recurso extraordinário por divergência jurisprudencial.

Súmula 368

Não há embargos infringentes no processo de reclamação.

Súmula 356

O ponto omisso da decisão, sobre o qual não foram opostos embargos declaratórios, não pode ser objeto de recurso extraordinário, por faltar o requisito do prequestionamento.

Súmula 353

São incabíveis os embargos da L. 623, de 19.2.49, com fundamento em divergência entre decisões da mesma Turma do Supremo Tribunal Federal.

Súmula 322

Não terá seguimento pedido ou recurso dirigido ao Supremo Tribunal Federal, quando manifestamente incabível, ou apresentado fora do prazo, ou quando for evidente a incompetência do Tribunal.

Súmula 320

A apelação despachada pelo juiz no prazo legal não fica prejudicada pela demora da juntada, por culpa do cartório.

Súmula 317

São improcedentes os embargos declaratórios, quando não pedida a declaração do julgado anterior, em que se verificou a omissão.

Súmula 300

São incabíveis os embargos da L. 623, de 19.2.49, contra provimento de agravo para subida de recurso extraordinário.

Súmula 299

O recurso ordinário e o extraordinário interpostos no mesmo processo de mandado de segurança, ou de habeas corpus, serão julgados conjuntamente pelo Tribunal Pleno.

Súmula 296

São inadmissíveis embargos infringentes sobre matéria não ventilada, pela Turma, no julgamento do recurso extraordinário.

Súmula 295

São inadmissíveis embargos infringentes contra decisão unânime do Supremo Tribunal Federal em ação rescisória.

Súmula 294

São inadmissíveis embargos infringentes contra decisão do Supremo Tribunal Federal em mandado de segurança.

Súmula 293

São inadmissíveis embargos infringentes contra decisão em matéria constitucional submetida ao plenário dos Tribunais.

Súmula 292

Interposto o recurso extraordinário por mais de um dos fundamentos indicados no art. 101, n. III, da Constituição, a admissão apenas por um deles não prejudica o seu conhecimento por qualquer dos outros.

Súmula 291

No recurso extraordinário pela letra d do art. 101, n. III, da Constituição, a prova do dissídio jurisprudencial far-se-á por certidão, ou mediante indicação do Diário da Justiça ou de repertório de jurisprudência autorizado, com a transcrição do trecho que configure a divergência, mencionadas as circunstâncias que identifiquem ou assemelhem os casos confrontados.

Súmula 290

Nos embargos da L. 623, de 19.2.49, a prova de divergência far-se-á por certidão, ou mediante indicação do Diário da Justiça ou de repertório de jurisprudência autorizado, que a tenha publicado, com a transcrição do trecho que configure a divergência, mencionadas as circunstâncias que identifiquem ou assemelhem os casos confrontados.

Súmula 289

O provimento do agravo por uma das Turmas do Supremo Tribunal Federal ainda que sem ressalva, não prejudica a questão do cabimento do recurso extraordinário.

Súmula 288

Nega-se provimento a agravo para subida de recurso extraordinário, quando faltar no traslado o despacho agravado, a decisão recorrida, a petição de recurso extraordinário ou qualquer peça essencial à compreensão da controvérsia.

Súmula 287

Nega-se provimento ao agravo, quando a deficiência na sua fundamentação, ou na do recurso extraordinário, não permitir a exata compreensão da controvérsia.

Súmula 286

Não se conhece do recurso extraordinário fundado em divergência jurisprudencial, quando a orientação do plenário do Supremo Tribunal Federal já se firmou no mesmo sentido da decisão recorrida.

Súmula 285

Não sendo razoável a arguição de inconstitucionalidade, não se conhece do recurso extraordinário fundado na letra c do art. 101, III, da Constituição Federal.

Súmula 284

É inadmissível o recurso extraordinário, quando a deficiência na sua fundamentação não permitir a exata compreensão da controvérsia.

Súmula 283

É inadmissível o recurso extraordinário, quando a decisão recorrida assenta em mais de um fundamento suficiente e o recurso não abrange todos eles.

Súmula 282

É inadmissível o recurso extraordinário, quando não ventilada, na decisão recorrida, a questão federal suscitada.

Súmula 281

É inadmissível o recurso extraordinário, quando couber na Justiça de origem, recurso ordinário da decisão impugnada.

Súmula 280

Por ofensa a direito local não cabe recurso extraordinário.

Súmula 279

Para simples reexame de prova não cabe recurso extraordinário.

Súmula 278

São cabíveis embargos em ação executiva fiscal contra decisão reformatória da de primeira instância, ainda que unânime.

Súmula 277

São cabíveis embargos, em favor da Fazenda Pública, em ação executiva fiscal, não sendo unânime a decisão.

Súmula 273

Nos embargos da L. 623, de 19.2.49, a divergência sôbre questão prejudicial ou preliminar, suscitada após a interposição do recurso extraordinário, ou do agravo, somente será acolhida se o acórdão-padrão for anterior à decisão embargada.

Súmula 272

Não se admite como ordinário recurso extraordinário de decisão denegatória de mandado de segurança.

Súmula 253

Nos embargos da L. 623, de 19.2.49, no Supremo Tribunal Federal, a divergência somente será acolhida, se tiver sido indicada na petição de recurso extraordinário.

Súmula 249

É competente o Supremo Tribunal Federal para a ação rescisória, quando, embora não tendo conhecido do recurso extraordinário, ou havendo negado provimento ao agravo, tiver apreciado a questão federal controvertida.

Súmula 247

O relator não admitirá os embargos da L. 623, de 19.2.49, nem deles conhecerá o Supremo Tribunal Federal, quando houver jurisprudência firme do Plenário no mesmo sentido da decisão embargada.

Súmula 233

Salvo em caso de divergência qualificada (L. 623, de 1949), não cabe recurso de embargos contra decisão que nega provimento a agravo ou não conhece de recurso extraordinário, ainda que por maioria de votos.

Súmula 228

Não é provisória a execução na pendência de recurso extraordinário, ou de agravo destinado a fazê-lo admitir.

8.2. Superior Tribunal de Justiça (STJ):[172]

Súmula 519

Na hipótese de rejeição da impugnação ao cumprimento de sentença, não são cabíveis honorários advocatícios.

Súmula 518

Para fins do art. 105, III, a, da Constituição Federal, não é cabível recurso especial fundado em alegada violação de enunciado de súmula

Súmula 517

São devidos honorários advocatícios no cumprimento de sentença, haja ou não impugnação, depois de escoado o prazo para pagamento voluntário, que se inicia após a intimação do advogado da parte executada

Súmula 490

A dispensa de reexame necessário, quando o valor da condenação ou do direito controvertido for inferior a sessenta salários mínimos, não se aplica a sentenças ilíquidas.

Súmula 487

O parágrafo único do art. 741 do CPC não se aplica às sentenças transitadas em julgado em data anterior à da sua vigência.

Súmula 484

Admite-se que o preparo seja efetuado no primeiro dia útil subsequente, quando a interposição do recurso ocorrer após o encerramento do expediente bancário.

Súmula 453

Os honorários sucumbenciais, quando omitidos em decisão transitada em julgado, não podem ser cobrados em execução ou em ação própria.

---

[172] Consulta realizada em 14/04/2016.

Súmula 420

Incabível, em embargos de divergência, discutir o valor de indenização por danos morais.

Súmula 418

É inadmissível o recurso especial interposto antes da publicação do acórdão dos embargos de declaração, sem posterior ratificação.

Súmula 390

Nas decisões por maioria, em reexame necessário, não se admitem embargos infringentes.

Súmula 331

A apelação interposta contra sentença que julga embargos à arrematação tem efeito meramente devolutivo.

Súmula 325

A remessa oficial devolve ao Tribunal o reexame de todas as parcelas da condenação suportadas pela Fazenda Pública, inclusive dos honorários de advogado.

Súmula 320

A questão federal somente ventilada no voto vencido não atende ao requisito do prequestionamento.

Súmula 316

Cabem embargos de divergência contra acórdão que, em agravo regimental, decide recurso especial.

Súmula 315

Não cabem embargos de divergência no âmbito do agravo de instrumento que não admite recurso especial.

Súmula 264

É irrecorrível o ato judicial que apenas manda processar a concordata preventiva.

Súmula 255

Cabem embargos infringentes contra acórdão, proferido por maioria, em agravo retido, quando se tratar de matéria de mérito

Súmula 253

O art. 557 do CPC, que autoriza o relator a decidir o recurso, alcança o reexame necessário.

Súmula 225

Compete ao Tribunal Regional do Trabalho apreciar recurso contra sentença proferida por órgão de primeiro grau da Justiça Trabalhista, ainda que para declarar-lhe a nulidade em virtude de incompetência.

Súmula 223

A certidão de intimação do acórdão recorrido constitui peça obrigatória do instrumento de agravo.

Súmula 216

A tempestividade de recurso interposto no Superior Tribunal de Justiça é aferida pelo registro no protocolo da secretaria e não pela data da entrega na agência do correio.

Súmula 211

Inadmissível recurso especial quanto à questão que, a despeito da oposição de embargos declaratórios, não foi apreciada pelo Tribunal a quo.

Súmula 203

Não cabe recurso especial contra decisão proferida por órgão de segundo grau dos Juizados Especiais.

Súmula 202

A impetração de segurança por terceiro, contra ato judicial, não se condiciona a interposição de recurso.

Súmula 187

É deserto o recurso interposto para o Superior Tribunal de Justiça, quando o recorrente não recolhe, na origem, a importância das despesas de remessa e retorno dos autos.

Súmula 168

Não cabem embargos de divergência, quando a jurisprudência do tribunal se firmo no mesmo sentido do acórdão embargado.

Súmula 158

Não se presta a justificar embargos de divergência o dissídio com acórdão de turma ou seção que não mais tenha competência para a matéria neles versada.

Súmula 126

É inadmissível recurso especial, quando o acórdão recorrido assenta em fundamentos constitucional e infraconstitucional, qualquer deles suficiente, por si só, para mantê-lo, e a parte vencida não manifesta recurso extraordinário.

Súmula 123

A decisão que admite, ou não, o recurso especial deve ser fundamentada, com o exame dos seus pressupostos gerais e constitucionais.

Súmula 118

O agravo de instrumento é o recurso cabível da decisão que homologa a atualização do cálculo da liquidação.

Súmula 116

A fazenda pública e o Ministério Público tem prazo em dobro para interpor agravo regimental no Superior Tribunal de Justiça.

Súmula 115

Na instância especial é inexistente recurso interposto por advogado sem procuração nos autos.

Súmula 99

O Ministério Público tem legitimidade para recorrer no processo em que oficiou como fiscal da lei, ainda que não haja recurso da parte.

Súmula 98

Embargos de declaração manifestados com notório propósito de prequestionamento não tem caráter protelatório.

Súmula 86

Cabe recurso especial contra acórdão proferido no julgamento de agravo de instrumento.

Súmula 83

Não se conhece do recurso especial pela divergência, quando a orientação do tribunal se firmou no mesmo sentido da decisão recorrida.

Súmula 55

Tribunal regional federal não é competente para julgar recurso de decisão proferida por juiz estadual não investido de jurisdição federal.

Súmula 45

No reexame necessário, é defeso, ao tribunal, agravar a condenação. imposta a Fazenda Pública.

Súmula 13

A divergência entre julgados do mesmo tribunal não enseja recurso especial.

Súmula 7

A pretensão de simples reexame de prova não enseja recurso especial.

9. Enunciados pertinentes

9.1. Escola Nacional de Formação e Aprimoramento de Magistrados (ENFAM)

9.1.1. Recursos

Enunciado 16

Não é possível majorar os honorários na hipótese de interposição de recurso no mesmo grau de jurisdição (art. 85, § 11, do CPC/2015).

Enunciado 24

O prazo de um ano previsto no art. 1.037 do CPC/2015 deverá ser aplicado aos processos já afetados antes da vigência dessa norma, com o seu cômputo integral a partir da entrada em vigor do novo estatuto processual.

(O enunciado acima restou prejudicado por ocasião da aprovação da Lei 13.256/2016, que revogou o parágrafo quinto, do artigo 1.037 do CPC/2015).

Enunciado 28

Admitido o recurso interposto na forma do art. 304 do CPC/2015, converte-se o rito antecedente em principal para apreciação definitiva do mérito da causa, independentemente do provimento ou não do referido recurso.

Enunciado 46

O § 5º do art. 1.003 do CPC/2015 (prazo recursal de 15 dias) não se aplica ao sistema de juizados especiais.

9.2. Fórum permanente de processualistas civis

9.2.1. Sentença

Enunciado 58

As decisões de inconstitucionalidade a que se referem os art. 525, §§ 12 e 13, e art. 535, §§ 5º e 6º, devem ser proferidas pelo plenário do STF.

Enunciado 103

A decisão parcial proferida no curso do processo com fundamento no art. 487, I, sujeita-se a recurso de agravo de instrumento.

Enunciado 16

A sentença que reconhece a extinção da obrigação pela confusão é de mérito.

Enunciado 161

É de mérito a decisão que rejeita a alegação de prescrição ou de decadência.

Enunciado 164

A sentença arbitral contra a Fazenda Pública não está sujeita à remessa necessária.

Enunciado 234

A decisão de improcedência na ação proposta pelo credor beneficia todos os devedores solidários, mesmo os que não foram partes no processo, exceto se fundada em defesa pessoal.

Enunciado 292

Antes de indeferir a petição inicial, o juiz deve aplicar o disposto no art. 321.

Enunciado 297

O juiz que promove julgamento antecipado do mérito por desnecessidade de outras provas não pode proferir sentença de improcedência por insuficiência de provas.

Enunciado 310:

Não é título constitutivo de hipoteca judiciária a decisão que condena à entrega de coisa distinta de dinheiro.

Enunciado 523

O juiz é obrigado a enfrentar todas as alegações deduzidas pelas partes capazes, em tese, de infirmar a decisão, não sendo suficiente apresentar apenas os fundamentos que a sustentam.

Enunciado 553

A sentença arbitral parcial estrangeira submete-se ao regime de homologação.

Enunciado 562

Considera-se omissão a decisão que não justifica o objeto e os critérios de ponderação do conflito entre normas.

Enunciado 585

Não se considera fundamentada a decisão que, ao fixar tese em recurso especial ou extraordinário repetitivo, não abranger a análise de todos os fundamentos, favoráveis ou contrários, à tese jurídica discutida.

9.2.2. Coisa julgada

Enunciado 165

A análise de questão prejudicial incidental, desde que preencha todos os pressupostos dos parágrafos do art. 503, está sujeita à coisa julgada, independentemente de provocação específica para o seu conhecimento.

Enunciado 336

Cabe ação rescisória contra decisão interlocutória de mérito.

Enunciado 338

Cabe ação rescisória para desconstituir a coisa julgada formada sobre a resolução expressa da questão prejudicial incidental.

Enunciado 436

Preenchidos os demais pressupostos, a decisão interlocutória e a decisão unipessoal (monocrática) são suscetíveis de fazer coisa julgada.

Enunciado 437

A coisa julgada sobre a questão prejudicial incidental se limita à existência, inexistência ou modo de ser de situação jurídica, e à autenticidade ou falsidade de documento.

Enunciado 438

É desnecessário que a resolução expressa da questão prejudicial incidental esteja no dispositivo da decisão para ter aptidão de fazer coisa julgada.

Enunciado 439

Nas causas contra a Fazenda Pública, além do preenchimento dos pressupostos previstos no art. 503, 1º e 2º, a coisa julgada sobre a questão prejudicial incidental depende de remessa necessária, quando for o caso.

9.2.3. Recursos

Enunciado 22

O Tribunal não poderá julgar extemporâneo ou intempestivo o recurso, na instância ordinária ou extraordinária, interposto antes da abertura do prazo.

Enunciado 23

Fica superado o enunciado 418 da Súmula do STJ após a entrada em vigor do CPC.

Enunciado 81

Por não haver prejuízo ao contraditório, é dispensável a oitiva do recorrido antes do provimento monocrático do recurso, quando a decisão recorrida: (a): indeferir a inicial; (b) indeferir liminarmente a justiça gratuita; ou (c) alterar liminarmente o valor da causa.

Enunciado 82

É dever do relator, e não faculdade, conceder prazo ao recorrente para sanar vício ou complementar a documentação exigível, antes de inadmitir qualquer recurso, inclusive os excepcionais.

Enunciado 83

Fica superado o enunciado 115 da súmula do STJ após a entrada em vigor do CPC.

Enunciado 84

A ausência de publicação da pauta gera nulidade do acórdão que decidiu o recurso, ainda que não haja previsão de sustentação oral, ressalvada, apenas, a hipótese do § 1º do art. 1.024, na qual a publicação da pauta é dispensável.

Enunciado 94

A parte que tiver i seu processo suspenso nos termos do inciso I do art. 982 poderá interpôs recurso especial ou extraordinário contra o acórdão que julgar o incidente de resolução de demandas repetitivas.

Enunciado 96

Fica superado o enunciado 216 da súmula do STJ após a entrada em vigor do CPC.

Enunciado 97

É de cinco dias o prazo para efetuar o preparo.

Enunciado 99

O órgão a quo não fará juízo de admissibilidade da apelação.

Enunciado 100

Não é dado ao tribunal conhecer de matérias vinculadas ao pedido transitado em julgado pela ausência de impugnação.

Enunciado 102

O pedido subsidiário (art. 326) não apreciado pelo juiz – que acolheu o pedido principal – é devolvido ao tribunal com a apelação interposta pelo réu.

Enunciado 103

A decisão parcial proferida no curso do processo com fundamento no art. 487, I, sujeita-se a recurso de agravo de instrumento.

Enunciado 104

O princípio da fungibilidade recursal é compatível com o CPC e alcança todos os recursos, sendo aplicável de ofício.

Enunciado 142

Da decisão monocrática do relator que concede ou nega o efeito suspensivo ao agravo de instrumento ou que concede, nega, modifica ou revoga, no todo ou em parte, a tutela jurisdicional nos casos de competência originária ou recursal, cabe o recurso de agravo interno nos termos do art. 1.021 do CPC.

Enunciado 197

Aplica-se o disposto no parágrafo único do art. 932 aos vícios sanáveis de todos os recursos, inclusive dos recursos excepcionais.

Enunciado 200

Fica superado o enunciado 320 da súmula do STJ.

Enunciado 213

No caso do art. 998, parágrafo único, o resultado do julgamento não se aplica ao recurso de que se desistiu.

Enunciado 215

Fica superado o enunciado 187 da súmula do STJ.

Enunciado 217

A apelação contra o capítulo da sentença que concede, confirma ou revoga a tutela antecipada da evidência ou de urgência não terá efeito suspensivo automático.

Enunciado 218

A inexistência de efeito suspensivo dos embargos de declaração não autoriza o cumprimento provisório da sentença nos casos em que a apelação tenha efeito suspensivo.

Enunciado 219

O relator ou o órgão colegiado poderá desconsiderar o vício formal de recurso tempestivo ou determinar sua correção, desde que não o repute grave.

Enunciado 220

O Supremo Tribunal Federal ou o Superior Tribunal de Justiça inadmitirão o recurso extraordinário ou o recurso especial quando o recorrente não sanar o vício formal de cuja falta foi intimado para corrigir.

Enunciado 224

A existência de repercussão geral terá de ser demonstrada de forma fundamentada, sendo dispensável sua alegação em preliminar ou em tópico específico.

Enunciado 225.

O agravo em recurso especial ou extraordinário será interposto nos próprios autos.

Enunciado 228

Fica superado o enunciado 639 da súmula do STF após a entrada em vigor do CPC ("Aplica-se a súmula 288 quando não constarem do traslado do agravo de instrumento as cópias das peças necessárias à verificação da tempestividade do recurso extraordinário não admitido pela decisão agravada").

Enunciado 229

Fica superado o enunciado 288 da súmula do STF após a entrada em vigor do CPC ("Nega-se provimento a agravo para subida de recurso extraordinário, quando faltar no traslado o despacho agravado, a decisão recorrida, a petição de recurso extraordinário ou qualquer peça essencial à compreensão da controvérsia").

Enunciado 230

Cabem embargos de divergência contra acórdão que, em agravo interno ou agravo em recurso especial ou extraordinário, decide recurso especial ou extraordinário.

Enunciado 232

Fica superado o enunciado 353 da súmula do STF após a entrada em vigor do CPC ("São incabíveis os embargos da Lei 623, de 19.02.49, com fundamento em divergência entre decisões da mesma turma do Supremo Tribunal Federal").

Enunciado 233

Ficam superados os enunciados 88, 169, 207, 255 e 390 da súmula do STJ como consequência da eliminação dos embargos infringentes ("São admissíveis embargos infringentes em processo falimentar"; "São inadmissíveis embargos infringentes no processo de mandado de segurança"; "É inadmissível recurso especial quando cabíveis embargos infringentes contra o acórdão proferido no tribunal de origem"; "Cabem embargos infringentes contra acórdão, proferido por maioria, em agravo retido, quando se tratar de matéria de mérito"; "Nas decisões por maioria, em reexame necessário, não se admitem embargos infringentes").

Enunciado 243

No caso de provimento do recurso de apelação, o tribunal redistribuirá os honorários fixados em primeiro grau e arbitrará os honorários de sucumbência recursal.

Enunciado 286

Aplica-se o § 2º do art. 322 à interpretação de todos os atos postulatórios, inclusive da contestação e do recurso.

SENTENÇA, COISA JULGADA E RECURSOS CÍVEIS CODIFICADOS

Enunciado 321

A modificação do entendimento sedimentado poderá ser realizada nos termos da Lei nº 11.417, de 19 de dezembro de 2006, quando se tratar de enunciado de súmula vinculante; do regimento interno dos tribunais, quando se tratar de enunciado de súmula ou jurisprudência dominante; e, incidentalmente, no julgamento de recurso, na remessa necessária ou causa de competência originária do tribunal.

Enunciado 342

O incidente de resolução de demandas repetitivas aplica-se a recurso, a remessa necessária ou a qualquer causa de competência originária.

Enunciado 345

O incidente de resolução de demandas repetitivas e o julgamento dos recursos extraordinários e especiais repetitivos formam um microssistema de solução de casos repetitivos, cujas normas de regência se complementam reciprocamente e devem ser interpretadas conjuntamente.

Enunciado 348

Os interessados serão intimados da suspensão de seus processos individuais, podendo requerer o prosseguimento ao juiz ou tribunal onde tramitarem, demonstrando a distinção entre a questão a ser decidida e aquela a ser julgada no incidente de resolução de demandas repetitivas, ou nos recursos repetitivos.

Enunciado 355

Se, no mesmo processo, houver questões resolvidas na fase de conhecimento em relação às quais foi interposto agravo retido na vigência do CPC/1973, e questões resolvidas na fase de conhecimento em relação às quais não se operou a preclusão por força do art. 1.009, § 1º, do CPC, aplicar-se-á ao recurso de apelação o art. 523, § 1º, do CPC/1973 em relação àquelas, e o art. 1.009, § 1º, do CPC em relação a estas.

Enunciado 356

Aplica-se a regra do art. 1.010, § 3º, às apelações pendentes de admissibilidade ao tempo da entrada em vigor do CPC, de modo que o exame da admissibilidade destes recursos competirá ao Tribunal de 2º grau.

Enunciado 357

Aplicam-se ao recurso ordinário os arts. 1.013 e 1.014. (Grupo: Recursos)

Enunciado 358

A aplicação da multa prevista no art. 1.021, § 4º, exige manifesta inadmissibilidade ou manifesta improcedência.

Enunciado 359

A aplicação da multa prevista no art. 1.021, § 4º, exige que a manifesta inadmissibilidade seja declarada por unanimidade.

Enunciado 360

A não oposição de embargos de declaração em caso de erro material na decisão não impede sua correção a qualquer tempo.

Enunciado 361

Na hipótese do art. 1.026, § 4º, não cabem embargos de declaração e, caso opostos, não produzirão qualquer efeito.

Enunciado 363

O procedimento dos recursos extraordinários e especiais repetitivos aplica-se por analogia às causas repetitivas de competência originária dos tribunais superiores, como a reclamação e o conflito de competência.

Enunciado 391

O amicus curiae pode recorrer da decisão que julgar recursos repetitivos.

Enunciado 463

O parágrafo único do art. 932 e o art. 933 devem ser aplicados aos recursos interpostos antes da entrada em vigor do CPC/2015 e ainda pendentes de julgamento.

Enunciado 465

A concessão do efeito suspensivo ao recurso inominado cabe exclusivamente ao relator na turma recursal.

Enunciado 471

Aplica-se no âmbito dos juizados especiais a suspensão prevista no art. 982, § 3º.

Enunciado 474

O recurso inominado interposto contra sentença proferida nos juizados especiais será remetido à respectiva turma recursal independentemente de juízo de admissibilidade.

Enunciado 476

Independentemente da data de intimação, o direito ao recurso contra as decisões unipessoais nasce com a publicação em cartório, secretaria do juízo ou inserção nos autos eletrônicos da decisão a ser impugnada, o que primeiro ocorrer, ou, ainda, nas decisões proferidas em primeira instância, será da prolação de decisão em audiência.

Enunciado 477

Publicada em cartório ou inserida nos autos eletrônicos a decisão que julga embargos de declaração sob a vigência do CPC de 2015, computar-se-ão apenas os dias úteis no prazo para o recurso subsequente, ainda que a decisão embargada tenha sido proferida ao tempo do CPC de 1973, tendo em vista a interrupção do prazo prevista no art. 1.026.

Enunciado 480

Aplica-se no âmbito dos juizados especiais a suspensão dos processos em trâmite no território nacional, que versem sobre a questão submetida ao regime de julgamento de recursos especiais e extraordinários repetitivos, determinada com base no art. 1.037, II.

Enunciado 481

O disposto nos §§ 9º a 13 do art. 1.037 aplica-se, no que couber, ao incidente de resolução de demandas repetitivas.

Enunciado 482

Aplica-se o art. 1.040, I, aos recursos extraordinários interpostos nas turmas ou colégios recursais dos juizados especiais cíveis, federais e da fazenda pública.

Enunciado 483

Os embargos de declaração no sistema dos juizados especiais interrompem o prazo para a interposição de recursos e propositura de reclamação constitucional para Superior Tribunal de Justiça.

Enunciado 501

A tutela antecipada concedida em caráter antecedente não se estabilizará quando for interposto recurso pelo assistente simples, salvo se houver manifestação expressa do réu em sentido contrário.

Enunciado 508

Interposto recurso inominado contra sentença que julga liminarmente improcedente o pedido, o juiz pode retratar-se em cinco dias.

Enunciado 520

Interposto recurso inominado contra sentença sem resolução de mérito, o juiz pode se retratar em cinco dias.

Enunciado 522

O relatório nos julgamentos colegiados tem função preparatória e deverá indicar as questões de fato e de direito relevantes para o julgamento e já submetidas ao contraditório. (Grupo: Precedentes, IRDR, Recursos Repetitivos e Assunção de competência)

Enunciado 550

A inexistência de repercussão geral da questão constitucional discutida no recurso extraordinário é vício insanável, não se aplicando o dever de prevenção de que trata o parágrafo único do art. 932, sem prejuízo do disposto no art. 1.033.

Enunciado 551

Cabe ao relator, antes de não conhecer do recurso por intempestividade, conceder o prazo de cinco dias úteis para que o recorrente prove qualquer causa de prorrogação, suspensão ou interrupção do prazo recursal a justificar a tempestividade do recurso.

SENTENÇA, COISA JULGADA E RECURSOS CÍVEIS CODIFICADOS

Enunciado 556

É irrecorrível a decisão do órgão colegiado que, em sede de juízo de admissibilidade, rejeita a instauração do incidente de resolução de demandas repetitivas, salvo o cabimento dos embargos de declaração.

Enunciado 557

O agravo de instrumento previsto no art. 1.037, § 13, I, também é cabível contra a decisão prevista no art. 982, inc. I.

Enunciado 558

Caberá reclamação contra decisão que contrarie acórdão proferido no julgamento dos incidentes de resolução de demandas repetitivas ou de assunção de competência para o tribunal cujo precedente foi desrespeitado, ainda que este não possua competência para julgar o recurso contra a decisão impugnada.

Enunciado 559

O efeito suspensivo ope legis do recurso de apelação não obsta a eficácia das decisões interlocutórias nele impugnadas.

Enunciado 563

Os embargos de declaração no âmbito do Supremo Tribunal Federal interrompem o prazo para a interposição de outros recursos.

Enunciado 564

Os arts. 1.032 e 1.033 devem ser aplicados aos recursos interpostos antes da entrada em vigor do CPC de 2015 e ainda pendentes de julgamento.

Enunciado 565

Na hipótese de conversão de recurso extraordinário em recurso especial ou vice-versa, após a manifestação do recorrente, o recorrido será intimado para, no prazo do *caput* do art. 1.032, complementar suas contrarrazões.

Enunciado 566

Na hipótese de conversão do recurso extraordinário em recurso especial, nos termos do art. 1.033, cabe ao relator conceder o prazo do *caput* do art. 1.032 para que o recorrente adapte seu recurso e se manifeste sobre a questão infraconstitucional.

Enunciado 585

Não se considera fundamentada a decisão que, ao fixar tese em recurso especial ou extraordinário repetitivo, não abranger a análise de todos os fundamentos, favoráveis ou contrários, à tese jurídica discutida. (Grupo: Sentença, coisa julgada e ação rescisória)

Enunciado 593

Antes de inadmitir o recurso especial ou recurso extraordinário, cabe ao presidente ou vice-presidente do tribunal recorrido conceder o prazo de cinco dias ao recorrente para que seja sanado o vício ou complementada a documentação exigível, nos termos do parágrafo único do art. 932.

Enunciado 596

Será assegurado às partes o direito de sustentar oralmente no julgamento de agravo de instrumento que verse sobre tutela provisória e que esteja pendente de julgamento por ocasião da entrada em vigor do CPC de 2015, ainda que o recurso tenha sido interposto na vigência do CPC de 1973. (Grupo: Direito intertemporal)

Enunciado 604

É cabível recurso especial ou extraordinário ainda que tenha ocorrido a desistência ou abandono da causa que deu origem ao incidente.

Enunciado 606

Deve haver congruência entre a questão objeto da decisão que admite o incidente de resolução de demandas repetitivas e a decisão final que fixa a tese.

Enunciado 607

A decisão em recursos especial ou extraordinário repetitivos e a edição de enunciado de súmula pelo STJ ou STF obrigam os tribunais de segunda instância a rever suas decisões em incidente de resolução de demandas repetitivas, incidente de assunção de competência e enunciados de súmula em sentido diverso, nos termos do art. 986.

Enunciado 609

O pedido de antecipação da tutela recursal ou de concessão de efeito suspensivo a qualquer recurso poderá ser formulado por simples petição ou nas razões recursais.

Enunciado 610

Quando reconhecido o justo impedimento de que trata o § 6º do art. 1.007, a parte será intimada para realizar o recolhimento do preparo de forma simples, e não em dobro.

Enunciado 611

Na hipótese de decisão parcial com fundamento no art. 485 ou no art. 487, as questões exclusivamente a ela relacionadas e resolvidas anteriormente, quando não recorríveis de imediato, devem ser impugnadas em preliminar do agravo de instrumento ou nas contrarrazões.

Enunciado 612

Cabe agravo de instrumento contra decisão interlocutória que, apreciando pedido de concessão integral da gratuidade da Justiça, defere a redução percentual ou o parcelamento de despesas processuais.

Enunciado 613

A interposição do agravo interno prolonga a dispensa provisória de adiantamento de despesa processual de que trata o § 7º do art. 99, sendo desnecessário postular a tutela provisória recursal.

Enunciado 614

Não tendo havido prévia intimação do embargado para apresentar contrarrazões aos embargos de declaração, se surgir divergência capaz de acarretar o acolhimento com atribuição de efeito modificativo do recurso durante a sessão de julgamento, esse será imediatamente suspenso para que seja o embargado intimado a manifestar-se no prazo do § 2º do art. 1.023.

Enunciado 616

Independentemente da data de intimação ou disponibilização de seu inteiro teor, o direito ao recurso contra as decisões colegiadas nasce na data em que proclamado o resultado da sessão de julgamento.

Referências bibliográficas

ABREU, Leonardo Santana de. *Direito, Ação e Tutela Jurisdicional*. Porto Alegre: Livraria do Advogado, 2011.

ALEXY, Robert. *Teoria de los derechos fundamentales*. Madri: Centro de Estudos Constitucionales, 1993.

ANCONA, Elvio. Sul giusto giudizio. In: *Rivista Elettronica di metodologia giuridica, teoria generale del diritto e dottrina dello stato*. Disponível em: http://www.lircocervo.it/index/?p=837.

ANDOLINA, Ítalo; VIGNERA, Giuseppe. *Il modelo costituzionale del processo civile italiano*. Torino: Giappichelli, 1990.

ALVARO DE OLIVEIRA, Carlos Alberto. *Do formalismo no processo civil*. 3ª ed. São Paulo: Saraiva, 2009.

——. *Teoria e Prática da Tutela Jurisdicional*. Rio de Janeiro: Forense, 2008.

——; MITIDIERO, Daniel. *Curso de Processo Civil*. São Paulo: Atlas, 2011. v. I.

——. *Curso de Processo Civil*. São Paulo: Atlas, 2011. v. II.

ALVIM, J. E. Carreira. *Código de Processo Civil Reformado*. 5ª ed. Rio de Janeiro: Forense, 2003.

AMERICANO, Jorge. *Abuso de Direito no Exercício da Demanda*. 2ª ed. São Paulo: Saraiva &Comp. Editores, 1932.

AQUINO, Tomás de. *Suma Teologica*. v. 8. Madri: BAC, 1956.

ARAGÃO, Egas Moniz de. *Sentença e coisa julgada*. Rio de Janeiro: Forense, 1992.

ARISTÓTELES. *Ética a Nicômaco*. Tradução Julián Marias. Madri: Centro de Estudios Constitucionales, 1999.

——. *Retórica*. Tradução Antonio Tovar. Madri: Centro de Estudios Constitucionales, 1990.

ASSIS, Araken de. *Manual da execução*. 10ª ed. Porto Alegre: RT, 2006.

——. *Cumprimento da sentença*. Rio de Janeiro: Forense, 2006.

——. *Cumulação de ações*. 4ª ed. São Paulo: RT, 2002.

——. *Manual de recursos*. 2ª ed. São Paulo: RT, 2008.

ÁVILA, Humberto. *Teoria dos Princípios – da definição à aplicação dos princípios jurídicos*. 10ª ed. São Paulo: Malheiros, 2009.

BRAGE CAMAZANO, J. *Los límites a los derechos fundamentales*. Madrid: Dykinson. 2005.

BAPTISTA DA SILVA, Ovídio A. *Curso de processo civil*. Rio de Janeiro: Forense, 2004.

——. "Direito subjetivo, pretensão de direito material e ação". *Revista da Ajuris*, n. 29, 1983, p. 99/126.

——. *Jurisdição e Execução na tradição romano-canônica*. 3ª ed. Rio de Janeiro:Forense,2007.

——. *Processo e Ideologia: o paradigma racionalista*. Rio de Janeiro: Forense, 2004.

——. *Sentença e Coisa Julgada: ensaios e pareceres*. 2ª ed. Porto Alegre: Sergio Antonio Fabris Editor, 1988.

BARBOSA MOREIRA, José Carlos. *Comentários ao Código de Processo Civil*. 12ª ed. Rio de Janeiro: Forense, 2005, v. 5.

——. *O novo processo civil brasileiro*. 25ª ed. Rio de Janeiro: Forense, 2007.

——. Notas sobre o problema da "efetividade" do processo. In: *Temas de Direito Processual Civil – Terceira série*. São Paulo: Saraiva, 1984. p. 27/42.

——. Efetividade do processo e técnica processual. In: *Temas de Direito Processual Civil* – Sexta série. São Paulo: Saraiva, 1997. p. 17/30.

——. Ação Popular do Direito Brasileiro como instrumento de tutela jurisdicional dos chamados "interesses difusos". In: *Temas de Direito Processual Civil* – Primeira série. São Paulo: Saraiva, 1977. p. 110/123.

——. O futuro da Justiça: alguns mitos. *Revista Síntese de Direito Civil e Processo Civil*. n.6, jul./ago., 2000. p. 36/44.

BARROSO, Luis Roberto. *Interpretação e aplicação da Constituição*: fundamentos de uma dogmática constitucional transformadora. 2ª ed. São Paulo: Saraiva, 1998.

BARZOTTO, Luis Fernando. *A democracia na Constituição*. São Leopoldo: Unisinos, 2003.

BASTOS, Celso. *Curso de direito constitucional*. 22ª ed. São Paulo: Saraiva, 2001.

BEDAQUE, José Roberto dos Santos. *Efetividade do processo e técnica processual*. 2ª ed. São Paulo: Malheiros, 2007.

BERTOLINO, Giulia. *Giusto Processo Civile e giusta decisione*: Riflessioni sul concetto di giustizia procedurale in relazione al valore dela accurateza delle decisioni giudiziarie nel processo civile. Disponível em: <http://amsdottorato.unibo.it/119/1/TESI_DI_DOTTORATO_Giusto_processo_civile_e_giusta_decisione.pdf>.

BOBBIO, Norberto. *O positivismo jurídico*: lições de filosofia do direito. São Paulo: Icone, 1995.

——. *Teoria do Ordenamento Jurídico*. Brasília: Editora Universidade de Brasília, 1995.

——. *A era dos direitos*. 10ª ed. Tradução de Carlos Nelson Coutinho. Rio de Janeiro: Campus, 1992.

BONAVIDES, Paulo. *Curso de direito constitucional*. 24. ed. São Paulo: Malheiros, 2009.

——. *Teoria constitucional da democracia participativa*. 3. ed. São Paulo: Malheiros, 2004.

BOVE, Mauro. Art. 111 cost. e "giusto processo civile". *Rivista di Diritto Processuale*, v. LVII, II serie, a. 2002.

BUENO, Cássio Scarpinella. *Curso Sistematizado de Direito Processual Civil*. 3ª ed. São Paulo: Saraiva, 2009. v. I.

BUZAID, Alfredo. *Grandes Processualistas*. São Paulo: Saraiva, 1982.

CAETANO, Marcelo. *Manual de Ciência Política e Direito Constitucional*. Coimbra: Almedina, 1996. t. I.

CALAMANDREI, Piero. *Instituições de Direito Processual Civil*. 2ª ed. Campinas: Bookseller, 2003. v. I.

——. *Instituições de Direito Processual Civil*. 2ª ed. Campinas: Bookseller, 2003. v. II.

——. *Instituições de Direito Processual Civil*. 2ª ed. Campinas: Bookseller, 2003. v. III.

——. *Introdução ao Estudo Sistemático dos Procedimentos Cautelares*. Carla Roberta Andreasi Bassi (Trad.). Campinas: Servanda, 2000.

CANOTILHO, J. J. Gomes. *Direito Constitucional e Teoria da Constituição*. 7ª ed. Coimbra: Almedina, 2003.

CAPPELLETI, Mauro. *La Pregiudizialità Costituzionale Nel Processo Civile*. Milano: Giuffrè, 1972.

——; GARTH, Bryant. *Acesso à justiça*. Ellen Gracie Northfleet (Trad.). Porto Alegre: Sergio Antonio Fabres, 1988.

CAPONI, Remo; PROTO PISANI, Andrea. *Lineamenti di diritto processuale civile*. Napoli: Jovene Editore, 2001.

CARNELUTTI, Francesco. *Como se faz um processo*. Leme/SP: Edijur, 2012.

——. *Direito e Processo*. Direito Processual Civil. Campinas: Péritas, 2001.

CARPENA, Márcio Louzada. Da Garantia da Inafastabilidade do Controle Jurisdicional e o Processo Contemporâneo. In: PORTO, Sérgio Gilberto (Org.). *As garantias do cidadão no processo civil* – relações entre constituição e processo. Porto Alegre: Livraria do Advogado, 2003. p. 11/30.

CARVALHO SANTOS, J. M. *Código de Processo Civil interpretado*. Rio de Janeiro: Livraria Freitas Bastos S. A., 1963.

CECCHETTI, M. Giusto processo. In: *Enc. Dir., Aggiornamento* V, Milano, Giuffrè, 2001, 595 e ss.

CHIARLONI, Sergio. Nuovi Modelli Processuali. *Rivista di Diritto Civile*. Padova: a. XXXIX,n. 2, marzo/aprile, 1993. p. 269/291.

——. *Formalismi e Garanzie* – Studi Sul Processo Civile. Torino: GIappichelli, 1995.

CHIOVENDA, Giuseppe. *Instituições de Direito Processual Civil*. 4ª ed. Campinas: Bookseller,2009.

——. *A ação no sistema dos direitos*. Belo Horizonte: Lider, 2003.

CINTRA, Antonio Carlos de Araújo. GRINOVER, Ada Pellegrini. DINAMARCO, Candido Rangel. *Teoria Geral do Processo*. 20ª ed. São Paulo: Malheiros, 2004.

CIVININI, Maria Juliana. Poteri del giudice e poteri delle parti nel processo ordinário de cognizione. *Rilievo ufficioso delle questioni e contraddittorio*. Il Foro Italiano, Roma, parte V, n. CXXII, 1999.

CLÈVE, Clèmerson Merlin. *Temas de direito constitucional*. São Paulo: Acadêmica, 1993.

COMOGLIO, Luigi Paolo. *Etica e tecnica del "giusto processo"*. Torino: G. Giappichelli, 2004.

——. *La garanzia costituzionale dell'azione ed il processo civile*. Padova: Cedam, 1970.

——; FERRI, Corrado; TARUFFO, Michele. *Lezioni sul processo civile*. 4ª ed. Bologna: Il Mulino, 2006, v. I.

COMPARATO, Fábio Konder. *A afirmação histórica dos direitos humanos*. 7ª ed. São Paulo: Saraiva, 2010.

COUTURE, Eduardo. *Estudios de Derecho Procesal Civil*. Buenos Aires: Ediar Editores, [?]. t.I.

——. *Estudios de Derecho Procesal Civil*. Buenos Aires: Ediar Editores, [?]. t. II.

——. *Estudios de Derecho Procesal Civil*. Buenos Aires: Ediar Editores, [?]. t. III.

——. *Fundamentos del Derecho Procesal Civil*. Buenos Aires: Depalma, 1958.

CRUZ E TUCCI, José Rogério. *Lineamentos da nova reforma do CPC*. São Paulo: RT, 2002.

——. *Jurisdição e Poder*: contribuição para a história dos recursos cíveis. São Paulo: Saraiva, 1987.

——. *Tempo e Processo*. São Paulo: RT, 1997.

CUNHA, Mauro. COELHO SILVA, Roberto Geraldo. *Guia para estudo da teoria geral do processo*. Porto Alegre: Acadêmica, 1990.

DALLA VIA, Miguel Angel. *Manual de Derecho Constitucional*. Buenos Aires: Editorial: Lexis Nexis, 2004.

DALLARI, Dalmo Abreu. *A constituição na vida do povo da idade média ao século XXI*. São Paulo: Saraiva, 2010.

——. *Elementos de teoria geral do estado*. 29ª ed. São Paulo: Saraiva, 2010.

DENTI, Vitorino. Intorno allá relatività della distinzione tra norme sostanziale e nome processuali. *Rivista di Diritto Processuale*. Padova: v. XIX, a. 40, [?], 1964. p. 64/77.

——. Valori costituzionali e cultura processuale. In: *L'influenza dei valori costituzionali sui sistemi giuridici contemporanei*. Milano, 1985, II, 814.

DIDIER JR., Fredie. *Curso de Direito Processual Civil*. 8ª ed. Salvador: Podivm, 2007.

——. BRAGA, Paula Sarno. OLIVEIRA, Rafael. *Curso de direito processual civil*: direito probatório, decisão judicial, cumprimento e liquidação da sentença e coisa julgada. 2ª ed. Salvador: Editora Podivm, 2008, v. 2.

——. BRAGA, Paula Sarno. OLIVEIRA, Rafael. *Curso de direito processual civil*: teoria da prova, direito probatório, ações probatórias, decisão, precedente, coisa julgada, antecipação dos efeitos da tutela. 10ª ed. Salvador: Editora Podivm, 2015, v. 2.

——. CUNHA, Leonardo José Carneiro. *Curso de direito processual civil*: meios de impugnação às decisões judiciais e processo nos tribunais. 5ª ed. Salvador: Editora Podivm, 2008, v. 3.

DINAMARCO, Cândido Rangel. *A reforma da reforma*. São Paulo: Malheiros, 2002.

——. *A instrumentalidade do processo*. 14ª ed. São Paulo: Malheiros, 2009.

DONIZETTI, Elpídio. *Curso Didático de Direito Processual Civil*. 17ª ed. São Paulo: Atlas, 2013.

——. *Curso Didático de Direito Processual Civil*. 19ª ed. São Paulo: Atlas, 2016.

DURKHEIM, Émile. *Da divisão do trabalho social*. São Paulo: Martins Fontes, 1995.

DWORKIN, Ronald. *Uma questão de princípio*. São Paulo: Martins Fontes, 2001.

——. *Levando os direitos a sério*. São Paulo: Martins Fontes, 2002.

ESPÍNDOLA, Ruy Samuel. *Conceito de princípios constitucionais*. São Paulo: RT, 1999.

GADAMER, Hans-Georg. *Verdade e método*. 3ª ed. Petrópolis: Editora Vozes, 1999.

FACHINNI NETO, Eugênio. O Judiciário no mundo contemporâneo. *Revista da AJURIS*, Porto Alegre, ano 34, n. 108, p. 139/165, dez. 2007.

FAZZALARI, Elio. *Instituições de Direito Processual*. Campinas: Bookseller, 2006.

——. Diffusione del processo e compiti delle dottrina. *Rivista Trimestrale di Diritto Procedura Civile*. Milano: a. XII, settembre, 1958. p. 861/880.

FERRAZ JR, Tércio Sampaio. A legitimidade na Constituição de 1988. In: FERRAZ JR. *et al. Constituição de 1988*. São Paulo: Atlas, 1989.

FERRI, Corrado. Sull'effettività del contraddittorio. *Rivista Trimestrale di diritto e procedura*. Milano, Giuffrè, 1988.

FIGUEIRA JÚNIOR, José Dias. *Comentários à novíssima reforma do CPC*: Lei 10.444, de 07 de maio de 2002. Rio de Janeiro: Forense, 2002.

FINNIS, John. *Ley natural y derechos naturales*. Buenos Aires: Abeledo-Perrot, 2000.

FORNACIARI, Michele. In: *Pressuposti Processuali e Giudizio di Merito*. Torino: Giappichelli Editore, 1999.

FREITAS, Paulo de. *Direito Processual Subjetivo*. São Paulo: [?], 1955.

FUX, Luiz. *Curso de Direito Processual Civil*: Processo de Conhecimento. 3ª ed. Rio de Janeiro: Forense, 2005, v. I.

GAETA, Vitorino. Del giusto processo civile. In: *Questione Giustizia*, 2001, p. 917/928.

GASTAL, Alexandre Fernandes. "A coisa julgada: sua Natureza e suas Funções". In: OLIVEIRA, Carlos Alberto Álvaro de. *Eficácia e coisa julgada*. Rio de Janeiro: Forense, 2006.

GERAIGE NETO, Zaiden. *O princípio da inafastabilidade do controle jurisdicional*. São Paulo: RT, 2003.

GREGO FILHO, Vicente. *Direito processual civil brasileiro*. 17ª ed. São Paulo: Saraiva, 2003, v. 1.

GREGO, Leonardo. Garantias fundamentais do processo: o processo justo. In: *Estudos de Direito Processual*. Campos dos Goytacazes: Faculdade de Direito de Campos, 2005, p. 225-286.

GRINOVER, Ada Pellegrini. *Os princípios constitucionais e o Código de Processo Civil*. São Paulo: Bushatsky, 1975.

GUASTINI, Ricardo. *Dalle fonti alle norme*. Torino: G. Giappichelli Editore, 1992.

GUERRA, Sidney; EMERIQUE, Lilian Márcia Balmant. O princípio da dignidade da pessoa humana e o mínimo existencial. *Revista da Faculdade de Direito Campos*, Ano VII, n. 9, Dez., 2006. p. 379/397.

GOLDSCHMIDT, James. *Direito Processual Civil*. Campinas: Bookseller, 2003. v.I.

———. *Direito Processual Civil*. Campinas: Bookseller, 2003. v.II.

HÄBERLE, Peter. Hermenêutica Constitucional. A dignidade humana como fundamento da comunidade estatal. In: SARLET, Ingo Wolfgang (Org.). *Dimensões da dignidade*: ensaios de filosofia do direito e direito constitucional. 2ª ed. Porto Alegre: Livraria do Advogado, 2009.

HEGEL. *Fenomenologia do Espírito*. Petrópolis: Vozes, 2002.

———. *Princípios da Filosofia do Direito*. Lisboa: Guimarães, 1990.

HÖFFE, Otfried. *O que é justiça?* Porto Alegre: Edipucrs, 2003.

HERKENNHOFF, João Baptista. *O Direito Processual e o resgate do humanismo*. Rio de Janeiro: Thex Editora, 1997.

HESSE, Konrad. *A força normativa da Constituição*. Trad. Gilmar Ferreira Mendes. Porto Alegre: Sergio Antonio Fabris Editor, 1991.

JAUERNIG, Othomar. *Direito Processual Civil*. 25ª ed. Coimbra: Livraria Almedina, 2002.

JOBIM, Marco Félix. *Cultura, Escolas e Fases Metodológicas do Processo*. Porto Alegre: Livraria do Advogado, 2011.

———. *O direito à duração razoável do processo*. 2ª ed. Porto Alegre: Livraria do Advogado, 2012.

JOLOWICZ, John Anthony. *Justiça Substantiva e Processual no Processo Civil*. REPRO, São Paulo, ano 31, n. 135, p. 161-178, maio 2006.

KIRST, Stepham. A dignidade e o conceito de pessoa de direito. In: SARLET, Ingo Wolfgang (Org.). *Dimensões da dignidade*: ensaios de filosofia do direito e direito constitucional. 2ª ed. Porto Alegre: Livraria do Advogado, 2009. p. 175/198.

KLOEPFER, Michael. Vida e dignidade da pessoa humana. In: SARLET, Ingo Wolfgang (Org.). *Dimensões da dignidade: ensaios de filosofia do direito e direito constitucional*. 2ª ed. Porto Alegre: Livraria do Advogado, 2009. p. 145/174.

KUHN, João Lacê. *A coisa julgada na exceção de executividade*. Porto Alegre: Livraria do Advogado, 2006.

LACERDA, Galeno. *Despacho Saneador*. 3ª ed. Porto Alegre: Sergio Fabris, 1990.

LIEBMAN, Enrico Tullio. *Manual de direito processual civil*. Trad. Cândido Rangel Dinamarco. 2ª ed. Rio de Janeiro: Forense, 1985.

——. *Eficácia e autoridade da sentença e outros sobre a coisa julgada*. Trad. AlfredoBuzaid e Benvindo Aires. Notas Ada Pellegrini Grinover. 3ª ed. Rio de Janeiro: Forense, 1984.

——. *Problemi Del Processo Civile*. Milano: Morano Editore, 1962.

——. *Estudos sobre o Processo Civil Brasileiro*. São Paulo: Bestbook, 2004.

——. *Manuale di Diritto Processuale Civile*. 4ª ed. Milano: Giuffrè, 1984.

LOEWENSTEIN, Karl. *Teoria de la constitucion*. Tradução de Alfredo Gallego Anabitare Barcelona: Editorial Ariel, 1976.

MACEDO, Elaine H. *Jurisdição e Processo*: crítica histórica e perspectivas para o terceiro milênio. Porto Alegre: Livraria do Advogado, 2005.

MANDRIOLI, Crisanto. *Diritto processuale civile*. Torino: GIappichelli, 2006.

MARKY, Thomas. *Curso Elementar de Direito Romano*. 6ª ed. São Paulo: Saraiva, 1992.

MARINONI, Luiz Guilherme. *Teoria Geral do Processo*. 3ª ed. São Paulo: RT, 2008.

——. *Precedentes obrigatórios*. São Paulo: RT, 2010.

——. *Tutela Inibitória* (Individual e Coletiva). 4ª ed. São Paulo: RT, 2006

——. *Técnica Processual e Tutela dos Direitos*. 3ª ed. São Paulo: RT, 2012.

——. ARENHART, Sérgio Cruz. *Manual do Processo de Conhecimento*. 4ª ed. São Paulo:RT, 2005.

——. MITIDIERO, Daniel. *Código de Processo Civil comentado artigo por artigo*. São Paulo: RT, 2008.

MARQUES, José Frederico. *Instituições de Direito Processual Civil*. 4ª ed. Rio de Janeiro: Forense, 1971, v. I.

——. *Instituições de Direito Processual Civil*. 4ª ed. Rio de Janeiro: Forense, 1971, v. II.

MARTINS-COSTA, Judith. *A boa-fé no Direito Privado*. São Paulo: RT, 2000.

MAURER, Béatrice. Notas sobre o respeito da dignidade da pessoa humana ...ou pequena fuga incompleta em torno de um tema central. In: SARLET, Ingo Wolfgang (Org.). *Dimensões da dignidade*: ensaios de filosofia do direito e direito constitucional. 2ª ed. Porto Alegre: Livraria do Advogado, 2009. p. 119/144.

MAXIMILIANO, Carlos. *Hermenêutica e aplicação do Direito*. 19ª ed. Rio de Janeiro: Forense, 2006.

MAZZILLI, Hugo Nigro *A Defesa dos Direitos Difusos em Juízo*. 17ª ed. São Paulo: Saraiva, 2004.

MEDINA, José Miguel Garcia. *Direito Processual Civil Moderno*. São Paulo: RT, 2015.

MEZZAROBA, Orides; MONTEIRO, Cláudia Sevilha. *Manual de Metodologia de Pesquisa no Direito*. São Paulo: Saraiva, 2004.

MIRANDA, Jorge. *Teoria do Estado e da Constituição*. 2ª ed. Rio de Janeiro: Forense, 2009.

MILLAR, Robert Wyness. *Los principios formativos del procedimiento civil*. Buenos Aires: Ediar, 1945.

MITIDIERO, Daniel Francisco. *Comentários ao Código de Processo Civil*. São Paulo: Memória Jurídica, 2006, t 3.

——. "Sentenças parciais de mérito e resolução definitiva-fracionada da causa". *Revista de Direito Processual Civil*. Curitiba, Gêneses, 2004, n.31, p. 22/27.

——. *Elementos para uma Teoria Contemporânea do Processo Civil Brasileiro*. Proto Alegre: Livraria do Advogado, 2005.

——. *Processo Civil e Estado Constitucional*. Porto Alegre: Livraria do Advogado, 2007.

——. *Colaboração no Processo Civil* – Pressupostos sociais, lógicos e éticos. São Paulo: RT, 2008.

——. O Processualismo e a formação do Código Buzaid. *REPRO*, São Paulo, ano 35, n. 183, mai. 2010.

MONTESANO, Luigi. Diritto sostanziale e processo civile di cognizione nell'individuazione della domanda. *Rivista Trimestrale di Diritto Procedura Civile*. Milano: a. XLVII, marzo,1993. p. 63/81.

NERY JR, Nelson. NERY, Rosa Maria de Andrade. *Código de processo Civil Comentado*. 9ª ed. São Paulo: RT, 2006.

——. *Comentários ao Código de Processo Civil Comentado*. São Paulo: RT, 2015.

NEUMANN, Ulfried. A dignidade humana como fardo humano – ou como utilizar um direito contra o respectivo titular. In: SARLET, Ingo Wolfgang (Org.). *Dimensões da dignidade*: ensaios de filosofia do direito e direito constitucional. 2ª ed. Porto Alegre: Livraria do Advogado, 2009. 225/240.

NINO, Carlos Santiago. *Fundamentos de derecho constitucional*. Buenos Aires: Astrea, 2000.

NÖRR, Knut Wolfgang. La Scuola Storica, Il Processo Civile e Il Diritto delle Azioni. *Rivista di Diritto Processuale*. Padova: v. XXXVI, a. 57, [?], 1981, p. 23/40.

OAB/RS. *Novo Código de Processo Civil anotado*. Porto Alegre: OAB/RS, 2015.

OPOCHER, Enrico. *Lezioni di filosofia del diritto*. Padova: Cedam, 1983.

PAULA, Jônatas Luiz Moreira de. *A jurisdição como elemento de inclusão social – revitalizando as regras do jogo democrático*. São Paulo: Manole, 2002.

PERELMAN, Chaim. *Ética e Direito*. São Paulo: Martins Fontes, 2001.

———. *La giustizia*. Giappichelli: Torino, 1991.

PICARDI, Nicola. Il principio del contraddittorio. *Rivista di diritto processuale*. Padova, CEDAM, n. 3.

PISANI, Proto. *Le tutele giurisdizionali dei diritti – studi*. Napoli: Jovene Editore, 2003.

PRUTTING, Hanns. Nuevas tendencias en el Proceso Civil Aleman. *Gênesis – Revista de Direito Processual Civil*, n° 41, jan.-jun./2007.

PICÓ JUNOY, Joan. *Las Garatias constitucionales del proceso*. 2ª ed. Barcelona: Bosch, 2012.

PINHO, Humberto Dalla Bernardina de. Direito Processual Contemporâneo. In: *Teoria Geral do Processo*. 4 v. São Paulo: RT, 2012.

PINTO, Carlos Alberto da Mota. *Teoria Geral do Direito Civil*. 3ª ed. Coimbra: Coimbra Editora, 1996.

PONTES DE MIRANDA, Francisco Cavalcanti. *Comentários ao Código de Processo Civil*. 5ed. Rio de Janeiro: Forense, 2001, t. I.

———. *Comentários ao Código de Processo Civil (CPC/39)*. 2ª ed. Rio de Janeiro: Forense, 1958. t. I.

PORTANOVA, Rui. *Princípios do Processo Civil*. 6ª ed. Porto Alegre: Livraria do Advogado, 2005.

PORTO, Sérgio Gilberto. *Cidadania Processual*. Processo constitucional e o novo processo civil. Porto Alegre: Livraria do Advogado, 2016.

———. A humanização do Processo Civil contemporâneo, em face da mais valia constitucional no projeto de um novo CPC. *Revista jurídica*: órgão nacional de doutrina, jurisprudência, legislação e crítica judiciária, v. 60, n. 418, p. 41–49, ago., 2012.

———. *A coisa julgada civil*. 4ª ed. São Paulo: RT, 2011.

———; USTÁRROZ, Daniel. *Lições de Direitos Fundamentais no Processo Civil*. Porto Alegre: Livraria do Advogado, 2009.

———. *Coisa julgada civil*. 3ª ed. São Paulo: RT, 2006.

———. *Manual dos Recursos Cíveis*. Porto Alegre: Livraria do Advogado, 2016.

———; PORTO, Guilherme A. *Lições sobre Teorias do Processo Civil e Constitucional*. Porto Alegre: Livraria do Advogado, 2013.

RAWLS, Jonh. *A Theory of Justice*. Cambridge: Belknap Press of Harvard University Press, 1971.

———. *Justiça como Equidade*. São Paulo: Martins Fontes, 2001.

———. *O liberalismo político*. São Paulo: Martins Fontes, 2001.

REDENTI, Enrico. *Diritto processuale Civile*. Milano: Giuffrè, 1980.

RIBAS, Antonio Joaquim. *Consolidação das Leis do Processo Civil*. 3ª ed. Rio de Janeiro: Jacintho Ribeiro dos Santos, 1915.

RIBEIRO, D. G. (Org.). *O juiz e a prova*: estudo da errônea recepção do brocardo iudex iudicare debet secundum allegata et probata, non secundum conscientiam e sua repercussão atual. Porto Alegre: Livraria do Advogado, 2014. v. 1.

———. Análise epistemológica dos limites da coisa julgada. *Repro*, v. 38, n. 215, 2013, p. 61 a 86.

———. *Da Tutela Jurisdicional às Formas de Tutela*. Porto Alegre: Livraria do Advogado, 2010. v. 01.

———. *Pretensión Procesal y Tutela Judicial Efectiva – Para una teoría procesal del derecho*. Barcelona: Editorial Bosch, 2004.

———. *Provas Atípicas*. Porto Alegre: Livraria do Advogado, 1998.

RIBEIRO, Darci Guimarães; JOBIM, Marco Félix. *Desvendando o Novo CPC*. Porto Alegre: Livraria do Advogado, 2015.

ROSAS, Roberto. *Direito Processual Constitucional*. São Paulo: RT, 1997.

RUBIN, Fernando. *A preclusão na dinâmica do Processo Civil*. Porto Alegre: Livraria do Advogado, 2010.

——. *Fragmentos de Processo Civil Moderno*: de acordo com o novo CPC. Porto Alegre: Livraria do Advogado, 2013.

——. *O novo código de processo civil*: da construção de um modelo processual às principais linhas estruturantes da Lei n. 13.105/2015. Porto Alegre: Magister, 2016.

SÁNCHEZ, Guilhermo Ormazabal. *Iura novit cúria*: la vinculación del juez a la calificación jurídica de la demanda. Madri: Marcial Pons, 2007.

SARLET, Ingo Wolfgang. *A eficácia dos direitos fundamentais*. 10ª ed. Porto Alegre: Livraria do Advogado, 2009.

——. *Dignidade da pessoa humana e direitos fundamentais na Constituição Federal de 1988*. Porto Alegre: Livraria do Advogado, 2011.

——. As dimensões da dignidade da pessoa humana: construindo uma compreensão jurídico constitucional necessária e possível. In: SARLET, Ingo Wolfgang (Org.). *Dimensões da dignidade*: ensaios de filosofia do direito e direito constitucional. 2ª ed. Porto Alegre: Livraria do Advogado, 2009. p. 15/44.

SARLET, Ingo Wolfgang (Org.) *et al. Jurisdição e Direito Fundamentais*. Porto Alegre: Livraria do Advogado, 2005.

SANTOS, Moacir Amaral. *Primeiras Linhas de Direito Processual Civil*. 23ª ed. São Paulo: Saraiva, 2004. v. I.

——. *Primeiras Linhas de Direito Processual Civil*. 23ª ed. São Paulo: Saraiva, 2004. v. II.

——. *Primeiras Linhas de Direito Processual Civil*. 23ª ed. São Paulo: Saraiva, 2004. v. III.

SEELMAN, Kurt. Pessoa e dignidade da pessoa humana na filosofia de Hegel. In: SARLET, Ingo Wolfgang (Org.). *Dimensões da dignidade*: ensaios de filosofia do direito e direito constitucional. 2ª ed. Porto Alegre: Livraria do Advogado, 2009. p. 105/118.

STARCK, Christian. Dignidade humana como garantia constitucional: o exemplo da Lei Fundamental alemã. In: SARLET, Ingo Wolfgang (Org.). *Dimensões da dignidade*: ensaios de filosofia do direito e direito constitucional. 2ª ed. Porto Alegre: Livraria do Advogado, 2009. p. 199/224.

TARUFFO, Michele. *La giustizia civile in italia dal '700 a oggi*. Bologna: Società editrice il Mulino, 1980.

TAYLOR, Charles. *Argumentos filosóficos*. São Paulo: Loyola, 2000.

TAVARES PEREIRA, Sebastião. *O devido processo Substantivo*. Florianópolis: Conceito Editorial, 2008.

TESHEINER, José Maria Rosa. *Elementos para uma teoria geral do processo*. São Paulo: Saraiva, 1993.

——. *Pressupostos Processuais e Nulidades no Processo Civil*. São Paulo: Saraiva, 2000.

——. (Org). *Processos Coletivos*. Porto Alegre: HS editora, 2012.

——. *Eficácia da Sentença e Coisa Julgada*. São Paulo: RT, 2002.

——. *Jurisdição*: estudos de direitos individuais e coletivos (de acordo com o novo CPC). – Organizado por Marco Félix Jobim, Lessandra Bertolazi Gauer e Marcelo Hugo da Rocha. Porto Alegre: Magister, 2016.

——; MILHORANZA, Mariângela Guerreiro. *Estudos sobre as reformas do Código de Processo Civil*. Porto Alegre: HS editora, 2009.

——; THAMAY, Rennan Faria Kruger. *Teoria Geral do Processo*. Rio de Janeiro: Forense, 2015.

THEODORO JR. Humberto. *Curso de Direito Processual Civil*. 41ª ed. Rio de Janeiro: Forense, 2004, v. I.

——. Direito Processual Constitucional. In: *Revista IOB de Direito Civil e Processual Civil*. n. 55.

TORRES, Artur. *O Processo do Trabalho e o Paradigma Constitucional Processual Brasileiro*: compatibilidade? São Paulo: LTr, 2012.

——. *A Tutela Coletiva dos Direitos Individuais*: considerações acerca do Projeto de Novo Código de Processo Civil. Porto Alegre: Arana, 2013.

——. *Processo de Conhecimento*. Porto Alegre: Arana, 2013. v. I.

——. *Processo de Conhecimento*. Porto Alegre: Arana, 2013. v. II.

——. *Fundamentos de um direito processual civil contemporâneo*. Porto Alegre: Arana, 2016.

TROCKER, Nicolò. I limitti soggetivi del giudicato tra tecniche di tutela sostanziale e garanzie di difesa processuale. *Rivista di diritto processuale*. Padova, CEDAM, p. 74-85, 1988.

———. Il nuovo articolo 111 della costituzione e il "giusto processo" in materia civile: profili generali. *Rivista Trimestrale di Diritto e Procedura Civile*, Ano LV, 2001.

VIGORITI, Vincenzo. *Garanzie costituzionali del processo civile* (Due processo of Law' e art. 24 cost. Milano, 1970.

WAMBIER, Luiz Rodrigues; WAMBIER, Thereza Arruda Alvim. MEDINA, José Miguel Garcia. *Breves Comentários à nova Sistemática Processual Civil*. 3ª ed. São Paulo: RT, 2005.

———; TALAMINI, Eduardo. *Curso Avançado de Processo Civil*. 15ª ed. São Paulo: RT, 2015. V. 1.

WAMBIER, Teresa Arruda *et al*. *Breves Comentários ao Novo Código de Processo Civil*. São Paulo: RT, 2015.

WATANABE, Kazuo. *Da cognição no processo civil*. 4ª ed. São Paulo: RT, 2012.

———. "Relação entre demanda coletiva e demandas individuais". In:GRINOVER, Ada Pellegrini. CASTRO MENDES. Aluiso Gonçalves. WATANABE. Kazuo (Org.). *Direito Processual Coletivo e o anteprojeto de Código Brasileiro de Processos Coletivos*. São Paulo: RT, 2007. p. 156/160.

WACH, Adolf. *Manual de Derecho Procesal Civil*. Buenos Aires: EJEA, 1877. v. I.

———. *Manual de Derecho Procesal Civil*. Buenos Aires: EJEA, 1877. v. II.

WATANABE, Kazuo. *Da cognição no processo civil*. 3ª ed. São Paulo: Perfil, 2005.

WEBER, Thadeu. *Ética e filosofia política*: Hegel e o Formalismo Kantiano. 2ª ed. PortoAlegre: EdiPUCRS, 2009.

WINDSCHEID, Bernard; MÜTHER, Theodor. *Polemica sobre la 'Actio'*. Buenos Aires: EJEA, 1974.

ZANETI JÚNIOR, Hermes. *Processo Constitucional*: o modelo Constitucional do Processo Civil Brasileiro. Rio de Janeiro: Lumen Juris, 2007.

ZWEIGERT, Konrad; KÖTZ, Hein. *Introduzione al Diritto Comparato*. Milano: Giuffrè, 1992. v. I e II.

Impressão:
Evangraf
Rua Waldomiro Schapke, 77 - POA/RS
Fone: (51) 3336.2466 - (51) 3336.0422
E-mail: evangraf.adm@terra.com.br